科學傳播研究

陈　鹏　主编

科学出版社
北京

图书在版编目 (CIP) 数据

科学传播研究 / 陈鹏主编. —北京：科学出版社，2015. 1
ISBN 978-7-03-042330-6

Ⅰ ①科…　Ⅱ ①陈…　Ⅲ ①科学技术 - 传播学 - 研究 - 中国
Ⅳ ① G206. 2

中国版本图书馆 CIP 数据核字（2014）第 252392 号

责任编辑：邹 聪 / 责任校对：张凤琴
责任印制：徐晓晨 / 封面设计：黄华斌 陈 敬
编辑部电话：010-64035853
E-mail:houjunlin@mail.sciencep.com

科学出版社 出版
北京东黄城根北街 16 号
邮政编码：100717
http://www.sciencep.com
北京凌奇印刷有限责任公司 印刷
科学出版社发行　各地新华书店经销
*
2015 年 1 月第 一 版　开本：720 × 1000　1/16
2021 年 1 月第五次印刷　印张：19 3/4
字数：363 000
定价：98.00 元
（如有印装质量问题，我社负责调换）

序　　言

- 创新发展离不开科学传播
- 科学传播的发展需要科学理论研究的支撑

创新发展离不开科学传播

中国科学院院长　白春礼

当前，全国上下都在为实现中国梦而努力奋斗。作为中国梦的重要基础，科技强国梦是科研工作者的不懈追求。

在实现科技强国梦的征程中，科技创新是重要保证。只有牢牢抓住科技创新，强国兴邦才不会沦为空谈。

经过几十年的改革发展，我国综合国力大大提高，但在迈向强国的征程中，仍然面临诸多困难和挑战。比如，发展中不平衡、不协调、不可持续的问题日益显现，能源资源和关键核心技术对外依赖程度仍然过大，产业结构不合理，总体上仍处于国际分工的中低端，自主创新能力不强，劳动力资源结构性短缺。要实现我国经济、产业和科技由大转强的历史性跨越，必须加快转变经济发展方式，加快产业结构调整和升级的步伐，加快培育和发展战略性新兴产业。为此，中央作出重大决策部署，实施创新驱动发展战略，把科技创新摆在国家发展全局的核心位置，深化科技体制改革，促进科技与经济社会发展紧密结合，加快建设创新型国家。

国家现代化的历史，本质上是科技进步和创新的历史。谁能抓住科技机遇，谁就能将发展的主动权掌握在自己手里，率先实现现代化。18 世纪中叶，以蒸汽机为标志的工业革命，突破人类体能极限，打开了生产力的巨大发展空间，以英国为代表的一些国家率先实现工业化。19 世纪下半叶，以电动机和内燃机为标志的电气革命，大幅拓展了人类的活动空间，法国、德国等国家迅速崛起。19 世纪后期至 20 世纪中叶，以进化论、相对论、量子论等为标志的科学革命，引发原子能、信息通讯、航空航天等一系列技术和产业的兴起，极大拓展了人类的认知空间，美国成为世界头号强国。20 世纪 90 年代，信息技术革命极大地促进了知识经济的形成和发展，美国创造了十年经济高速增长的奇迹，巩固了其世界领先地位。

经济社会的强大需求拉动和知识与技术体系的内在矛盾驱动，以及科技与经济、社会、文化、教育的深度融合，正在加速科技的重大创新突破，催生新一轮科技革命。可以预见，科技革命将始于某些领域基本问题的率先突破，引发群发性和系统性突破，产生一批重大理论和技术创新，涌现一批新兴交叉前沿方向和领域，进而推动技术革命和产业变革，深刻影响和改变我们的生产生活方式和思维方式。世界主要国家已经认识到了科技革命的重要意义，纷纷调整战略，把科技进步和创新作为国家战略的核心和关键，力图把握新一轮科技革命这一历史机遇，创造新的经济增长点、新的就业机会和新的发展模式，抢占未来发展制高点，实现新一轮繁荣。数次与科技革命失之交臂的我们，必须充分认识到科技创新在强国征程中的关键作用，不能再次错失良机。

在实现科技强国梦的征程中，只有科技创新还远远不够，科学传播与科技创新相辅相成，缺一不可。

对科学传播的强调，并非无的放矢。目前，不少人尚未充分认识到科学传播的重要意义。有人甚至认为，与科技创新相比，科学传播是“小儿科”，一线科学家不愿从事科学传播的现象并非个例。在国家发展和科技创新的新形势下，科学传播的重要性日益凸显，必须发自内心地给予足够重视。

国家发展离不开科学传播。创新驱动发展战略能否落实，关键看科技能否起到支撑发展的重要作用。其中，科学传播的重要性并不亚于科技创新和技术转移转化。一方面，要加强科技创新，研发出支撑发展的创新成果；另一方面，要加强科学传播，使科技成果真正进入社会，成为大众的财富，成为全社会的力量。我们要建设的社会主义强国，不仅是器物层面的强国，在精神和文化上也应该是强国。科学文化、科学精神是社会主义先进文化的重要组成部分，而在培育科学文化、传播科学精神的过程中，科学传播不可或缺。

公众福祉离不开科学传播。在物质层面，科技已经广泛渗透到日常生活的方方面面，给公众带来极大便利。公众需求是科技发展的一大动力，科技成果能否迅速满足公众需求，主要看科学传播的速度和效果。在精神层面，科学素养是现代人应该具备的基本素养，科学素养不足将在很大程度上影响公众的幸福感。比如，2011 年日本发生核泄漏，我国很多地方出现抢盐现象，公众的恐慌与焦虑可以想象。如果科学传播到位，公众具备基本的科学素养，认识和发现抢盐的荒谬并不太难，无谓的恐慌与焦虑完全可以避免。

科技创新离不开科学传播。让公众理解科学，才能在全社会营造良好的创新环境，才能聚集宏大的人才队伍投身于科技创新事业，才能迸发持续不断的创新源泉和创新成果。随着社会的发展，公众对决策的影响越来越大。没有科学传播，不能让公众知晓科学的价值和意义，不能对公众说明公共资金投入科技比其他领域更加有效，公众就会对科技说“不”，科技创新必然会受到影响。可以说，除了科技创新，科学传播也是科学家的重要使命和职责，甚至也是安身立命之本。

未来，科学传播的任务将更加光荣而艰巨。党的十八大报告明确指出：“要普及科学知识，弘扬科学精神，提高全民科学素养。”这是首次将“提高全民科学素养”写入党代会报告。2012 年 7 月，中共中央、国务院印发《关于深化科技体制改革加快国家创新体系建设的意见》，明确提出到 2015 年，实现我国公民具备基本科学素质的比例超过 5%。而调查显示，2010 年我国具备基本科学素养的公民比例仅为 3.27%，只相当于发达国家 20 世纪八九十年代的水平。作为“科技国家队”，中国科学院正在紧密围绕党和国家赋予的战略任务，深入实施“创新 2020”，履行出成果、出人才、出思想“三位一体”的战略使命，全面实施“民主办院、开放兴院、人才强院”的发展战略，构建科研院所、学部、教育机构“三位一体”的发展架构，正在加快提升自主创新能力，为创新驱动发展提供有力的知识基础和发展动力。与此同时，我们正在进一步加强科学传播，将学部和研究实体的科学传播工作统筹协调、有机结合，构建体现“三位一体”发展架构优势和特色的科学传播体系，使中国科学院成为科学传播的“国家队”。

与其他领域相比，科学传播面对更为苛刻的要求，传播者要具备更宽的知识面、具备化艰深为通俗的“翻译”能力等。近年来，中国科学报社迎难而上，取得了长足进步：不论是报纸等传统媒体，还是网络等新媒体，都做出了很有影响力的工作，赢得了很好的口碑。在成功实践的基础上，中国科学报社的同志们在该书中对科学传播的现实与理论进行了深入总结和研究，值得关心、从事科学传播的同志参考借鉴。有了这样的实践与研究，相信中国科学报社一定会在国家和中国科学院的科学传播体系中发挥越来越重要的作用，也相信科学传播的明天会更加美好。

是为序。

科学传播的发展需要科学理论研究的支撑

中国记协党组书记　翟惠生

作为科技进步在信息时代发展的产物，互联网络改变了人类信息传播方式，影响着普通民众生活和思维方式，使人类的政治、经济、思想以及文化等诸多领域都因之而变。网络的海量信息、快捷便利和大众化使更多的民众参与其中，新媒体影响力日渐扩大，媒体和传媒产业格局正在发生革命性变化。

习近平总书记指出：实施创新驱动发展战略，是立足全局、面向未来的重大战略，是加快转变经济发展方式、破解经济发展深层次矛盾和问题、增强经济发展内生动力和活力的根本措施。新一轮科技革命的兴起将带来一系列变革，科技创新将为实现“中国梦”起到重要支撑作用。当今媒体的社会责任就是以新的思维和新的传播手段去传播主流的声音，担当起为实现“中国梦”传递正能量的社会责任。

在这种新形势、新变革、新要求下，传统媒体如何发挥自身特点、营造主流舆论场、更有权威性地传播信息和引导舆论、传统媒体和新媒体之间如何相互促进和融合等问题，已成为媒体人必须面对的新课题。科学本身就是文化，是人类文化中最重要的组成部分；文化是在以文“化”人，科学技术也在春风化雨、润物无声之中教化大众，使大众理解科学概念，具备科学意识，掌握科学常识。科技报道需要与政治契合，与科学契合，与文化契合，弘扬主流价值观，把科学精神、科学方法、科学知识传递给大众。

改革开放以来，特别是近年来，我国科学研究实力在世界上有了极大提高，高科技研发、航天事业等取得的巨大成就与中国国际地位的快速提升相同步。但也应该看到，现代科学技术在我国的历史并不久远，我国的科技总体水平、全民科学素养水平以及科学传播的发展程度等，与发达国家相比仍有不少差距。另一方面，一国的科学事业是与一国的经济、政治、文化、社会发展相一致的，在科学传播领域发生的问题与存在的不足同样影响着国家经济发展与文化传播。以美国为首的西方发达国家，凭借其综合国力的优势，也主宰着科学传播领域的舆论话语权，我国要成为世界科技强国尚需更多努力。

在过去几十年里，中国科学报社为科技宣传和科学传播做了大量工作，中国科学报发表了许多有重要影响的科技新闻，如被聂荣臻元帅誉为“知识分子的优秀代表”的蒋筑英报道，在社会上引起极大震动，引发了各新闻媒体的连续报道，引起中央领导关注并批示；原中顾委常委、国务委员、中国科学院原党组书记兼副院长张劲夫的文章《请历史记住他们——关于中国科学院与“两弹一星”的回忆》在该报发表，促成了国家表彰“两弹一星”功勋，掀起了全社会学科学、爱科学热潮。这些具有重大影响的报道深受各界赞许，在科技界和社会大众之间搭建了一座座思想和心灵沟通的桥梁，很好地履行了科技新闻工作者传播科学、服务人民的社会责任。

在新媒体高速发展的今天，加快中国科学传播能力建设，使之与我国经济社会发展水平和综合国力相匹配，是加快建设创新型国家、实现中国梦的现实需要。传统媒体更应当发挥自身特点，把自己的内容借助新媒体的渠道和手段传播出去，扩大自己的传播效果，增强自身的影响力。如何建立适应新媒体传播环境的科学传播新格局，需要加强科学传播的前瞻研究与科学传播的理论建设。近年来，中国科学报社在陈鹏社长的带领下，紧紧跟随时代发展的脚步，大力发展网络传播，从最初的报纸电子版，到自办网站、运维中国科学院官方网站，在新媒体科学传播领域积累了丰富的实践经验，在全媒体发展的道路上有了良好开端，有效地开拓了新环境下科学传播新局面。如今，他们依托自己多年积累，在全球视野和新媒体背景下，勇于面对新形势，善于挑战新课题，设立专项课题，研究传统媒体科学传播的理论、内涵、方法，探索融合新媒体科学传播的新模式、新路径。他们的努力，对于提升科学传播实践层次，有效引导公众理解科学、用好科学，促进科技界与公众沟通交流，都将具有积极的现实意义和重要的学术价值。

这种研究和努力无疑值得肯定和倡导。

目录

Contents

第八章　新媒体科学传播在中国的探索与实践——来自《中国科学报》的样本

附录

后记

第一章　导　论

- 一、研究意义
- 二、国内外研究现状
- 三、本书主要内容
- 四、研究方法与创新

一、研究意义

历史把我们推到了这样一个时代大背景之下：

一是，党的十八大明确提出："扎实推进社会主义文化强国建设"，"必须推动社会主义文化大发展大繁荣，兴起社会主义文化建设新高潮，提高国家文化软实力，发挥文化引领风尚、教育人民、服务社会、推动发展的作用"。十八大报告还明确提出："构建和发展现代传播体系，提高传播能力。"科学文化是社会主义文化建设的重要组成部分；构建和谐社会、建设创新型国家需要强有力的科学传播。加快推进中国科学传播能力建设，建立适应新媒体传播环境的科学传播新格局，形成与我国经济社会发展水平和综合国力相称的科学传播能力，具有重要的现实意义。

二是，全球化背景下的国家竞争取决于国家创新能力。创新能力的增强必须有高素质的国民，国民科学素养的提高至关重要。没有适应现实需要的科学传播理论和传播体制，就不可能大幅度培育具有很高科学素养的国民，也就不可能极大产生促进现代科技发展和文明进步的推动力量。同时，科学传播涵盖了传播科普、帮助公众理解科学的任务和使命，更有着自己的独特的理论内涵与时代特征，在沟通公众与科学、公众与科学共同体，促进科学事业的健康发展方面有着更重要的先导价值。

三是，新媒体技术的发展。新媒体时代的到来，彻底打破了传统媒介的传播格局，极大地改变了原有的科学传播格局，科学传播同样也面临着新媒体的挑战与运用新媒体开启科学传播新阶段的紧迫任务。以传播科学文化为己任的科学传播在新媒体环境下如何更好地发挥其新功能，需要深入探讨；在新媒体冲击下的科学传播媒体需要新的发展战略和思路。

基于上述考虑，我们研究的主要对象是——新媒体下的科学传播问题。

科学传播是个大概念。为了理论联系实际，指导实际工作，本课题将研究重心放在了新媒体环境下科学传播面临的问题与挑战，在深入研究科学传播的基本理论问题的基础上，着力探讨新媒体环境下的科学传播特点，从而提出新媒体环境下科学传播的战略变革与建构新媒体环境下的科学传播战略的问题。

科学传播的关系，涉及科学与公众、科学与科学共同体、科学与社会，也涉及科学与媒体。而今，在新媒体时代，科学与公众的关系还必然涉及新媒体。科学传播的实质，是要调整好科学与公众的关系。科学传播走过了三个阶段：传统科普、公众理解科学和科学传播。在对科学传播的研究中，有学者从科学传播的内容层次上分析，提出科学传播的“两阶”分类。其实，不论是一阶科学传播，还是二阶科学传播，要确定的是，公众到底是科学传播的被接受对象，还是主宰者。公众需要科学，因为公众的科学化生存离不开科学的知识与观念。但科学事业的发展也需要公众的理解与支持，没有公众的理解与支持，或者说公众对科学一片无知与误解，科学事业在当代是无法开展的。

虽然改革开放以来，特别是近些年来，我国科学研究能力在世界上有了极大的提高，创新型社会的建设取得了显著成效，高科技研发取得的巨大成就使得我国经济实力与综合国力快速增强，国际地位快速提升。当代科学技术在解决中国的现实问题、提升人民的物质福祉方面发挥了巨大作用。但中国的科学传播的发展与发达国家相比仍有不小差距。科学传播事业与经济、政治、文化、社会的发展是相一致的，在科学传播领域发生的问题与存在的不足同样影响着国家对外经济交往与文化传播。因此，对新媒体下的科学传播问题的研究不仅具有理论价值，更具有重要的现实意义。

二、国内外研究现状

（一）国内研究现状

目前国内对科学传播的研究，基本上可以分为以下几个层面：一是科学传播的概念及其重要地位的辨析；二是对公众科学素养的调查和科学传播者、传播媒体的调查；三是我国科学传播的现状和问题研究；四是新媒体时代的科学传播研究。

1．科学传播的概念及其重要地位。

在承继原来“科技传播”概念内涵的基础上，研究者们越来越趋向于使用“科学传播”这一更加恰当的概念。吴国盛在《科学走向传播》中指出,“传播”首先代表的是一种新的观念。“科学传播”就是把传播的理念引入对科学的理解之中,用传播的态度看待科学、对待科学。科学的传播化,表明“多元、平等、开放互动”的现代观念已经或正在进入科学事业中,进入科学与社会的关系中。科学传播包括三个层面:科学界内部的传播、科学与其他文化之间的传播、科学与公众之间的传播。吴国盛认为:如何确立科学与公众之间的位置与关系,成为新阶段的任务,“科学传播”逐渐成为新阶段的定名。科学传播“既要坚持‘科学向公众的传播’,又要强调‘公众向科学的传播’”[1]。北京理工大学教授翟杰全在梳理科学传播及其相关概念的基础上,认为公众对于科学的认识已成为当今推动科学事业发展的一个重要组成部分[2]。当代社会,我们生活在科学之中,也在消费着科学。汤书昆、刘为民认为:“科技传播之所以在科技文明时代中有不可替代的重要作用,其核心是它直接地塑造了创新社会,寻求知识创新是科技传播意义之所在,也是它生存和发展的前提。”[3]

清华大学科技传播研究中心教授孙玉寅在《关于科技传播研究内容的探讨》一文中提到:“科技对社会的影响已经超越了科学技术本身的范围。特别是现代科学技术,它正在改变着社会结构、经济结构和产业结构,改变着人们的思维方式和观念,成为社会发展舞台上的主角。”[4] 中国科技大学教授汤书昆还提出了“前景传播”这一宏观概念,他认为,前景传播是为了培养有能力面向未来的新生代,“构造一个紧紧跟踪最新文明进展的信息传播系统,并且使这一传播机制能渗透到广大民众之中,形成以前景分析为轴心,有效把握科技文明前沿的素质构造”,使“沸腾的科学创新与有效的科学传播兼容”[5]。

2. 公众科学素养调查和科学传播者、传播媒体调查。

关于公众科学传播的媒介使用,人民网发布的2003年全国公众科学素养调查结果显示,获取科技知识渠道从高到低依次是电视(93.1%)、报纸(69.5%)、广播(31.9%)、互联网(5.9%)。所以当时有一种说法,如果投资10亿元人民币来搞科普,科普界权威人士认为首选方案是办个电视台。第八次中国公民科学素养调查结果显示，2010年我国公民获取科技信息的渠道，由高到低依次为：电视（87.5%）、报纸（59.1%）、与人交谈（43.0%）、互联网（26.6%）、广播（24.6%）、一般杂志（12.2%）、图书（11.9%）和科学期刊（10.5%）[6]。由此可见，大众媒体在科技信息获取上占据着最主要的地位，特别是电视、报纸、互联网和广播，但电视、报纸、广播的重要地位都在下降，而互联网占据着越来越重要的地位。

在科学传播的传播者及传播媒体方面，科技部发布的全国科普统计数据表明，2011年全国共有科普人员195.78万人，全国每万人口拥有科普人员14.46人[7]；截至2012年年底，全国共有建筑面积在500平方米以上的各类科普场馆1735个。在传播媒体方面，传统主流媒体和主流门户网站占据着重要地位。在科技部门编制科技频道设置、科技栏目安排、科技方面专项诸方面，通讯社和《人民日报》、《光明日报》、《北京日报》等主流媒体大都有保障。四大门户网站也都开辟了科教式科技频道，但科普所占比例不大，主要包含信息技术（IT）、电信、互联网等内容，如新浪网的科技编辑中，科普版块正式编制为2人，占全频道人员的1/18，搜狐和腾讯为1/15，网易只占1/30。都市类报纸科技报道记者情况更加令人担忧，如《北京青年报》和《新京报》等很多报纸没有科教编制和科技专版，负责科技报道的记者有时还需要负责其他领域的报道，人员流动较快[8]。

3．我国科学传播的现状和问题研究。

胡晓梅的研究认为国内科学传播在理论和实践的发展上正在逐渐走向体系化[9]。刘萍在2009年以《大连晚报》、《半岛晨报》为例，研究了都市报科学传播的现状，并提出了建议。纪涛对首都5家报纸的记者编辑们进行调研发现，对于一线记者而言，真有科技重大新闻时，往往就没了采访对象。平时的有关部门科技新闻发布会常常是工作表扬会，难以报道，即使见报也是小豆腐块。科技领域太广，认识的专家太少，专家又太忙，且讲得太专业，很难见到能够把科学内容讲得通俗易懂的科技传播者。对于编辑来讲，所见科技稿件往往不通俗，缺乏新鲜感和可读性；对诸多科技专业领域并不熟悉，对难读的科技新闻宁可不用；科技报道的原创性、独家性都不及社会新闻、经济新闻乃至文娱新闻[10]。

现有的科学传播总是"媒体主导"型。覃晓燕的研究指出，目前大众媒体的科学传播"只注重表现科学的结果，而不注重表现和展示科学探索的过程，其内容很少涉及科学研究的本质"。有时，"媒体为了更好地满足受众的偏好所做的建构，公众经由媒体了解的科学，往往偏离了科学本身的形象"[11]。中国科学技术协会程东红在一次关于"加强公众科学素质建设"的研讨会上道出了其中的关键："从科学家而言，一是不愿讲。担心做科技传播工作会占用自己的课题研究时间，影响出科研成果。二是不敢讲。怕见媒体，担心自己的学术观点被曲解，从而误导公众，影响个人形象。"[12] 在《中国科学传播报告（2010~2011）》中，公众认为科学家在完成科研教学等本职工作之外，最重要的责任首先是"向公众传播科学"，这一比例达到92.4%[13]。

4．新媒体时代的科学传播研究。

科学传播中新媒体使用也开始受到一定的关注。新媒体与科学传播的结合，使得科学传播的主体中心消解，从而走向以公众为主的多元化主体。学者刘华杰认为，传统科普、公众理解科学、科学传播是三个不同阶段的事物，构成了一个时间发展序列，三者的立场分别是国家、科学共同体和公民[14]。汤书昆、韦琳考察当代媒介融合新趋势与科技传播模式的演化，认为媒体在科学传播中既是渠道，也是主体之一，新媒体的出现使受众接触科学信息更便捷，主动性增强[15]。陈哲认为，新媒体时代下的科学传播，就是通过对新媒体的传播特性、传播要素的分析，包括新媒体时代下谁传播、新媒体时代下怎么传播、新媒体时代下向谁传播的分析，构建科学传播模式，来实现良性的发展和调控管理[16]。

新媒体科学传播也开始受到官方的重视。政府对互联网科普的投入相对较多，特别是代表性的投资，如中国数字科技馆已经在建5年，政府投资已达5000多万，是互联网科普迄今最大的单项投入[17]。网络科普设施也越来越多，据有关调查显示，截至2009年3月30日，科普网站、数字科技馆等网络科普设施已达601个[18]。

刘华杰提出了科学传播的三个阶段及其相应的三类传播模

型。在传统科普、公众理解科学两个阶段中，站在科学发展最前沿的科学家是“第一发球员”，科普作家是“二传手”，媒体是科学传播的渠道和主力，政府和非政府组织发挥着促进科学传播的重要作用。在科学传播阶段，所有的公民或网民都有能力、有机会主动参与到科学传播的进程中来。与科学传播的三个阶段相对应，形成了三类科学传播模型：中心广播模型、缺失模型和民主模型。中心广播模型强调以传者为中心，多采用自上而下、单向灌输的传播方式；缺失模型虽呼吁公众理解科学，但它仍是专家提供知识的单向传播模式，并不承认公众在吸收和评价科学证据方面的能力，因此不断受到质疑；民主模型亦被称为对话模型，它摒弃了科学理性独断的基础，全面肯定了公众的态度和价值，以及参与科学的合理性，被认为是站在公民立场上的科学传播系统，目前得到多数人的认同[19]。

媒体在热点事件的科学传播中具有传统媒体无法比拟的优势。新媒体科学传播应充分利用好这样的热点事件，因为“热点事件在发生过程中，经过媒体的放大，往往能吸引公众较大的兴趣，公众对信息的需求量也较大。由于此时的信息通常是不充足和不确定的，公众和媒体都面临着信息源和信息质量问题”[20]。特别是一些突发公共事件，它具有不可预测性和结果的不确定性，容易形成社会恐慌，这时公众最需要、最信任的是科学的信息[21]。

在新媒体科学传播的个案研究方面，吴娟对科学松鼠会的运行模式与影响进行了分析。[22] 张荣科、崔薇分析了新媒体科学传播的实践案例，包括 2007 年山西省科学技术协会与山西网通公司合作建成农科 110 呼叫中心；2008 年河北辛集市科学技术协会与当地移动运营商合作，启动移动信息科普惠农项目，建立移动科普信息传播网，联手搭建资源共建共享平台[23]。

（二）国外研究现状

在国外，科学传播研究的历史更早，也更加成熟。贝尔纳(Bernal，J.D.)是最早注意到科技传播的科学社会学家之一，他在《科学的社会功能》一书中指出：“需要极为认真地考虑解决科学交流的全盘问题，不仅包括科学家之间交流的问题，而且包括向公众交流的问题。”这个问题可以划分为提供专门资料和提供一般资料两个部分：第一部分涉及科学出版物本身的职能和科学家之间个人联系的其他手段，第二部分涉及科学教育和科学普及工作[24]。克兰（Crane，D.）采用实证的方法，通过对乡村社会学和数学领域的研究，综合评述了自己对科学交流方面的研究，对科学创新的扩散、科学交流与影响的本质等问题作了深入分析[25]。哈格斯特龙（Hagstrom，W.O.）将科学传播与科学奖励联系起来，阐述科学传播的动因，提出了“交换理论”，即主张科学家为了得到承认而相互交换科学信息。在他看来，科学家向科学共同体贡献心智是作为礼物，以换取得到承认作为回报[26]。

关于科学传播模式方面，也有不少探索。从20世纪60年代开始，人们开始注意对信息传播规律的研究，出现了一批研究成果。梅道斯（Meadows，A.J.）用行为科学理论来研究信息传播的过程，研究的重点是学者为什么和怎样进行学术研究，他们是如何互相交流的，在什么时候、什么情况下、以什么方式发表研究成果和其他信息，出版发行机构和图书馆在学术信息传播过程中怎样发挥作用等[27]。利弗洛（Lievrouw，Leah A.）在《传播、表达和科学知识：概念框架和个案研究》一文中指出：科学家交流行为的多样性和灵活性以及他们交流渠道、风格与信息、网络的复杂性是紧密联系在一起的[28]。澳大利亚纽卡斯尔大学教授伯恩斯（Burns，T.W.）等研究科学传播应该在个人身上激发出何种反应的模式，他们概括为AEIOU［即awareness（意识），enjoyment（欣赏），interest（兴趣），opinion（舆论），understanding（理解）］，特别是当网络等新媒体赋予科学传播以新的内涵和外延，科学传播的目标和作用也相应产生了新的诠释：网络科学传播的直接结果是公众科学意识的萌生；同文学和艺术作品一样，科学是可以欣赏的，以往的平面式由与网络科学传播立体的感官同时作用所代替，公众可以更为直观地感受科学带来的愉悦；基于网络虚拟环境的科学实验、游戏以及科学实践的再现，对于激发公众尤其是青少年的科技兴趣和好奇心至关重要；网络科学传播不仅是让公众知晓科学是什么，更要满足公众能够说出为什么、知道怎样做的要求和权利；即时交互的网络传播特性能够实现公众理解科学、科学共同体理解公众的双赢[29]。

赫德（Hurd，Julie M.）研究了新技术背景下科学交流的新变化，提出了假想的2020年信息交流模式，该模式立足于网络媒介，颠覆了基于纸质载体的信息交流模式：无形学院仍将存在，网络工作站增进了成员之间的联系，成员们依靠网络保持联系，学术信息、原始数据被保存在服务器上供他人使用[30]。

英国学者瑞帕（Rzepa，Henry S.）认为，在网络媒体中电子信箱是一个很好的科学传播工具，而网页在科学传播中作用更是功不可没。他提出了电子邮件和万维网科学传播的MIME（multipurpose internet mail extensions，多用途网络邮件扩展服务）机制。现代互联网最突出的特点就是可以让作者和读者之间进行多种形式的沟通，而超链接也让与文章有关的其他信息很容易地展示出来[31]。电子学术期刊的文章通常也会提供作者E-mail地址链接，因此，学者之间、读者和作者之间都能够非常迅速地通过E-mail取得联系并进行科学研究方面的交流，使得科学知识广泛快速地传播。英国学者克拉克（Clarke，M.）关注网络上的科学传播的道德问题。他指出："科学家们已经逐渐形成了用同行评审的科学论文来阐述他们的研究成果和发现。互联网中有很多科学信息是充满错误，甚至是危险的。没有一个经过科学的教育或培训，并具有解释上下文科学信息的人，是很难辨别和理解一些科学方面的内容。而一些要向大众进行科学报道和解释的人，比如记者、教育工作者或其他传播者，都应该把同行评审基准作为选取和解读科学内容的标准，然后再去进行科学传播。"[32] 布鲁塞尔自由大学科学传播系教授米歇尔·克莱森斯（Michelle Claessens）在2010科普理论国际论坛暨第十七届全国科普理论研讨会探讨了新技术和社会媒体对科学传播的改变，包括推特网（Twitter）、脸谱网（Facebook）、维基百科（Wikipedia）以及博客(Blog)等[33]。爱尔兰都柏林城市大学传播系高级讲师布赖恩·特伦奇概括了科学博客在科学传播中的作用。他认为科学博客有助于科学家们掌握的专业知识和公众领域传播信息的融合，这极大地削弱了新闻记者和其他职业传播者的中介作用。科学博客上发生的科学传播行为只是科学传播，甚至只是互联网科学传播的冰山一角，它的力量还没有真正发挥出来[34]。

综上所述，我国科学传播研究离国外的发展现状还存在较大差距，特别是随着新媒体的发展，媒体传播环境和公众的信息获取行为发生较大变化，科学传播如何适应新特点、解决新问题、建构新体系成为科学传播的当务之急。

三、本书主要内容

本书作为本课题所完成的成果，主要分为八章：

第一章介绍本课题研究的相关问题。

第二章主要阐述科学传播的基本问题，介绍科学传播的理念与历程、科学传播的内容与特点。

第三章在论述科学传播的媒介变迁历史的基础上，分析科学传播中的大众媒体所具有的优势作用，分析大众媒体科学传播的现状，进而指出现阶段科学传播存在的主要问题及其原因。

第四章重点在于厘清新媒体与科学传播的关系，探讨了新媒体环境下的科学传播特点，分析新媒体语境科学传播的变革；进一步分析新媒体的发展趋势，如新媒体技术发展走向云计算、新媒体内容呈现视频化趋势、新媒体传播渠道趋向社会化网络等前瞻问题。

第五章着重阐述新媒体在科学传播中的应用情况，分析了新媒体时代科学传播的发展与变革；新媒体时代科学传播的趋势；重点介绍了新媒体和移动互联网以及社交网络在科学传播中的各种运用情况的大量案例。

第六章则进一步分析新媒体环境下科学传播面临的新挑战，指出后现代化中的科学悲观情绪与科学研究的“未完成态”对于科学传播的影响、分析科学传播发展变革的现实方位与理论资源；立足于国家软实力的高度，提出建立科学传播能力评价体系；并就新媒体环境下科学传播的战略建构提出分析，提出重塑科学传播新格局、培育全媒体型的科学传播人才等重要命题。

第七章对国外新媒体科学传播理论与实践的总结与评析，发挥了他山之石的功用。

第八章以中国科学报社为例，总结分析了新媒体环境下的科学传播策略。作为唯一依靠我国自然科学与工程科技领域最高学术群体创办的科学传播类大众媒体，中国科学报社成立50多年来一直从事科学传播，在新媒体科学传播方面也进行了卓有成效的探索和实践。

本课题在科学传播领域做了一定的前瞻研究与科学传播的理论建设，提出了若干新概念、新提法，体现了科学传播的新思维。其目的在于推进科学传播媒体的科学传播实践创新与理论提升。

主要特点可以归纳为：

（1）尽可能厘清重要概念。在科学传播的概念问题、科学传播对待公众与科学共同体、科学传播与“两种文化”的关系等方面，下了较大的研究功夫，提出了独到的见解。在新媒体的概念、特点，新媒体与科学传播的关系等问题上，本研究也独辟蹊径，做了深层次的研究。

（2）重点在于梳理新媒体与科学传播的实践，集中阐述新媒体对科学传播的影响，揭示面向公众的新媒体科学传播模式；提出了适应新媒体环境的科学传播体系的合理论断。

（3）结合国内科学传播媒体的实践与国外新媒体科学传播的理论与实践，着眼现实与未来，把握新媒体技术发展的超越性特征，联系了Web2.0、IPv6、物联网技术发展对科学传播的应用表现或潜在价值，大量列举并分析了各类社交媒体、视频媒体在开展科学传播过程中的特征和作用。

（4）视野开阔，从科学与科学传播的本质上进行研究，展示了科学传播介质变化与科学传播规律，揭示了科学传播在当代人类文明中的进程与价值。

（5）注重实践，从科学传播的现状出发，有针对性地有效的成功案例进行深入分析，力求取得示范效应。

四、研究方法与创新

（一）研究方法

1．文献资料和逻辑分析法。

在充分占有科学传播相关研究文献的基础上，运用逻辑分析的方法阐述新媒体环境下科学传播的内涵、特点、变化及科学传播体系的构建。

2．个案研究法。

个案研究法是指对某一个体、某一群体或某一组织在较长时间里连续进行调查，从而研究其行为发展变化的全过程，这种研究方法也称为案例研究法。

3．内容分析法。

内容分析（content analysis）是以确定与计算内容的关键单元为其方法论基础而对讯息中显性内容的出现频率所做的分析，注重方法的客观性与可重复性，让资料本身来解释自己。本课题将针对特定的科学主题或特写事件中的科学传播，进行系统采集科学传播文本进行定量内容分析。

（二）研究创新

本课题在科学传播领域做了一定的前瞻研究与科学传播的理论建设，提出了若干新理念、新体系，体现了科学传播管理的新思维：

（1）在厘清重要概念的基础上，提出科学传播的宗旨："普及科学知识、提倡科学方法、传播科学思想、弘扬科学精神。"科学传播不仅要普及科学知识，更要普及科学思想、科学方法和科学精神，不仅要让公众了解科学的正面价值，也要让公众了解科学的负面价值，全面提高公众科学文化素养。

（2）深入研究新媒体对科学传播的影响，提出了适应新媒体环境的科学传播体系的合理论断。

（3）结合个案分析，研究各类社交媒体、视频媒体在科学传播过程中的作用。

注释：

[1] 吴国盛：《科学与公众传播》，http://cul.book.sina.com.cn/o/2006-12-16/1835165700.html。

[2] 翟杰全：《再论科学传播》，中国科技新闻学会编：《科技传播与社会发展——中国科技新闻学会第七次学术年会暨第五届全国科技传播研讨会论文集》，经济科学出版社 2003 年版，第 76 页。

[3] 汤书昆、刘为民：《科技传播与当代社会》，科学出版社 2001 年版，第 46 页。

[4] 孙宝寅：《关于科技传播研究内容的探讨》，《科技与出版》1995 年第 6 期。

[5] 汤书昆：《当代科技传播的核心范畴——“前景传播”》，《科技传播与社会发展》，经济科学出版社 2003 年版。

[6] 王以芳、房瑞标：《第八次中国公民科学素养调查结果发布》，中国科学技术协会，http://www.cast.org.cn/n35081/n35473/n35518/12451858.html。

[7] 陈磊：《2012 年度全国科普统计数据发布》，新华网，2013 年 12 月 26 日，http://news.xinhuanet.com/tech/2013-12/26/c 125916310.htm。

[8] 《北京科技新闻记者、编辑队伍现状及传播特点和建议》，《北京科学技术协会》2010 年。

[9] 胡晓梅：《科学传播与网络》，《河北工程大学学报（社会科学版）》2008 年第 1 期，第 85 页。

[10] 纪涛：《报纸媒体科技记者、编辑现状调查及建议》，《北京科学技术协会》2010 年第 2 期。

[11] 覃晓燕：《科学传播中传媒责任审视》，《现代传播》2010 年第 4 期。

[12] 程东红：《科技工作者与大众传媒应共同做好科技传播》，人民网 2012 年 2 月 15 日，http://scitech.people.com.cn/GB/6925686.html。

[13] 向志强：《〈中国科学传播报告（2010—2011）〉发布，公众期望专家传播科学知识》，新华网 2011 年 5 月 27 日，http://news.xinhuanet.com/society/2011-05/27/c_121464944.htm。

[14] 刘华杰：《论科普的三种不同立场》，见刘华杰《科学传播读本》，上海交通大学出版社 2007 年版，第 79 页。

[15] 汤书昆、韦琳：《当代媒介融合新趋势与科技传播模式的演化》，《理论月刊》2009 年第 12 期，第 5 页。

[16] 陈哲：《新媒体时代科学传播规律性探析》，大连理工大学 2009 年硕士学位论文。

[17] 中国科普研究所：《新媒体科普发展研究专题报告》，2010 年 12 月，http://www.docin.com/p-337082207.html。

[18] 刘莉：《数字化科普，影响力有多大？》，《科技日报》2010 年 3 月 18 日。

[19] 刘华杰：《科学传播的三种模型与三个阶段》，《科普研究》2009 年第 2 期。

[20] 詹正茂、靳一：《中国科学传播报告（2009）》，社会科学文献出版社 2009 年版，第 9 页。

[21] 朱登科：《突发公共事件中网络媒体应急科普的作用分析》，《科技传播》2010 年第 4 期。

[22] 吴娟:《科学传播的新探索——科学松鼠会》,《新闻传播》2010 年第 4 期,第 26 页。

[23] 张荣科、崔薇:《新媒体与基于公众的科技传播之实践探析》,中国科技新闻学会网站 2009 年 9 月 3 日,http://www.csstj.org.cn/?action-viewnews-itemid-77。

[24] Bernal, J.D.(1939) The social function of science, London: George Routledge & Sons Ltd.

J.D. 贝尔纳:《科学社会功能》。

[25] Crane,Diana(1972)Invisible colleges:Diffusion of Knowledge in Scientific Communities, Chicago :University of Chicago Press.

克兰:《无形学院——知识在科学共同体的扩散》。

[26] Hagstrom, Warren O.(1975) The scientific community, Carbondale : Southern Illinois University Press.

哈格斯特隆:《科学共同体》。

[27] Meadows, A. J. (1974) Communication in science, London : Butterworths.

梅多斯:《科学中的交流》。

[28] Lievrouw, Leah A. (1992) Communication, representation, and scientific knowledge: A conceptual framework and case study , Knowledge, Technology & Policy,Volume 5, Number 1, 6-28.

利亚:《传播、意象和科学知识:一个概念框架和个案研究》。

[29] Burns,T.W., O'Connor,D.J.and S.M.Stocklmayer (2003) Science communication:a contemporary definition, public understanding of science, 2003(12): 183 - 202.

T.W. 伯恩斯:《科学传播的一种当代定义》。

[30] Hurd, Julie M. (2000)The transformation of scientific communication: A model for 2020, Journal of the American Society for Information Science,Volume 51, Issue 14, pages 1279 - 1283.

朱莉:《科学传播的转型:2020 年模式》。

[31] Rzepa,H.(1998)"The Internet as a Medium for Science Communication', in Scanlon, E,Hill, R, and Junker, K (eds.) Communicating Science—Vol. 1: Professional Contexts, London: Routledge.

H. 热帕:《互联网作为科学传播媒介的研究》。

[32] Clarke, M. (2008) Ethics of science communication on the web, Ethics in Science and Environmental Politics, December 3, 2008.

M. 克拉克:《科学传播在网络中的伦理》。

[33] 米歇尔·克莱森斯:《科学传播:亦易亦难》,中国科普研究网 2011 年 1 月 26 日,http://www.crsp.org.cn/show.php?id=2215。

[34] 布赖恩·特伦奇:《科学博客中会出现哪些形式的科学传播》,中国科研究网 2011 年 2 月 17 日,http://www.crsp.org.cn/show.php?id=2228&p=1。

第二章　科学传播的基本问题

■ 第一节　科学与科学传播

一、科学、公众与社会

二、科学传播与媒体

■ 第二节　科学传播需融合两种文化

一、自然科学与社会科学的互相渗透

二、科学精神与人文精神的互相融通

三、新的生态文化观对于科学传播的价值

在科学传播领域，至今尚有一些问题没有厘清，如科学传播的概念、科学传播与媒体的关系、科学传播的核心价值、科学传播的社会功能等。这使得科学传播实践与社会对科学传播的理解出现疑问与一些混乱，并导致人们在理论上对科学传播是否具备独立的学科地位产生怀疑，在实践中对科学的理解与应用、科学传播实践、科学传播导向等认识发生偏差，甚至使得科学与伪科学纠缠不清，科学传播的理论建设与指导价值难以提升。

本章就科学传播的基本问题作一些辨析和思考，从人类文明的整体视角、社会视角、未来视角，辩证地看待科学传播。

第一节　科学与科学传播

科学离不开公众。科学知识需要公众的理解，科学技能需要公众的掌握，科学发展的最终目的都是为了促进人类社会更好的发展。在科学与公众、社会的互动过程中，媒体扮演着非常重要、积极的角色，承担着科学传播的责任。

一、科学、公众与社会

今天的人类，一切存在于科学，一切变革皆归根于科学，一切发展皆需要科学。科学是如此重要，才引起社会的广泛关注。

对科学传播的“科学”理解，离不开对科学的认识。追究科学的本质，其内涵的深邃宏大与外延的繁博复杂，很容易让人产生不可言说的概叹。但在今天，人们已经从概念与实践上做出了基本界定。《现代汉语词典》解释，“科学”含有两种意思：“（1）反映自然、社会、思维等的客观规律的分科的知识体系；（2）合乎科学的。”英文辞典中，还把科学作为区别于无知（ignorance）与误解（misunderstand）的知识。显然，科学既指自然科学，也指社会科学。但作为严格意义的“科学”，一般指以探索自然规律为主的自然科学范畴，与探索人类社会客观规律的社会科学并称。因此，不能把科学仅仅理解为自然科学。

自然科学中，还有以解决工程技术问题为主的技术科学。据钱学森的观点[1]，人们在生产过程中累积了对自然界事物的经验，将之直接应用到生产上去，改进生产工艺，是所谓工程技术；“把经验来分析、整理和总结就是自然科学的起源”[2]。“所以工程技术和科学研究只不过是人们处理生产经验和对自然界观察结果的两方面，基本上是同一来源，而且两方面工作的最终目的也是一样的，都是为了改进现有的和创造更新的生产方法，来丰富人们的生活。”技术科学“是从自然科学和工程技术的互相结合所产生出来的，是为工程技术服务的一门学问”。宋健认为：“科学是向人间宣示真理的女神，她回答的问题是‘为什么’；工程技术的使命则是根据科学原理改造自然和建设社会，告诉你‘应该怎么做’。”[3] 自然科学、技术科学和工程技术三者关系，一般是三个部门“同时并进，相互影响，相互提携”。

理解科学和工程技术的不同是理解科学传播概念的起始。

（一）科学传播的一切争议，皆起于科学与公众的关系

从科学传播的概念争议与科学传播的阶段沿革中，我们可以看出，科学传播的很多争议，涉及对科学与公众的关系的理解与调节。之所以出现很多的分歧与偏差，是因为科学涉及的关系很复杂，既涉及科学与人类的命运，也涉及科学本身的命运。

科学传播与科学的命运相联系，而科学与人类的命运相关联。因此，科学传播也与人类的发展与前途相关联着。这样的一种逻辑推导，并不是玄虚的，而是实际地存在着。如在国内外，有关科学的作用与价值、重大科学项目的计划、决策与实施等，常常在社会公众与科学共同体之间、科学家与科学家之间引起交流与讨论，由此促使科学界从能否顺利地推进科学事业的发展角度，

反思科学与社会公众的关系，反思科学本身的价值及对人类本身的意义。

（二）从社会功能上把握科学传播与公众的关系

我们将科学传播与公众的关系置于社会功能的范畴来认识，可以更进一步地理解相关问题。科学传播的实质，是要调整好科学与公众的关系。在对科学传播的研究中，有学者从科学传播的内容层次上分析，提出科学传播的“两阶”分类[4]。在科学传播概念中，一阶科学传播一般指的是对科学事实、科学进展状况、科学技术中的具体知识的传播；二阶科学传播一般指的是对与科学技术有关的更高一层的观念内容的传播，包括科学技术方法、科学技术过程、科学精神、科学技术思想、科学技术之社会影响等的传播。其实，不论是一阶科学传播，还是二阶科学传播，要确定的是，公众到底是科学传播的被接受对象，还是主宰者。公众需要科学，因为公众的科学化生存离不开科学的知识与观念；但科学事业的发展也需要公众的理解与支持，没有公众的理解与支持，或者说公众对科学一片无知与误解，科学事业在当代是无法开展的。

更重要的是，科学受众是人类整体，包括科学工作者，也包括享有科学成果的人。如同城市尾气排放与污染问题，既与公众有关系，也与城市管理有关系；而治理的决策与措施又离不开市民公众的理解与支持。科学的重大项目是否被认可与进行，是需要科学共同体（包括科学组织机构）听从民主决策的结果。因此，科学在应用的过程中，不能不考虑与公众的沟通。

（三）科学传播重在沟通公众与科学的理解

如今，越来越多的普通人可以通过媒体来表达自己的意愿。对有争议性的问题，媒体应当“给争论的双方都留出说话的空间，不仅使双方都有机会亮出各自的观点，也可能有机会听到不同的声音”，“一边倒的舆论只会将公众引向盲目乐观或盲目悲观的泥淖，不利于公众理解科学，也将对科学的健康发展产生或多或少的影响”[5]。让受众在充分了解事实真相的前提下进行思考与选择，使受众最大限度地了解人类未来的命运以及科学的处境，这对科学精神、科学思想的普及与弘扬无疑都将有所助益。公众的知情权在科学活动中发挥着越来越大的作用，要使公众投下有利于科学发展的一票，让公众理解科学成为必要。

二、科学传播与媒体

（一）科学传播的概念由来与发展演变

科学传播走过了三个阶段：传统科普、公众理解科学和科学传播。

传统科普是将科学作为独一无二的高高在上的知识，向普通民众进行灌输。这是启蒙时期诞生的科学传播观念，在人类科学传播史上延续了相当长的时间。传统科普认为，科学家共同体及少部分科技媒体从业者掌握着较多科技知识，广大民众是“科盲”；信息流向没有下层向上层的反馈关系，一般只是向下灌输。传统科普阶段，科学是“一种在历史上起推动作用的革命力量”，科学研究及其应用构成了社会进步和发展的决定性基础。

第二次世界大战以后，由于科学技术对社会影响不断加深，而科学技术的负面效应也越来越明显，人们不满足于仅了解一些基本的科学知识，而是希望科学的发展更加透明，受到公众的监督，“公众科学”运动开始出现。20 世纪 30 年代，英国科学社会学家贝尔纳首次使用了“科学交流”（Scientific Communication）的概念[6]，他认为：“按照过去关于科学的概念，交流是科学家之间唯一的桥梁。”但是，在今天，“需要极为认真地考虑解决科学交流的全盘问题，不仅包括科学家之间交流的问题，而且包括向公众交流的问题”[7]。

但此后，学术界在“科学传播”的基本概念、基本问题上并没有达成共识。在相当长的时间内，国际上将 Scientific and Technical Communication（STC）、Science Communication、Scientific Communication 和 Technical Communication 等混用的情况已是常事[8]。

1985 年，英国皇家学会发表了一份重要报告——《公众理解科学》。报告的动机是希望民众能够持续地支持科学事业。报告中强调了科学家必须做科普，科学共同体要与媒体搞好关系，帮助媒体全面深入地报道科技进展。这被认为是传统科普阶段向公众理解科学阶段转变的标志。

进入公众理解科学阶段后，在科学的概念上，科学与科学家不再高高在上；科学虽然可能更代表进步的事业，科学认识是最可靠的认识，但是科学本身并不能因此自动获得一种特权地位；科技工作者必须反思科学的目的，反思发展科学究竟在多大程度上有益于社会的发展、有利于社会公正的实现，反思科技进步应当如何与可持续发展相协调。反思还涉及科技伦理、科技与就业、科技与文化多样性、现代西方科学与世界各地传统知识之间的矛盾等问题。

北京理工大学教授翟杰全认为，公众理解科学实质上是一场延续至今的社会运动[9]。“公众理解科学”不再把公众当成单纯的接受主体。公众对于科学的认识已成为当今推动科学事业发展的一个重要组成部分。

然而，“公众理解科学阶段仍然有缺陷，更多的是为科学共同体服务，而非整个社会的普通公众”[10]。科普的观念或者“公众理解科学”的观念业已不能容纳科学与公众之间关系的现实。如何确立科学与公众之间的位置与关系，成为新阶段的任务，“科学传播”逐渐成为新阶段的定名。

科学传播的实质，应当是“既要坚持‘科学向公众的传播’，又要强调‘公众向科学的传播’”[11]。这从世纪之交出现的两份文件可以鲜明地看出：一是1999年，联合国教科文组织发布的《科学和利用科学知识宣言》[12]；二是2000年英国上议院通过《科学与社会》报告，这份报告是对15年前《公众理解科学》报告的回应[13]。

联合国教科文组织的《科学和利用科学知识宣言》提出了许多对科学技术的外部约束。它指出，科学发展除了具有很多的明显好处外，“也造成了环境的恶化和技术灾难，引起了社会失调或社会排斥现象”；并指出：科学研究和科学知识的应用，应当按照《世界人权宣言》和《世界人类基因组和人权宣言》的规定，尊重人权和人的尊严。按照《科学和利用科学知识宣言》来理解科学，科学就应该是公众参与的事业。该宣言明确提出：“人人有权参与科学事业。”公众的参与，可以通过参与广泛辩论、制定“从事科学研究和应用科学知识”的道德标准、就“有关新的发明和新开发的技术的用途和后果”的伦理问题展开讨论、参与科学事务的民主决策等方式而实现。

英国上议院的报告《科学与社会》明确提出：“科学工作者除了寻求增进公众对自身工作的理解之外，也开始去了解这些工作给社会及公众意见带来的冲击。”该报告指出，在增进科学与社会之联系方面，已经采取了多种形式，主要有公众理解科学委员会、各研究委员会及各高校教育经费委员会、科学馆与科学中心、互联网、针对女性的特别行动等。

（二）科学传播不同于科技传播

在科学传播的学术研究与实践领域，与“科学传播”概念同时使用的还有“科技传播”。不少学者也都从科技传播的内容、社会功能等方面进行了解释。如孙宝寅认为：科技传播研究主要涉及两个方面：一是利用各种传播媒介传播科技信息的规律，二是IT在传播中的应用。刘建明认为：从广义上看，一切科技知识的交流、传授都属于科技传播，科技传播是科学的推进形态。而娄承肇认为：科技传播从狭义上讲，是指科技知识、科技资料、科技情报，总之是科技信息的传播、交流与共享活动。从广义上说，它包括三个层面：一是用以传播的科技信息，包括科技理论、科技知识、科技方法（指科学的思维、逻辑及过程）；二是用以传播科技信息的手段，包括传播媒介、传播方式等；三是科技传播的社会功能，它有社会的、文化的、乃至科学技术自身的多方面功能。李春才认为：科技传播是人类交流科技信息的一种社会行为，是人与人、人与其所属的群体和社会之间通过某种媒介进行科技信息传播、接受与反馈行为的总称[14]。

但是这些分析与界定都是在科学的下位概念中使用科技传播，有的是与科学传播混同，有的谈的只是科技报道的问题。科技报道是科学传播的实践形式。另外，有的论者对科技传播目标的理解更多限于经济方面[15]，这与科学传播对于社会功能的理解相比较，又显得狭隘了许多。

因此，可以说，科学传播是科技传播的上位概念，科技传播涵盖不了科学传播的丰富内涵；科学传播的实践形式是科技报道，或者说科技报道是科学传播在新闻媒体上的展开形式（表2-1）。

表 2-1　科学传播与科技传播的关系

<table>
<tr><th>概念</th><th>发展阶段</th><th>观念</th><th>社会实践形式</th><th>层次</th></tr>
<tr><td rowspan="3">科学传播</td><td>传统科普
（公众接受科学）</td><td>科学与公众的交流</td><td rowspan="3">科学讨论
科技报道</td><td rowspan="3">上位概念</td></tr>
<tr><td>公众理解科学</td><td>公众与科学的交流</td></tr>
<tr><td>有反思的科学传播
（公众参与科学）</td><td>公众与媒体对科学的交流</td></tr>
<tr><td>科技传播</td><td>公众理解科学阶段</td><td>科技知识、信息的传播、交流与共享；科学的推进形态</td><td>科技报道</td><td>下位概念</td></tr>
</table>

（三）科学传播的内容与特点

1. 科学传播的内容。

从国内外现有的研究资料可以看到，科学的大众化传播越来越受到重视，并且随着大众媒体的发展，普通民众呼唤科学的呼声之高，科学传播越来越无法回避面向大众传播的问题。同时科学传播是个双向互动的传播，不再是单向的、强制性的、上令下达的过程，与传统的、政治色彩浓厚的科普是不一样的。

北京理工大学教授翟杰全认为，科技信息的传播要通过专业交流、科技教育、科技普及、技术推广等过程以及科技出版、科技写作、科技新闻、科技翻译等手段来完成。其层次包括处于“高位”的专业交流，“中位”的科技教育和“低位”的科技普及和推广过程。

需要注意的一点是，科学传播不等于科普。科学传播不仅要普及科学知识，更要普及科学思想、科学方法和科学精神；不仅要让公众了解科学的正面价值，也要让公众了解科学的负面价值。科学传播的主体转移和多元化是必然趋势。

科学传播的内容除了一般的科学知识外，还包括科学精神、科学文化、科学方法等抽象的内容，这就区分了与以往的科技传播和传统科普的差别，是实现互动和反馈的前提；科学传播出发的立场是以除了政府和科学共同体以外的普通公众为出发点，将其作为科学传播的利益普及体，目的是让普通公众更好地了解和接受科学；科学传播以大众媒体为核心，打破了传统的以科学共同体为核心的局面，这个传播过程是传受双方主动、互动，有反思、有反馈的传播。新媒体时代下的科学传播，就是通过对新媒体的传播特性、传播要素的分析，包括“新媒体时代下谁传播”、“新媒体时代下怎么传播”、“新媒体时代下向谁传播”的分析，构建科学传播模式，实现良性的发展和调控管理[16]。

科学技术知识。科学技术知识是科学文化传播的基础内容，是扩大公众知识层面、提高公众科学素养的第一要务。

科技文化。科技文化的显著特点是具有内在的、能动的创造性。恩格斯在研究近代科技发展所带来的哲学变革时指出：“新的自然观的基本点是完备了：一切僵硬的东西溶化了，一切固定的东西消散了，一切被当作永久存在的特殊东西变成了转瞬即逝的东西，整个自然界被证明是在永恒的流动和循环中运动着。”[17]可见科技文化是科学发展的重要推动力，它同时也是我国科学文化传播内容的重要组成部分。

科学方法。科学方法是人们为获得科学认识所采用的规则和手段系统。它是科学认识的成果和必要条件，所以是科学文化传播中不可缺少的一部分。

科学精神。科技文化体现的理性、规范、公平、宽容、批判、创新等科学精神，正是推动我国现代化进程中价值观念形成和行为规范变革的基本因素。德国著名物理学家 W. 海森伯在谈到现代物理学影响的时候曾说过：“应当记住，每个工具都带有用来创造它的那种精神…… 所以，现代物理学的精神必将渗透到许多人的心灵之中。”[18] 科学精神不仅是科学文化的核心，也是科学文化传播的根基。只有使人们逐渐领会和具备科学精神，才算达到了科学文化传播的目的。

2. 科学传播的特征。

今天科学传播已经成为全世界共同关注的话题，科学已经超越人们的经验和常识，远离许多国家和地区的传统文化和意识形态。人们很难根据自己的经验和常识，理解与判断现代科学技术对人类活动的影响及其潜在的社会后果。科学传播活动不只是科学界为了实现自己的目的的一种手段，也不是国家意识形态的一种一厢情愿的单向活动，而是文化建设和塑造活动。它是通过全体人民的参与来决定科学怎样造福我们的民族，怎样决定我们的发展方向和发展速度。因此，在探讨科学传播特征方面，我们看到：

第一，科学传播被界定为一种文化建设活动。科学传播以“普及科学知识、提倡科学方法、传播科学思想、弘扬科学精神”为己任，以提高公众科学文化素养为宗旨[19]，科学传播不仅强调科学对社会物质文明的推动作用，尤为强调科学对社会精神文明的推动作用。

第二，科学传播的主旨是促进科学文化和人文文化的交融。由于科学专业化分工越来越细，越来越远离我们的日常生活和日常感性经验，这加大了两种文化之间的鸿沟。但一个健全的社会要求两种文化的整合，两种文化的鸿沟的弥合是科学传播活动的题中应有之意。科学传播不但要将科学作为一种专门知识，而且作为一种文化在全社会传播和全方位互动。过去我们讲科普时，对科普作家的要求是希望其文学知识多一点，因为如果有文学素养，其讲的东西就会被更多人接受，文学在这里起一个传播工具的作用。站在科学传播的角度，历史、哲学和文学等都应该进入科学传播范畴，成为科学传播工作的人文基础。通过科学传播使全社会关于人类社会发展获得一种整体性的观念[20]。

第三，倡导“多元、平等、开放、互动”的传播观念来理解科学、对待科学。科学传播是人类社会一种交流共享的活动，是人类传播的一个类型，一方面科学家向大众传播科学知识，另一方面公众也参与科学知识的创造过程，参与科学政策的制定和科学体制的建立，与科学家一起在开放的环境中平等共享。在这一过程中，公众不仅可以更好地理解和接受科学，而且感受到科学不再是一种高高在上教训人的东西，它本身是出自人、为了人、服从人的，公众有权利来评价科学的正面影响和负面影响。

（四）准确理解科学传播对于科技报道实践具有重要指导价值

科学是促进人类文明进步和社会发展的重要力量，而科学作用于社会的基本途径只能通过科学传播。作为发展到第三阶段的今天的科学传播概念，必然包含着其以前阶段的概念的形式与实质，也就是说，今天的科学传播，可能包括了传统科普、公众理解科学的阶段的任务与使命。如在科技报道中，就包含了科普。北京大学刘华杰指出："报道一项重大的科技进展，必须简明解释此进展是什么意思，与以前科技成就的关系，这项新的进展取得哪些实质性进步，背后的基本原理是什么等。如果是技术进步，还要讲一些程序、机制、功能、效益、可能的社会后果等等。这些都是标准的科普工作。"[21] 但科学传播阶段的理念与内涵与以前阶段的任务与目标是不同的，它同时包含了公众与科学的交流、公众与媒体的交流等。虽然在具体的科学传播过程中，要继续总结以前阶段的思想、方法；但我们更需要在"科学传播"的概念上不断深化内涵的理解。

当前中国媒体科学传播实践的现状与问题，也表明了这一点。科学传播与报道的问题，不仅有事实差错，更多的是深层次的传播观念问题，如科学传播的观念陈旧，传递过时的科学知识；神话科学与迷信科学家；科技报道的实用化倾向与科学猎奇；宣传"超科学"、"神秘现象"与反科学情绪，如生物克隆技术、转基因技术的报道，出现对科学界的无端指责，反科学情绪也为伪科学泛滥推波助澜。同时，科学媒体开辟的公众与媒体及科学共同体的交流、讨论的途径还不是很通畅，方式还不是很多，意愿还不是很强烈。这些问题的存在，都是与科学传播的理念不相容的。坚持科学传播的理念，对于解决科技报道中的具体问题具有重要的指导价值。

可以说，当我们把科学传播的概念真正厘清之后，在实践中是否继续使用科技传播的概念，其问题已不是很大。当逐步认同了科学传播的内涵与目的，科学传播在实践中就能够更好地实现其价值，真正推动科学事业的发展。

（五）科学传播与媒体的关系

1. 科学传播离不开媒体。

媒体不仅是科学与受众之间联系的桥梁，也是科学与整个人类社会的重要纽带。科学传播离不开媒体，1985 年，《公众理解科学》报告强调了科学共同体要与媒体搞好关系，帮助媒体全面深入地报道科技进展。1999 年《科学和利用科学知识宣言》则提出，在科学事业发展中，“传播媒介和传播技术可以发挥重要作用”。

2．科学传播与新媒体的关系。

新媒体是人人媒体、公共媒体，是可为全民所有、全民所用的媒体。新媒体开启了科学传播与公众交流的广阔平台，交给了公众可能拥有科学、与科学对话的媒介与资质。新媒体在科学传播阶段，真正确立了公众作为社会主体，整体地与科学对话的能力。2000 年英国上议院的报告《科学与社会》已将互联网作为增进科学与社会联系的重要手段。

3．新媒体环境促进科学传播的变革。

在过去，科学知识传播需要受众有一定的知识积累和理解能力，科技传播不指望面向所有人。而在新媒体环境和创新社会下，公众文化知识水平与理解力大大增强，受众分化、分层、分流性大大增加。科学信息的流向，不是单一的从科学共同体经由媒介导向受众，而是人们主动获取信息。信息传播主体多元化，信息传播方式多样态，信息传播多方向，成为整个社会传播的基本特征。科技传播主体间的相互影响越来越强，交互便捷与无时不有、无处不在的新媒体运用，使得传统科学传播下的掌握科学信息发布主动权的科学共同体和科学传媒受到强烈的冲击；科学传播个体间、个体与群体间、个体与组织间的传播与交互越来越频繁，使科学传播的整体系统超越了传统媒介系统下的单向模式。这是科学传播面对的现状。

基于这样的思考与分析，可以看出，新媒体环境对于科学传播的价值极为重要，不论是从科学传播的自身需要出发，还是从新媒体的迅速普及现状着眼，科学传播运用新媒体已成必然之势。

目前，科学传播界对“科学传播能否成为一门独立的学科”予以关注。探讨者认为，科学传播涉及多领域、多学科的问题，因而难以有自己独立的学科定位[22]。对这一问题，简单的解答是难以解决问题的。但是，从以上论述，我们不难得知，科学传播的概念或理论，是一个不断发展的过程。从科学家为了获得支持而对公众开展科学宣讲、关注公众科学素养，到“公众理解科学”

出现，强调科学传播中的公众不再是被动的接受者，而成为双向传播中的一个重要环节。而后，在“公众参与科学”的阶段，公众的主观能动性得到了更大的发挥，不仅要理解科学，更要参与科学，但是这种参与还是有限的。随着“科学、技术和社会”（即STS）的观念的提出，科学传播理论得到了更大的支撑。“科学和社会”（Science in/with Society）理念从社会整体上来考虑科学和技术的问题，更进一步强调了社会群体参与科学研究进程的必要性，把科学纳入整个社会进程中，公正地传达“科学中立”的价值。论者认为，随着科学和社会这个更大领域的出现，科学传播似乎更难以找到自己合适的位置了。然而，如果我们从科学与科学共同体的主体角度出发，在公众与科学、科学与社会之间，确立科学的发展与人类发展的目标同一性，科学传播的自身定位将不难找到。科学传播不论是作为学科发展的需要，还是作为实践进程的需要，都涉及媒体，需要借助媒体达到公众和社会的沟通与理解。

当今的科学传播需要变革观念，构建新的传播理念与体系。其中要把握的因素应该有两点，一是科学传播必须面向未来，紧跟最新文明进展，充分考虑各种变量因素，进行前景预测；二是科学传播的目标是造就面向未来“科学化生存”的新公民。因此应当考虑传受主体互置与传播情景的变化，运用新旧不同形态的媒体，面向不同层次的公众，多层次地传播科学知识信息与思想，以使公众科技文化素养得以整体提升，并可能向高层次转化。

关注科技发展与新媒体未来的发展趋势，着眼于公众理解科学的需要，建立科学传播的互动传播和对话式交流的模式，对于社会信息系统的创新以及推进创新社会的进程具有重要的作用。

第二节　科学传播需融合两种文化

科学传播不同于一般的社会行业或专业领域的传播，它不只是涉及社会科学领域，更与自然科学紧密相关。因此，科学传播还有非常强烈的科学本位色彩。在当今时代，科学传播在观念上和实践中，需要突出强调的是自然科学与社会科学的渗透，重视科学精神与人文精神的融通。而且，在追崇生态文明观的当下，生态文化观在科学传播中的价值也将进一步凸显。

一、自然科学与社会科学的互相渗透

发生于20世纪50年代和60年代的科学技术革命促进了科学的大分化和大综合，出现了各种新兴的边缘性学科、横断性学科和综合性学科，表现出现代自然科学的整体性[23]。同时，现代自然科学的发展还越来越明显地表现出另外一些特征：自然科学与社会科学的互相渗透。

"科学自身的逻辑发展与社会需求发展的交汇处往往是新科学的生长点，科学为求得其生存条件不得不以适应社会的主流价值观为代价，而任何社会要想发挥科学的社会功能也不得不修改某些规范，以提供科学发展所必需的社会条件。"[24]

自然科学对社会的政治、经济、文化生活的作用和影响也日益加强。如它给社会带来表面的物质繁荣的同时，也给社会带来了核战争的威胁、生态平衡的破坏等等重大的危害或不安。科学技术的任何重大项目和工程的开展与实施，不是单一的部门、机构或组织可以独立完成，需要政府和社会组织的支持。工程技术上的问题，需要社会科学的研究与介入。因此，政府对全国性科学研究的计划、组织和管理也大大加强。

现代科学的这些新特征，反映在科学传播领域，也要求科学传播将自然科学与社会科学的文化结合起来。

二、科学精神与人文精神的互相融通

沟通科学文化与人文文化是科学传播的重要功能。科学文化与人文文化这两种文化的关系，如同人的概念下的男人与女人，一阴一阳，是人类文明的"双胞胎"，是一枚硬币的两面，共存于人类文化的基因之中，不能截然分开。科学与人文的交汇是现代科学和文明进程的"内在的要求"，"需要像《罗素－爱因斯坦宣言》所呼吁的，必须学会用新的方法来思考，用人文来导引和规范科学的发展，既不能站在反科学的立场上，把脏水泼在科学的身上，企图遏止科学的发展；也不能像唯科学主义那样，盲目声称随着科学技术的发展一切问题都会自然而然地迎刃而解”[25]。两种文化分离的结果只能导致人类文化在现实中的异化、欠缺与不完整。老子说“绝圣弃智”，人文文化是“圣”，科学文化是“智”。丢弃“圣”与“智”，则盗贼横行，奇技淫巧泛滥。

科学精神和人文精神恰如人类文化的双翼，科学精神是人类探索自然的条件和动力，人文精神则是人类一切活动的内源。人文精神所强调的是对于人乃至整个大自然作为生命本身的价值的尊重，而不是它作为某种载体存在的价值。而科学精神是对人类未知领域进行探索的求真、质疑、创新的精神，引领人类向着自然和精神的高度攀登。如同德国哲学家恩思特·卡西尔高度赞颂的：“在我们现代世界中，再没有第二种力量可以与科学思想的力量相匹敌。它被看成是我们全部人类活动的顶点和极致，被看成是人类的最后篇章和人的哲学的最重要的主题。”[26]

科学文化与人文文化正在表现出对话的愿望。“科学并不是价值中性的，而是包含着价值判断的价值因素。但是，这种价值关联并没有动摇科学的客观性的基石，它仅仅是科学的一个从属的组成要素而已。而且，科学的这种价值相关性并不是科学的缺点，毋宁说它是科学的深远意义之所在，因为它作为一条有机的纽带，把科学与整个人类文化联系起来了。”[27]

科学文化和人文文化是两种理论形态的文化，其具体内容包含在自然科学和人文社会科学中。科学文化中的核心是科学精神，人文文化中的核心是人文精神，科学精神与人文精神是一体两翼，既相互区别又相互渗透，它们互相激荡，推动社会向前发展。科学传播要融合“两种文化”，渗透“两种精神”，熔铸于科学传播的核心价值体系与价值导向系统之中，融通于科学传播的实践之中。与人文精神相融合的新的科学传播，以巨大的传播动力向整个社会展开，将揭开人类文明的新进程。

三、新的生态文化观对于科学传播的价值

（一）全球问题的存在与原因

当代科学面临着全球问题的挑战。第二次世界大战以后，世界经济高速发展，科学技术突飞猛进，和这种快速发展相伴随出现了一系列全球问题，给地球覆盖了一层驱之不散的阴云。全球问题表现在了人口膨胀、石油等资源短缺、生态环境恶化、地区贫困、军备竞赛、国际恐怖活动、贩毒和吸毒、艾滋病等问题上。

全球问题是涉及全世界、全人类的问题，其产生有着深刻的背景。首先是资本主义生产的国际化带来的全球问题。世界经济、政治、社会生活的国际化，使世界成为一个整体，各个国家相互依存，谁也离不开谁。全球化带来不平等的交换关系，造成了世界性的地区贫困问题；由于争夺世界市场的利益冲突而发生全球性军备竞赛，使地区性的问题转变为全球性的问题。其次是科学技术发展带来的全球问题。科学技术的发展大大扩展了人对自然的影响范围和影响深度，开发能力的提高伴随着不合理的开发，破坏了生态，污染了环境，形成全球生态危机；科学技术在军事上的运用，竞相发展核武器、导弹、高智能武器系统，核燃料泄漏与核武器对人类的威胁递增。再次是人口增长带来的全球问题。人口增长首先给环境带来了压力，使地球不堪重负，一系列的全球问题由此产生。

这些问题产生的深层原因，在于不合理的世界秩序和工业革命以来形成的人类中心主义的价值观，崇尚人类征服自然的价值与目标。近代科学技术催生的工业文化与文明成果展示了人类改造自然的力量，相信人是无所不能的，自然可以听从人的摆布，从而形成征服自然的文化观。

（二）新的生态文化观协调人类与自然的对立关系

人类在对工业文明的恶果的反思中，看到了反自然观的文化的症结，为了摆脱困境，解决工业文化造成的人与自然的对立关系，提出了文化转型与价值观转变。美国物理学家卡普拉在《转折点：科学、社会、兴起中的新文化》一书中说："我们今天所面

临的危机不是一场普通的危机，而是一次伟大的变迁…… 一场大规模的极为深刻的文化转变是不可抗拒的。”[28]

生态文化观的思想应运而生。这是人类史上价值观的一次重大转变。新的生态文化观是一种新的世界观，涉及宇宙观、政治观、环境观、资源观、技术观、价值观、道德观、消费观、审美观等一系列观念的转变，其核心在于重新协调人与自然的关系。生态文化观是以生物圈的整体性为出发点，关心人与生物圈的依存，反对人对自身能力的滥用，要求农业生产、工业生产、科学技术不能引起生物圈的根本性破坏，以维持人与自然的协调关系。生态文化观的自然观是有机自然观，认为人是生物圈的一员，人的活动无不和生物圈发生关系。

新的生态文化观丰富了科学传播的理念与精神，带给了科学传播到目前为止的人类文明观念的最高形式，科学传播的核心思想与价值得以确立。

注释：

[1] 中国科学院技术科学部2000年把钱学森在20世纪50年代撰写的《论技术科学》一文作为中国科学院第十次院士大会发放材料。见《中国科学院第十次院士大会学术报告汇编（技术科学部分册）》第四节《文明形态演变与科学传播》，中国科学院学部联合办公室2000年6月。

[2] 钱学森：《论技术科学》，《科学通报》1957年第2期。

[3] 宋健：《工程技术百年颂》，《光明日报》2002年2月8日。

[4] 刘华杰：《整合两大传统：兼谈我们所理解的科学传播》，见中国科技新闻学会编《科技传播与社会发展——中国科技新闻学会第七次学术年会暨第五届全国科技传播研讨会论文集》，经济科学出版社2003年版，第38页。

[5] 吴燕：《从〈美梦还是噩梦〉的遭遇看科技书评的科学精神和人文精神》，见中国科技新闻学会编《科技传播与社会发展——中国科技新闻学会第七次学术年会暨第五届全国科技传播研讨会论文集》，经济科学出版社2003年版，第121页。

[6] 贝尔纳原文使用的是“Scientific Communication”。第十一章标题是“Scientific Communication”，中译本陈体芳译为“科学交流”，商务印书馆1982年版。

[7] J.D. 贝尔纳著，陈体芳译：《科学的社会功能》，商务印书馆1982年版，第292页。

[8] 翟杰全：《再论科学传播》，见中国科技新闻学会编《科技传播与社会发展——中国科技新闻学会第七次学术年会暨第五届全国科技传播研讨会论文集》，经济科学出版社2003年版，第76页。

[9] 同上，第23页。

[10] 同注释［4］，第42页。

[11] 吴国盛：《科学与公众传播》，http://cul.book.sina.com.cn/o/2006-12-16/1835165700.html。

[12] 这份文件由《科学和利用科学知识宣言》、《科学议程——行动框架的解释性说明》、《科学议程——行动框架》三部分组成，全文见http://www.unesco.org/science/wcs/eng/declaration_e.htm；北京大学科学传播中心网站发布中文版，见http://www.csc.pku.edu.cn/art.php?sid=1568。

[13] 张卜天、张东林译：《Science and Society 科学与社会：英国上议院科学技术特别委员会1999—2000年度第三报告》，北京理工大学出版社2004年版。

[14] 孙宝寅主编：《科技传播研究：首届科技传播研讨会论文选》，清华大学出版社1996年版。

[15] 同注释［4］，第37页。

[16] 陈哲：《新媒体时代科学传播规律性探析》，大连理工大学2009年硕士学位论文。

[17] 马克思、恩格斯：《马克思恩格斯选集》（第4卷），中共中央马克思恩格斯列宁斯大林著作编译局，人民出版社1995年版，第270页。

[18] 海森伯著，范岱年译：《物理学和哲学》，商务印书馆1981年版。

[19] 吴国盛：《从科普到科学传播》，《科技日报》2000年9月22日。

[20] 胡晓梅：《科学传播与网络》，河北工程大学学报（社会科学版）2008 年第 1 期。
[21] 同注释 [4]，第 36 页。
[22] 王大鹏：《科学网——科学传播能否成为一门独立的学科呢？》，http://blog.sciencenet.cn/blog-428002-690140.html。
[23] 夏基松：《现代西方哲学教程》，上海人民出版社 1985 年版，第 503 页。
[24] 董光壁：《21 世纪的科学与中国》，《中国社会科学院研究生院学报》2001 年第 5 期。
[25] 沈铭贤：《科学观的变革及其影响》，《科学时报》2008 年 2 月 15 日。
[26] 恩·卡西尔著：《人论》，上海译文出版社 1985 年版。
[27] 李醒民：《科学价值中性的神话》，《科学的精神与价值》，河北教育出版社 2001 年版。
[28] 邹德秀：《500 年科技文明与人文思潮》，科学出版社 2002 年版，第 207 页。

第三章　科学传播与媒体

科学传播离不开媒介技术的变革。从语言到文字，从手抄到印刷，从电子到网络，媒介技术不仅与人类社会的发展息息相关，而且成为区分人类社会不同历史阶段的鲜明标志。“具体来说，现代意义上的媒介技术发展经历了一系列技术裂变和媒介聚变的过程，导致不同媒介群的诞生。迄今为止，人类历史上的媒介群可以分为三种：以印刷技术为核心发散开的媒介形成印刷媒介群，以无线电技术为核心发散开的媒介形成电波媒介群，以数字技术为核心发散开的媒介形成新媒介群。”[1]

第一节　科学传播的媒介变迁

人类传播媒介的演变经历了五个阶段，这一演变过程，也是人类科学不断发展的过程。这些传播媒介形式成为科学发展的结果，反过来，各种媒介形式又将促进科学传播的发展。

传播学的基本模型是申农的信息传播模型。实际上，所有的传播概念都是以经典的申农模型为基础。申农模型可以简化如图3-1所示。

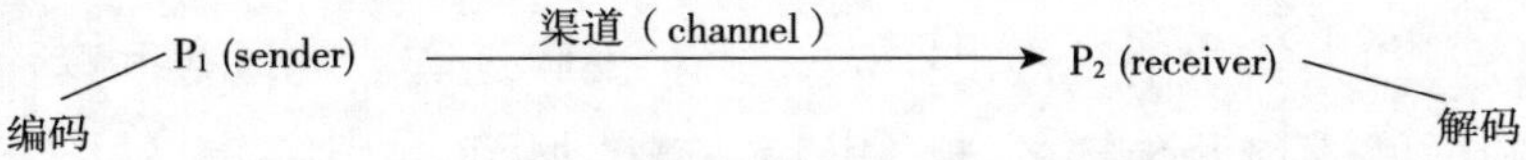

图 3-1　申农信息传播模型图

信息由 P_1（sender）编码之后通过渠道（channel）传递给 P_2（receiver），P_2 对信息解码之后便获得了原始的信息。信息

要成功地从 P_1（sender）传送到 P_2（receiver），传统传播学认为 P_1 的编码规则和 P_2 的解码规则是完全一致的， 其重叠度是为1的。但在实际中编码规则和解码规则的重叠度往往不为1，一般的情况是介于0和1之间，即属于[0，1]这一个区间范围内的某个数字。也就是说，重叠度是一个模糊集合的隶属度。一般可以将编码规则和解码规则的重叠度分为三种情况：(1）P_1 的编码规则和与 P_2 的解码规则完全一致，则完全不能解码。(2）P_1 的编码规则和与 P_2 的解码规则部分重叠，则能部分解码。(3）P_1 的编码规则和 P_2 的解码规则完全不一致，则能完全解码。

纵观人类传播的历史，随着科学技术的发展和社会的进步，传播途径的演变经历了五次变革，而推动人类传播变革的促进剂就是——媒介。科学文化传播的途径随着媒介的不断变化经历了五个阶段。

一、语言的创造催生了第一次传播革命

人类在语言产生之前，也有一定的交际方式，比如用肢体语言或者实物摆放等方式表达一些低级而简单的信息。大约在10万年前，人类创造了语言。语言成为一种交流工具，促进了人类进步与发展。由此可见，语言作为一种传播媒介，使人类实现了劳动经验的共享和文化的传承，从而大大加速了人类自身的发展。语言的这一特点在技术传播中尤为突出。古代的手工业者们都是靠着口口相传，将自己的经验和手艺传给学徒，学徒在掌握和继承了手艺之后又以同样方式传给后人，这样的传播模式沿用至今。纯语言传播有其自身的局限性，如受到时空的限制，导致信息不能传达；方言的多样性造成沟通难度加大；信息不能保存，易被遗忘；信息在传播过程中容易发生歧义等。随着社会生产力水平的提高和人类生活范围的扩大，随着民族之间、地区之间交流机会的增加，口语传播的缺陷也越来越明显了。为弥补其缺陷，人类创造了文字[2]。

二、文字的出现产生了第二次传播革命

当我们的先祖们学会把发出声音的人与声音分离开来，并加以保存，于是就产生了文字。在文字、影像、声音三大符号中，文字最容易被保留，影像和声音稍纵即逝；文字的传播不受时间、空间的限制，影像和声音的传播则具有顺时性和一维性。我国在商朝出现了象形文字，刻在甲骨上的一、二、三等数字是三四千年前先民记数概念的历史见证。而那些龟甲和兽骨上则详细地记载着十进位值制记数和干支记日，以及测量工具“规”和“矩”。文字的出现改变了数十万年信息传播的形态，使原始新闻发生了质变，标志着人类文明的真正出现。

三、印刷术的发明导致了第三次传播革命

印刷术的发明在人类科学文化传播史上具有划时代的意义。我国从隋唐时期开始使用雕版印刷术，印出了世界第一份报纸，大量农书、历书、医书、字帖等流传到全国各地；宋代毕昇发明了活字印刷术后，相继出现了木活字、锡活字、铜活字等，对人类科学文化知识的传播起到了决定性的作用。从这个意义上说，中国人的印刷术成就了后来人类的传播行为和传播能力。

四、广播和电视的问世推动了第四次传播革命

广播诞生于20世纪20年代，通过无线电波传送节目的称之为无线广播，通过导线传送节目的称为有线广播。1920年，世界上第一座有执照的电台在美国开播。英国人贝尔德从1924年起尝试用最原始的电视机传输图像。1939年，美国人推出世界上第一台黑白电视机，到1953年又把屏幕变成了彩电。电视满足的是人类长久以来梦想的远距离传输和观看图像的愿望。随着广播和电视的出现，科学文化传播的内容变得更丰富，传播的范围变得更广阔。

对此，恩格斯早有预言：“社会一旦有技术上的需要，则这种需要就会比十所大学更能把科学推向前进。”[3]

五、新媒体的发展引发了第五次传播革命

电脑是一种利用电子学原理，根据一系列指令来对数据进行处理的机器。1946 年，第一台电脑诞生。电脑与网络因其具有交互性、快捷性、隐蔽性和多媒体性等众多特点，把科学文化传播带到了一片广阔的天地。互联网传播革命为科学文化传播手段的发展带来新的机遇——多媒体化的复合传播手段，人类社会也进入了以信息、电子、新能源、新材料、生物、航天等一大批高科技为主导的知识经济时代。

德国研究者马丁·埃森得主导了一项关于互联网对科学传播的影响的实证研究后推断，互联网会打破传统的科学传播模式，并且会从互补的角色转化为主导的角色。

第二节　科学传播中的大众媒体

科学传播不仅是专业科学传播工作者的责任，随着科学传播概念范畴的不断拓展，媒体也担当起越来越重要的角色。从科学史和科学传播的发展来看，科学传播与媒体的发展是息息相关的。新媒体冲击下的大众传媒使得科学传播的运作方式发生了重要变革，传统的单向传播科学普及方式，已经逐步变成公众与科学家之间双向的交流互动。以报纸、广播、电视和互联网为主体的大众传媒对于科学传播的影响毋庸置疑。

一、大众媒体在科学传播中的地位和作用

（一）大众媒体在科学传播中的地位

1. 大众传媒是科学与受众、政府、世界之间的桥梁。

在科学与受众之间，媒体的责任不仅是传播知识，更重要的是对反思、疑问、求证、解析、探究这类科学精神，及其方法、思维的传播。中国科学的发展主要依靠政府资金的支持，政府需要及时了解科学界的新近情况和需求；需要确定哪些项目是急需

资助的，哪些项目可以延迟资助；需要明白自身决策是否有不妥之处，应该出台怎样的政策；需要知道科技界有怎样的不良现象，应如何避免，等等，所有这一切都需要媒体及时发现与报道。科学与经济、社会、教育等各方面有着千丝万缕的联系，科学的新方法、新思维往往联系着其他许多学科的变化。因此，科学传播对公众、政府、世界的影响是无所不在的，其对人类世界观、价值观的影响也是极为深远的，而大众传媒在科学传播中扮演的角色也越来越重要。

2. 大众传媒是科学传播的重要途径。

科学传播的载体虽然很多，但随着科学技术的不断进步，公众获取信息的手段也发生了根本变化，作为社会公器的大众媒体，成为科学传播的主要渠道。2010 年，我国公民获取科技信息的渠道，由高到低依次为：电视（87.5%）、报纸（59.1%）、与人交谈(43.0%)、互联网(26.6%)、广播(24.6%)、一般杂志(12.2%)、图书（11.9%）和科学期刊（10.5%）[4]。大众传媒已成为向公众传播科学精神、科学思想、科学方法和普及科技知识的最佳途径(图 3-2）。以普及率最高的电视媒体来说，目前全国有电视台 213 座，广播电视台 2153 座，教育电视台 44 个；有线电视用户 2.24 亿户，有线数字电视用户 1.69 亿户；2013 年末电视节目综合人口覆盖率为 98.4%[5]。《第 33 次中国互联网络发展状况统计报告》的数据显示，截至 2013 年 12 月底，中国网民规模达到 6.18 亿，互联网普及率为 45.8%，其中手机网民规模达到 5 亿[6]。无论是电视台的数量，还是电视观众的数量、网民的数量都居世界第一，电视、互联网等大众媒体覆盖面广，普及率高，在科学传播中具有无可比拟的优势，也理应成为科学传播的最佳途径。

3. 大众传媒决定科学传播的特征。

有学者指出："媒体作为科学与公众之间的界面，起着异乎寻常的作用……无论从有效传播的角度看，还是从促进互动的角度看，媒体都是中心和枢纽。"[7] 大众传媒日益发展的今天，媒体越来越关注用何种方式去传播科学信息，贴近受众。科学可以走向大众并为大众所理解与掌握，得益于媒体形态以及传播方式的革新。

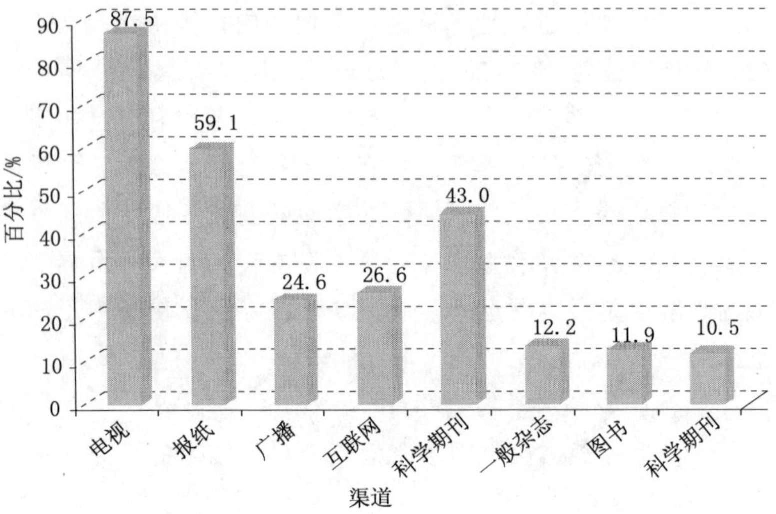

图 3-2　2010 年我国公民获取科技信息的渠道

（二）大众媒体在科学传播中的作用

大众传媒是信息传播过程的中介和桥梁，作为传播科学最有效的工具，正在成为独立的力量，在科学传播中扮演着重要的角色，并在科学传播活动中发挥着越来越重要的作用，肩负着传播科学精神的重任。

1. 把关作用。

大众传媒是科学传播内容的甄选者和决策者，它决定着科技信息的取舍，也决定着报道的立场和方式。这就决定了大众传媒在科学传播中的信息把关人的角色，这就要求大众传媒要强化科学传播的“把关人”意识，对于科学内容的报道，不仅要做到客观真实，正本溯源，如实呈现出类科学内容的原貌，不为追求注意力经济而片面夸大事实；更要做好科技新闻的解释和评析工作，建立起科学界和公众之间的沟通和反馈。

2. 权威性作用。

随着大众传媒的不断发展，大众传媒功能逐渐多元化，在现代社会中，大众传媒不仅是一个信息传载的工具，还具有协调社会关系、传承文化、授予社会地位等多项功能，在经济社会活动中扮演着越来越重要的角色。作为科学传播的主要手段和最佳途径，大众传媒以其强大的影响力和公信力起着权威性的作用，公众依靠大众媒体获得权威和有崇高威信的信息源，并且在许多复杂的情况下依靠这些信息源提出自己的看法，做出科学判断。

3．渗透性作用。

大众传媒通过对科学文化的传播、科学科研成果的推介、科学制度和法规的传播、科研工作者及生活的报道等方面反复的渗透性传播，逐渐引导社会大众形成对科学的认识，对科学精神的理解，并形成正确的科学观，这种强渗透性对科学传播活动大有裨益。但是，如果大众传媒的科学传播形式单一，内容单调乏味，缺乏吸引力，或者社会责任缺失，一味迎合大众趣味，追求所谓的点击率、收视率、优稿优版率，为吸引受众眼球而进行商业化炒作，对科学信息进行选择性加工，导致伪科学内容假借科学的名义大肆传播，那么这种渗透性的传播就容易引起不良的传播效果，甚至造成极其严重的危害。

4．导向性作用。

大众传媒以其极强的渗透性和权威性营造的科学信息环境，在科学传播中发挥着自身的舆论导向作用和社会监督的功能，正确引导社会舆论，对科学传播中的科学内容予以肯定和赞扬或客观公正地报道，对伪科学内容毫不留情地揭露和批判。同时，大众传媒正确引导着公众的认知和思考，不断地促成和改变着科学传播受众的认知方式和行为意向，使人们逐渐树立科学意识，并且用科学知识指导行动，促使人们对科学在现代社会生活的重要功能做出新的评价和判断。

二、传统媒体在科学传播中的优势

2010 年全国公众科学素养调查结果表明，在新媒体时代真正到来以前，传统媒体——电视、报刊、广播——无可争议地成为科学传播的主力[8]。

（一）报刊中的科学传播

报纸是科学传播的重要媒体。报纸的传播速度快、信息密度大、传播范围广泛，具有时效性强、普及面广、宜于保存等特点，是群众喜闻乐见、经济实惠的媒介。

目前我国国家级的科技报主要有《科技日报》、《中国科学报》等，此外各省、市、自治区和一些地市还普遍主办了科技报，如《北京科技报》等。

国务院2006年颁布的《全民科学素质行动计划纲要（2006–2010–2020年）》强调，综合性报纸科技专栏的数目和版面要“大幅度增加”，并鼓励大众传媒打造出科技传播媒体品牌。报纸是公众获得科学技术信息的重要渠道，报纸的科学传播能力，主要体现在报纸对科普类文章的报道数量和报道质量上，报道的篇幅、科普类文章所在的版面，直接影响着科普类文章的传播效果。

科学传播作为文化传播的重要组成部分，越来越受到大众传媒重视。近年来，《南方都市报》努力探索科学传播有效途径，从加强科学报道、打造科学杂志、举办科学讲坛几个方面作出一些有益尝试和探索，取得良好的传播效果。

党报的权威性使其在科学传播中依然具有重要地位。入选2012年中国十大科技进展的《大亚湾中微子实验发现新的中微子振荡模式》发布后，中国科学院高能物理所研究员曹俊在2013年3月21日《北京日报》发表了《大亚湾中微子振荡新发现，反物质消失之谜有望破解》（图3–3），向公众解答了“中微子是什么？这项发现为什么让科学家激动不已？”的问题，同时报纸编辑针对公众关心的话题，设计了延伸阅读《中微子能不能走进我们的生活》。科学家亲自为党报撰写稿件以及报纸编辑精心的版面设计，使读者能更深层地理解这一科学发现对于人类未来的价值。

（二）广播中的科学传播

虽然广播在三大传媒中相对弱势，但并不意味着广播从事科普的影响力就弱。

原因之一是，广播科学传播源远流长，有深厚的群众基础，有忠实的听众群。比如，主要面向农村听众的科普广播至今仍然受欢迎；主要面向城镇听众的健康广播，也一直是各地电台的热点节目。

原因之二是，在经济发展不平衡、教育发展不平衡、人们的生活方式差别很大的国情下，广播的影响力也有它局部强势的一面，而且其强势之处同科学传播事业有着很好的结合点——如云

北京日报 17

新知周刊

科技

反物质消失之谜有望破解

图 3-3　2012 年 3 月 21 日《北京日报》第 17 版

南省广播电台与省科学技术协会合办《科普之声》已有 15 年的历史，播放科技、科普节目时间已无法计算，广播仍然要在电视普及不到的偏远乡村，发挥好第一媒体的作用。

科学传播要传播的不仅仅是科学知识和技术，科学传播在新世纪的宗旨和任务已经被重新定义，服务空间更加广阔。此外，广播的受众结构随着生活方式的改变而改变，不断产生着新的听众群。因此广播的优势将随着广播人的努力在科学传播中得到新的拓展。有的国家已经通过政策或立法来确定在平面媒体和声像媒体中，科学传播内容必须占有一定的分量，如日本和德国。

（三）电视中的科学传播

电视媒介以其形象、生动、真实、感染力强、传播速度快和覆盖面广等特点成为现代社会最有力的科学传播媒介之一。根据第八次中国公民科学素养调查结果显示，2010年，我国公民获取科技信息的渠道，电视（87.5%）仍居首位，可见，电视是最重要的科学传播工具。如果投资10亿元人民币来搞科普，科普界权威人士认为首选方案是办个电视台[9]。

回顾历史，我国电视科普栏目早在1977年就开始在中央电视台出现。1978年创办《科学与技术》栏目，1979年在该栏目中第一次播出引进的科技节目——“阿波罗”登月飞行纪录片，当时在观众中引起了很大的反响。2001年，中央电视台又开设了科学教育频道，科普栏目也增至10多个，并且有了电视科普节目的专门制作和管理部门。此外中央电视台文化专题部制作的《探索发现》、《绿色空间》，社会专题部制作的《健康之路》，青少年节目中心制作的《异想天开》、《芝麻开门》中有许多内容也是科普节目的范畴。在地方电视台中，武汉电视台的《科技之光》，北京电视台的《世纪之约》、《智慧接触》、《科技全方位》都是较好的科普节目。目前，省级电视台的科教频道共有20多个，市级电视台科教频道的规模要更大一些，各级教育电视台中也有一定数量的科普栏目。另外，中国农业电影电视制作中心（原中国农业电影制片厂）、北京科学教育电影制片厂（划归中央电视台）、上海科学教育电影制片厂（划归上海东方电视台）和有关部委的影视机构、出版社也是电视科普节目制作的有机组成部分。近年来，电视科普节目已由单独的科普栏目发展为以中央电视台科教频道为龙头的众多专业频道。

尽管电视科普节目发展前景非常看好，有党中央“科教兴国”的总体战略部署的推动力量，也有科学技术飞速发展促使人们对电视科普节目愈来愈多的需求。然而我们不难发现，科普节目依然存在着收视率不高、影响力小、受众关注热情低、叫好不叫座、普遍不普及的现象。甚至到了2002年，许多刚刚开播不久的省级科教频道由于资金来源困难，不能自制和引进高质量的栏目而纷纷转制运作。

目前，我国电视科普主流的节目形式还不够丰富，主要常见的形式有：

1．科普栏目。

例如，《走近科学》包含了自然之谜、考古发现、前沿科技、医学健康、奇人系列、致富系列、环境以及建筑等众多领域，内容涉猎范围广，信息量大，兼顾科学性和趣味性于一体，以故事化的表现手法吸引受众的关注。

2．访谈节目。

通过采访各个领域内有杰出成就的专家学者，以平实的对话形式，向我们充分展示了他们精神世界的巨大魅力和对科学艺术矢志不渝的追求，给观众以深层次的启迪和思考。

3．科普知识讲座。

科普知识讲座也是电视发展初期经常采用的一种形式。科普知识讲座虽然缺少生动的画面和悦耳的解说，但是制作简单快捷，实用性强，因此仍然是不可缺少的一种节目形式。

4．科技报道。

在第一时间报道最新的科技成果，从而起到告知的作用。节目短小精悍，寥寥数语，影响却不可忽视，为后续的详细介绍做了铺垫。

5．现场直播科普。

早在 1969 年，航天员阿姆斯特朗就在全世界超过 5 亿电视观众的注视下，在月球上留下了第一个人类的脚印，同时也成为 20 世纪第一个通过电视对全球转播的事件。我国“神舟”系列飞船发射及回收、“嫦娥探月工程”等重大科技事件，都进行了电视直播，并通过邀请专家对航天知识进行讲解，配合生动的视频动画效果使许多人对航天技术发生兴趣，从而引发了“航天热”。虽然这类节目数量有限，但由于科技事件备受关注，有意识的或者潜在的对受众的科学素养产生积极影响，因此往往能够起到很好的宣传普及的作用。

除了以上提到的几种形式之外，还有新技术推广节目和一些公益节目等也都包含科普内容。

作为传统媒体，影响力和覆盖面巨大的报刊、广播和电视在科学传播过程中发挥了极为重要的作用。报刊的深度、准确，广播媒体的迅捷及时，电视媒体的生动形象，各自的媒介优势在科学传播实践中得到了充分发挥。

三、大众媒体科学传播的现状

北京市科技记者编辑协会于2006年对包括《人民日报》、《北京日报》、《北京晚报》等在内的14家中央级报纸及北京市属报纸进行了为期半年的调研。在此基础上，北京科学技术协会于2009年再次以《首都科技新闻记者编辑队伍现状及传播特点和建议》为题[10]，对首都主要媒体科技传播的现状和媒体的科技传播能力进行了深入调研和分析。这项调研，覆盖了当前中国首都北京的全媒体形式：包括通讯社2家（含所属网络），报纸6家（含中央及市属综合媒体和科技专项媒体）、电视台2家、广播电台2家及四大门户网络，共计16家机构。这16家媒体机构为：新华社、中国新闻社；《人民日报》、《光明日报》、《北京日报》、《新京报》、《北京青年报》、《北京科技报》；中央电视台、北京电视台；北京人民广播电台、中央人民广播电台；新浪网、搜狐网、网易、腾讯网。上述五类媒体共计120名编辑记者参与填写了调查问卷。

课题组在整理分析数据和定向深入采访的基础上，举行了3次专题研讨，形成了5类媒体的5个子课题，分别是：我国通讯社科技记者队伍现状及政策性建议，首都报纸科技新闻记者编辑现状及科技传播特点，北京电视台、中央电视台科普传播现状及队伍调研，国内四大门户网站科技传播与科技编辑现状的调查分析，广播电台科学传播的新特点及采编工作状况。这5个子课题均有统一的调研项目，并有各类媒体独有的深入分析。统一的调研大致有下述3个部分：①记者编辑的个人情况，包括工作年限、所学专业和收入等；②记者编辑的工作状况，包括每月所发稿量，所在频道的专题报道及节目的点击率或收视率，以一个月为例，分析科技报道的状况，是否参加过培训等；③记者编辑所在媒体的科技传播发生或正在发生哪些变化、目前存在的主要问题有哪些、你希望获得哪些帮助、你有哪些建议等。

此项调查所涉及媒体覆盖了当前中国首都北京的全媒体形

式，其调查结果所反馈出的现状也基本能够反映我国媒体科学传播的生态。本节将在此项调研的基础上对当前大众媒体科学传播的现状进行梳理。

（一）媒体科学传播机构现状

根据《中国科学院科学传播中长期发展规划纲要（2006—2020 年）》，我国科学传播体系包括专业科学传播组织、常年开放的科学传播基地、其他科普基地、科学传播媒体四个方面。大众媒体作为科学传播的一支重要力量，一直发挥着重要的作用。在科技部门编制、科技频道设置、科技栏目安排、科技方面专项诸方面，我国的主流媒体也大都有保障。新华社、中国新闻社两家通讯社和《光明日报》、《北京日报》等主要报刊均设有科教部或科技部，中央电视台和北京电视台有科技频道，专门制作播放科普节目。新浪、搜狐、网易、腾讯四大门户网站也都开辟了科教式科技频道，如新浪网设有科技频道、健康频道；搜狐网设立 IT 频道、健康频道、绿色频道；网易设有科技频道、健康频道（与三九健康网合作）、探索频道；腾讯网设有科技频道。但是都市媒体在科技报道方面则远不如主流媒体，如《北京青年报》和《新京报》没有科教编制和科技专版。

客观地讲，科技部门编制、科技频道设置、科技栏目安排，在各大媒体中所占比例都不大，这是我国媒体科学传播机构的现状。尤其是“各报的科技报道版面持续萎缩，或失去独立地位；各报的科技类专刊多数名不符实，有些甚至成为面向广告商的市场化专刊”[11]。这是北京市科技记者编辑协会于 2006 年对首都部分报纸进行调查后得出的结论，不能不引起我们的关注。

（二）科学传播队伍现状

1. 科技记者编辑队伍呈年轻化高学历特点。

北京科技记者编辑协会于 2009 年所作的调查显示，科技记者编辑队伍呈年轻化特点：除《人民日报》、《光明日报》的记者编辑平均年龄超过 35 岁，其他报纸和通讯社的记者编辑均在 30 岁左右；中央电视台和北京电视台两家电视台的编辑记者 91% 处于 25 ~ 35 岁之间；网络的记者编辑平均年龄约 27 岁左右。

另外，高学历也是科技类编辑记者的一个特点：报纸、通讯社和电台的学历均为大学本科以上，研究生正在增多，通讯社双学位更多；电视台95%以上为大学本科，只有4.3%的人为专科学历[12]。

2. 科技记者编辑收入偏低，不同媒体差距较大。

据北京科学技术协会的调查，不同媒体科技记者编辑的月均收入基本如下：通讯社5000～8000元；报纸类的资深记者编辑约5000～8000元，新入行者在3000元左右；电台与电视台5000元以上者占28.6%，3000元以下者则达50%；网络人员流动性大，5000～8000元的约占25%，其余均在3000～5000元之间。较之本媒体的时政、经济、文娱等领域，科技记者编辑的收入属中等或中等偏下[13]。

3. 科技记者知识结构单一，采写能力有限。

称职的科技报道记者要熟悉科技工作的原则和方针，具备鉴别科技信息的能力，具有不懈追求的科学精神，积极关注科技发展的连续性、科技成果的可替代性，并能公正对待科技争论，同时具有较强的采写能力。

据北京科技记者编辑协会的调查，以电视行业为例，在被抽查的70名人员中，具有10年以上科普类栏目工作经验的人员仅占1/3，将近一半的人员只具有3～10年的相关工作经验，而12.9%人员的相关工作经验竟没有达到3年。在被调研的70名科普栏目的新闻工作者中，极少数人具有相关理科学历背景，只有11.4%（8人）具有科技相关背景，大多数人则是文科学历背景。在各类交流培训中，多数栏目都会组织比较定期的内部业务培训和制作培训。但是，总体上讲，无论是主流媒体还是门户网站，记者编辑们所接受到的培训普遍很少，尤其在“走出去”的环节上更是严重缺乏[14]。这种最直观的、一线记者能够普遍得到学习提高的学习方式，在科普栏目中极少出现。这种队伍现状也必然导致科技记者采写能力有限，科技报道尚缺乏深度。

4. 科技报道队伍人员编制少，流动性大。

在科技部门编制科技频道设置、科技栏目安排、科技方面专项诸方面，通讯社和《人民日报》、《光明日报》、《北京日报》等主流媒体大都有保障。四大门户网站也都开辟了科教式科技频道，但科普所占比例不大，主要包含 IT、电信、互联网等内容，如新浪网的科技编辑中，科普版块正式编制为 2 人，占全频道人员的 1/18，搜狐和腾讯为 1/15，网易只占 1/30。都市类报纸科技报道记者情况更加令人担忧，很多报纸没有科教编制和科技专版，负责科技报道的记者有时还需要负责其他领域的报道，人员流动较快[15]。据调查，《大连晚报》科技报道记者只有 1 人负责与科技局、信息产业局、高新园区等部门沟通，专业背景为广播电视新闻专业；《半岛晨报》科技报道记者同样只有 1 人负责与科技局等部门沟通，专业背景为新闻专业[16]。科技新闻具有较深内涵和较深挖掘，需要记者、编辑有一定的专业素养和稳定性，以便与专家建立联系，但目前科技报道人员流动太快，多数媒体一线记者已无专业可言。

5. 科技报道队伍较少吸纳科学界内部专家及同行见解。

科技事件发生时，科技报道已不仅是科技记者参与，而是各行各业均有可能参与，而我国的科技记者与科学界、科技人物、学科部门的沟通不够协调。重大事件发生时，专家应是社会的科学支撑，在此时，权威专家需要出来做权威发言。但是目前的情形是，“神七”发射这样的大事往往只有几家权威媒体能接近；而突发事件时，如三聚氰胺牛奶事件，连《人民日报》也找不到权威专家。科技事件发生是科学普及的极好时机，此时科学家们要进行科技指导和科普传播。而实际情况是，科技记者的及时介入，非科技记者的科普意识，都显得不够。相反的是网络上一些博客却大显神威，往往在第一时间就“科学发言”，无论是否权威或是否正确，往往成了一手信息广被大众媒体转用。

北京科技记者编辑协会 2009 年对首都 5 家报纸的记者编辑们进行调研后，得到了这样的反馈：对于一线记者而言，真有科技重大新闻时，往往就没了采访对象；平时的有关部门科技新闻发布会常常是工作表扬会，难以报道，即使见报也是小豆腐块；科技领域太广，认识的专家太少，专家又太忙，且讲得太专业，很难见到能够把科学内容讲得通俗易懂的科技传播者。对于编辑来讲，所见科技稿件往往不通俗，缺乏新鲜感和可读性；对诸多科技专业领域并不熟悉，对难读的科技新闻宁可不用；科技报道的原创性、独家性都不及社会新闻、经济新闻乃至文娱新闻[17]。

2009年，中国科学技术协会副主席、书记处书记、党组副书记程东红同志在关于大众传媒科技传播能力建设工程的“科技与媒体对话”活动中提出：“在中国数字科技馆这个网站，开辟一个专门服务于媒体的专门的频道，或者是平台、专栏……从媒体可能感兴趣的角度，把我们的这些科技资源进行重新的整合打包。方便媒体的从业人员来采编使用。”[18] 尽管这个想法时至今日还未能实现，但是我们已经能够欣喜地看到科学界和媒体正共同在为加强媒体科学传播能力不断做着各种尝试。2009 年9 月，广东省科学中心与《南方都市报》签署战略合作协议，双方联合举办“小谷围科学讲坛”，邀请国际国内一流的自然科学家，传播自然科学领域的知识和思想。这是建设全新科学传播平台，以战略合作的形式致力于提高科学传播的深度和广度，提高公众科学素质的一次有益尝试。该讲坛国际化程度高，活动组织周密，社会反响强烈，为科学传播探索了一条可行的新路[19]。

第三节　科学传播的问题与探因

我国科学传播在长期的实践中，为我国的科学研究发展、普及科学知识、提升公众的科学文化素养，作出了极大贡献；在科教兴国的征程中，发挥了应有的作用。然而，客观考察，我们也看到，在科学传播的过程中，也存在着各种各样的问题、矛盾和不足。这些问题、矛盾和不足，其原因是复杂的，这里将从科学传播与新媒体环境下的发展角度做必要的探讨。

一、现阶段科学传播存在的主要问题

（一）科技新闻报道量明显处于弱势

近年来，在经济利益的驱动下，我国科技新闻较之财经、文体等领域，在新闻总量中所占比例明显处于弱势，总体水平也不高，科技报道力量萎缩，科技类媒体面临生存难以为继的困境。

据北京市科技记者编辑协会调研统计，无论是北京地区的都市报还是中央级报纸，科技新闻的平均比例只占 3% ～ 4%。调查结果显示："综合类报纸的科技新闻比例严重不足；科技新闻内，真正的科学新闻所占比重不高，科技新闻中大量是卫生、应用、环保类新闻，真正的科学发现、技术发明、科学普及新闻仅占 1/4 左右，即全部报纸新闻总量的 0.5% ～ 1%；科技新闻受重视程度明显不足；在科技新闻报道中，国际新闻比例偏高；各报的科技报道版面持续萎缩，或失去独立地位。"[20] 另以《大连晚报》和《半岛晨报》两家位于同一城市的都市报为例，2008 年 3 月 1 日～ 31 日期间发行的《大连晚报》的 A、B 版新闻报道共 2758 篇，其中科技报道共 63 篇，所占比例为 2.28%，平均 2.03 篇 / 天；《半岛晨报》的 A、B 版新闻报道共 3065 篇，其中科技报道共 55 篇，所占比例为 1.79%，平均 1.77 篇 / 天[21]。

目前的科技报道大事件可保证有通稿通发，在大的科技事件发生时，如"天宫一号"与"神八"对接，中国载人潜水器"蛟龙号"冲击 5000 米深度等，通讯社、广播、电视、报纸等各大媒体都能够给予较大篇幅进行报道，网络媒体在整合新闻频道消息时，科技新闻事件发布也比较及时；但原创性的重大新闻少，尤其是可读性强，科普色彩浓、故事型的科技报道少。在报纸头版和电视新闻联播中，纯科技成果的稿件很缺乏。主流媒体在日常科技报道中，除重大科技事件外，编译的国外科技报道所占比重较大，国内原创科技报道数量较少，内容上偏重介绍科技成果、科技政策等"事件主导"型的硬新闻，与网民对国内科技成果的关注度和需求度不相适应。此外，互联网的出现使科技报道传播速度更快，数量更多，传播环境更加复杂。事实上，20 世纪十大新闻中一半以上是科技新闻，仅此一点，就可初步判断，科技新闻实际上是有着其他新闻无法比拟的历史穿透力的。然而，从某种程度上讲，科技新闻在各媒体领域属于被边缘化的报道领域，不太受重视，这与科技新闻在历史上所发挥的重大作用极不相称。

（二）科技报道形式较为单一

当前，科学传播在内容与形式方面还不能适应迅速发展的新媒体，新闻报道形式还略显单一。以报纸为代表的传统大众媒体，其大多数科技报道都是以陈述事件为主的消息，所用科技图片量较少。据统计，都市媒体《大连晚报》科技图片量为平均0.65幅／篇，《半岛晨报》科技图片量为平均0.56幅／篇[22]。这种陈述事件为主的报道形式，未能充分发挥新闻图片直观形象、现场感强、真实性高、短时间内传递信息容量大等先天优势。而电视媒体在科学传播中又存在节目匮乏、受众层次单一的问题，加之科技报道本身专业性强、枯燥乏味、难以理解等现实因素，使得科技报道很难吸引读者、观众的注意力，科学传播的效果自然无法保证。在新媒体的冲击下，越来越多的科技领域假新闻层出不穷，在网络上迅速传播，传统媒体常常只能是“打假纠正”。

作为新媒体的网络发展迅速，将视觉性、互动性、娱乐性等结合在一起，相较于传统科学传播方式来说有其独特的魅力和优势。但目前网络各种科普资源都比较分散，力量薄弱，缺乏有力的资金和技术支持，多媒体技术应用不多，数字科技馆科普资料数据库内容与形式还不丰富，互动性不强，内容更新缓慢，这在一定程度上造成大众媒体未能充分“融合”多种现代传播工具为科学传播提供有效载体，加之媒体对科学传播本身的重视不够，未能在采编队伍结构、版面、频段、时段和栏目的安排给予加强，科技报道形式一直以来都较为单一，新媒体传播的优势也未能凸显。

不过，近年来在网络上出现了民间科学传播组织建立科普网络，如科学松鼠会等；一些科学家的博客点击率极高，如北大生命科学院院长饶毅教授等；还有专门翻译国外科普新闻、刊发科技用户的网上科普志愿者，将其博客干脆建成了网上科普园地。这种新兴的科普形式极受公众欢迎，也给科技记者和编辑很大帮助，在一定程度上丰富了科学传播的形式。

（三）传播内容较少涉及科学研究的本质

由于科技记者队伍的整体素质还不能适应科技新闻报道的需要，加之媒体市场竞争不断加剧，而传统大众媒体的传播速度不及新兴媒体等客观原因，致使大众媒体的科学传播“只注重表现科学的结果，而不注重表现和展示科学探索的过程，其内容很少涉及科学研究的本质”[23]，以深度报道见长的报纸也概莫能外，也同样处于这样的局面。当科技事件发生时，一线记者感到最为困难的，是不能在第一时间接触新闻现场、找到新闻发言人，或了解不到科技新闻的科技内涵（无权威发布人或找不到科学家）；编辑感到最为棘手的，是没有独家的、不同视角的稿件，找不到与新闻事件相关的科技链接，包括科学名词、科技事件的来龙去脉等；令部门主任、总编辑难堪的是，所发稿件往往重复网络的传言，记者找不到权威说法，常常不知所云，甚至出现错误和笑话[24]。加之新闻事件的真伪难以衡量和确证，媒体从业人员又存在着普遍年轻、流动快、科学素养有局限等多方面问题，因此科技新闻报道缺少严谨论证，内容晦涩难懂，专业术语较多而解释性语言少，科学传播内容模糊，很难涉及科学研究的本质，要做深度报道十分困难。

2010 年“嫦娥二号”升空是我国航天科技史上的一个重大事件。“嫦娥二号”飞行测控首次验证中国新建的 X 频段深空测控体制，所探测到的有关月球的数据更加翔实，更加精细，它新开辟了地月之间的直航航线。然而，与往常的航天科技进展一样，“嫦娥二号”的升空也引发了媒体的广泛报道，但从主流媒体的报道来看，大多数描写仍然与“嫦娥二号”技术进展和科研团队的创新工作相关，以“嫦娥二号”升空为契机的对月球和宇宙探秘式的报道仍然不多，谈不上涉及科学研究的本质[25]。

（四）传播手法迎合受众需求而忽视科学传播的规律

当前的大众媒体普遍以公众的收视率为主要追求指标，强调贴近公众需求，考核点击率、收视率、优稿优版率，迫使科普性的版面和频道面临改革，科技节目被撤换的现象也日益频繁。如北京电视台的科教频道，2009 年第一季度即撤掉了定位环保的讲堂栏目《魅力自然》，探索类节目《传奇中国》半年后也被撤掉，而贴近公众生活需求的《养生堂》和《科学实验室》节目则收视率飙升。由于面临巨大的收视市场竞争的压力，许多电视台都开始对频道的战略和栏目定位进行翻天覆地的变革。

虽然有一些栏目因收视不佳被撤掉，但也涌现出了不少成功的科普节目传播案例，尤其是保健养生类专题火爆。北京台科教频道2010年首次提出了“时段竞争”的理念，并成功地运用这一理念和编排手段，打造了傍晚非黄金时段“科学健康时段”（17：25～18：50）的三档栏目的知名品牌：《科学实验室》、《养生堂》和《健康北京》。目前这一时段整体板块效益非常明显，与2008年同期相比，它的收视率增长了135%，2009年“科学健康时段”的收视率提升度在全国居前三名。

门户网站最早由IT从业者创建。20世纪90年代末至今，IT、电信、互联网行业作为新兴且最具商业潜力的行业备受媒体关注。同时IT、电信、互联网企业也是最早且最热衷在门户网站投放广告的企业，以追求经济效益为主的商业网站理所当然更加关注该领域的新闻报道。相反，传统科技新闻由于相关企业迄今尚未形成成熟的网络媒体广告产业链，一开始就被互联网科技频道冷落，“不受关注则不投广告，不投广告则不受关注”是商业网站科技新闻报道的潜规则。正因为如此，以公益为目的的科普报道虽然是大众喜闻乐见的题材，单条新闻的点击率高居整个频道的前列，但在商业规则下，只能处于不受重视，版面少、位置低、人员少的尴尬局面。

（五）科技报道科学性把控不足

入选2012年度全国十大科普事件的PM2.5被写入“国标”、“世界末日”谣言的不攻自破、北京暴雨险情和悲剧震撼社会、“黄金大米”事件引发科研伦理讨论、全社会关注的转基因食品安全问题等，都是备受关注的社会热点问题。在这些热点科学传播事件中，即使相关的科学内容已经伴随着新闻事件的传播为人们广泛关注，但在大多数情况下，科学界仍然选择了缺席，很少参与到科学传播的过程中来。参加2012年度十大科普事件终评的中国科学院院士欧阳自远坦率地说：“现在很多科普机构对此不敏感，做得还不够。”科学团体和科研机构完全有能力抓住社会热点进行科普传播，比如举行科普报告、发表科普文章、与媒体联动等。“和民生息息相关的科普事件，应该成为科普传播的重点。”欧阳自远直言，在这些亟须传播科学思想、科学精神的领域，科普工作者当竭尽全力[26]。科学界、传媒界、政府监管机构的缺位或不作为，或存在实际困难造成把关不够，使科学传播的效果无从保证，甚至产生了极为负面的影响。

对于媒体而言，由于新闻信息来源广泛，如何判断科学性成为网络科技编辑的头等问题。门户网站的新闻来源多为转载和外电翻译，两者都不能避免与“伪科学”或“假科技新闻”打交道。国内报刊在科技新闻报道上也不免有“失身”的时候，作为新闻转载方的门户网站，网站编辑基本不会对转载新闻做核实、求证工作，一般都是直接转载或重新拟定标题推荐。如有网民对该新闻质疑，网站一方往往会把责任推卸给新闻原始出处。这样的机制容易滋生网络编辑不负责任、不思进取的作风，对科学传播内容进行科学性把控也就无从谈起。

二、大众媒体科学传播问题的原因探析

科学传播是一项系统工程，需要科学主体与公众的共同努力，作为科学传播主体与受众之间的大众传媒，肩负着提高公众的科学素养、提高全民族文化素质的责任。而如今在新媒体的冲击下，大众媒体科学传播在队伍与传播内容上还存在着诸多问题，以上问题产生的根源很大程度上是“媒体为了更好地满足受众的偏好所做的建构，公众经由媒体了解的科学，往往偏离了科学本身的形象”[27]。这不仅危及科学的正常发展，也不利于科学传播准确、快速、有效地进行。从传播主体、传播媒介、传播内容及受众等四大维度来看，新媒体冲击下大众媒体科学传播的问题有如下四个方面的原因。

（一）科学界与大众媒体之间缺乏互动合作机制

科学传播是一项系统工程，不仅需要媒介工作者的努力，更需要科学家的努力、付出与把关。大众媒体的职责是将科学传播到社会公众中去，其从业者懂得媒体的传播规律与运作规律，能将科学知识加工编排为公众易于理解、接受的信息。因此，建立科学界与新闻界之间的互动与合作机制，树立共同承担科学传播的社会责任、履行科学传播的社会义务的良好意识，最大限度地防止科学在传播过程中被歪曲或误读，就成为科学传播研究的一

个重要课题。

然而在当今的科学传播过程中，由于良性的互动与合作机制尚未建立，科技事件发生时，科技记者与科学界、科技人物、科研管理部门之间缺乏理解与沟通，独自行动，各取所需。一方面，科学界存在着认识上的偏差，更多的只是将探索未知世界领域、认识和发现新的科学规律作为工作任务，很少走出实验室，走进公众，拿出一定的精力和时间从事科普，也不善于用公众易于接受的方式将科学知识通俗化、大众化；科学界也不太熟悉大众传媒的传播与运作规律，缺乏对大众媒体的信任与了解，很少将通过大众媒体进行科学传播纳入自身的工作范畴，缺乏与大众媒体的主动沟通。另一方面，大众媒体缺乏对科学内涵与精神的了解和领悟，在很大程度上不理解科学事业的本质与规律，在传播科学信息时，未能很好把握科学传播的针对性，根据受众不同需求和层次，设计传播的内容与形式；有时往往直接从未经科学界加工过的信息中进行科学信息挑选，甚至部分媒介从业人员为了迎合受众的需求，制造轰动效应，主观上故意传播假科学信息，因人为因素而改变了科学传播内容的客观性。尤其是在新媒体的冲击下，科技领域假新闻层出不穷，在网络上迅速传播，这不仅引起科学界的反感和公众的不满，同时也使科学界与大众媒体成为相互独立的两大群体，客观上阻碍了科学传播的顺利进行。

（二）科学传播缺乏内容把关机制

客观的传播内容、合理的传播手段对于公众认识科学和理解科学起着关键性的作用。然而在新媒体的冲击下，如何对来源广泛的新闻信息进行内容把关，判断其科学性或对伪科学予以及时抵制成为新闻界乃至科学界的头等问题。

号称“中国最权威的营养大使”、“神医”、“大师”的张悟本在 2010 年上演了一出最荒诞、最辛辣讽刺的闹剧，宣称“把吃出来的病吃回去”的张悟本，成功忽悠了大批民众。事情尚未尘埃落定，李一道长又出来兴风作浪。这些事件一方面体现了公众对健康养生的盲目推崇和科普知识的匮乏，暴露了中国民众科学素养的低下；另一方面也暴露了媒体道德与媒体职业精神的缺乏，暴露了监管部门的不作为，以及科学家和医生缺乏问责精神[28]。

张悟本事件中，最主要的问题正是由于科学界的缺席，为伪科学的流行敞开大门，使得完全以反科学的形式出现的“伪养生”大肆传播。

实际上，大众传媒在科学传播的过程中，出现了以收视率为主要追求指标，一味迎合受众需求而忽视科学传播的基本规律等诸多问题。同时，新媒体环境使各类伪科学信息无孔不入，客观上使得大众媒体对科学传播的内容理解与把关困难。然而，科学界和教育界的专家、学者和教授也未能积极进入大众传播的第一线，积极向公众传播他们所掌握的、所发现的新知识新技术，没有承担起科学与非科学的“把关人”的责任。在科学界、传媒界和政府的层层把关机制尚未建立的情况下，科学传播内容的客观性、中立性也就无法从根本上得以保证。

（三）科学传播缺乏话语转换机制

当今的科学传播已经进入了媒介化转向的时期，科学传播媒介不仅包括传统媒体及科技馆、博物馆、展览馆等专门的科学传播媒介，还包括互联网和以数字化为载体的手机电视、移动电视等新媒体。这种转向给科学传播提供了一种全新途径的同时，也对科学传播模式提出了新的挑战，使科学传播变得更为复杂。这种模式的复杂性导致了信息的不稳定性。随着新媒体深度介入科学传播，大众传媒对科学报道的数量逐渐加大，不尊重科学事实、违反科学原理，甚至错误的科学报道时有出现。媒体对科学的“误读”，究其原因主要在于传媒界与科学界的不同话语体系。在两种话语转换过程中，关键是要找到两者的契合点，既要尊重科学的规律，也要尊重传播的规律。因此，如何将科学家的语言转换成大众语言，同时尽可能地减少转换过程中的信息扭曲，这就需要传媒从业人员具有较高的科学素养和理性思维能力，也需要科学界主动与媒体对话，通过媒体或亲自向公众传播科技信息，承担起提高公众科学素养的历史责任。

然而，遗憾的是，当前大众媒体与科学界之间有效的沟通与合作机制尚未从制度上建立，科学界与传媒界也不太熟悉彼此的话语体系，科学话语与传媒话语之间的转换也未得到合理进行，致使科学的有效传播无法从制度上得以保证。对于这个问题，中国科学技术协会程东红同志在2008年的一次关于“加强公众科学素质建设”的研讨会上道出了其中的关键：“从科学家而言：一是不愿讲。担心做科技传播工作会占用自己的课题研究时间，影响出科研成果；二是不敢讲。怕见媒体，担心自己的学术观点被曲解，从而误导公众，影响个人形象。从媒体而言，科技新闻对公众吸引力不够；个别记者编辑对科技报道中设计的专业术语有畏难心理，从而对采编科技类稿件积极性不高。”[29]

关于“垃圾焚烧”的问题就是一个明证。2010年北京阿苏卫焚烧厂、京南焚烧厂、董村焚烧厂等垃圾焚烧处理项目，一度引起了民众广泛的关注与质疑。在该事件中，政府多次出面对垃圾焚烧的问题进行解释，但是科学界就总体而言，在相关争议中选择了缺席。事实上，在《科学新闻》的报道中就曾经引述了大量科学界的研究，这些研究既表明目前的垃圾焚烧设施排放总体上达标，也指出了大量潜在的问题需要克服。遗憾的是，这些研究大多数以英文形式出现在专业学术刊物中，或者只是在业内学术会议上发表，与公众获知信息的常规途径相去甚远[30]。近年来关于垃圾焚烧问题的争议从未消歇且日趋白热，究其原因说来也很简单，即当前大众媒体与科学界之间沟通与合作机制尚未确立，科学界缺乏面向公众传播科学的激励机制，中国科学家更是不知道如何应对媒体和公众，话语转换未得到合理进行。

（四）科学传播缺乏效果反馈机制

科学传播的目的是让受众接受科学、理解科学，并形成一定的科学素养。然而，在现实的科学传播过程中，媒介讯息对受众虽有一定效果，但相对来说很微弱。这就迫切需要建立科学传播的受众反馈机制，加强传播效果的监控。

目前，由于方方面面的原因，我们的大众传媒对影响科学传播效果的因素缺乏深入的分析，没有建立完善的公众科学传播效果的分析框架，也不注重分析受众的需求与期望、认知与心理结构及能动性，没有建立科学界、传媒界与科学受众之间的双向互动及反馈机制，加之中国公众对最新科技进展的关注度本身较低，科学传播的实际成效还有待改进。

注释:

[1] 韦路、鲍立泉、吴廷俊:《媒介技术演化与传播理论的范式转移》,《当代传播》2010 年第 1 期, 第 18 页。

[2] 吴廷俊:《科技发展与传播革命》, 华中理工大学出版社 2001 年版, 第 26 页。

[3] 马克思、恩格斯: 《马克思恩格斯选集》 (第 4 卷), 中共中央马克思恩格斯列宁斯大林著作编译局, 人民出版社 1995 年版, 第 505 页。

[4] 《第八次中国公民科学素养调查结果公示》, http://news.youth.cn/kj/201011/t20101125_1410314.htm。

[5] 《中华人民共和国 2011 年国民经济和社会发展统计公报》, 国家统计局, 2012 年 2 月 22 日, http://www.stats.gov.cn/tjgb/ndtjgb/qgndtjgb/t20120222_402786440.htm。

[6] 《第 33 次中国互联网络发展状况统计报告》, 中国互联网络信息中心(CNNIC), 2014 年 3 月, http://www.cnnic.net.cn/hlwfzyj/hlwxzbg/hlwtjbg/201403/p020140305346585959798.pdf。

[7] 吴国盛: 《科学走向传播》, 《科学中国人》2004 年第 1 期。

[8] 同注释 [4]。

[9] 闵捷、林苏、陈瑶、祁靖一: 《调查孩子科学素质》: 《北京青年报》2002 年 6 月 6 日, http://tech.sina.com.cn/o/2002-06-06/119198.shtml。

[10] 《北京科技新闻记者、编辑队伍现状及传播特点和建议》, 《北京科学技术协会》2010 年第 2 ~ 第 5 期。

[11] 黄天祥、王学锋:《科技报道及科普宣传现状调查》, 《科学新闻》2006 年第 23 期。

[12] 同注释 [10]。

[13] 同注释 [10]。

[14] 杨韵仟: 《电视行业科技记者、编辑队伍现状分析》,《北京科学技术协会》2010 年第 4 期。

[15] 同注释 [10]。

[16] 刘萍:《都市类报纸科学传播现状与对策建议——以〈大连晚报〉和〈半岛晨报〉为例》, 《青年记者》2009 年第 3 期。

[17] 纪涛:《报纸媒体科技记者、编辑现状调查及建议》,《北京科学技术协会》2010 年第 2 期。

[18] 《中国科学技术协会书记处书记党组成员程东红发言》, 中国网 2012 年 2 月 3 日, http://www.china.com.cn/review/zhuanti/banyuetan/2009-07/17/content_18156626.htm。

[19] 曹轲:《大众传媒的科学传播: 以〈南方都市报〉的实践为例》, 《科技管理研究》2011 年第 18 期。

[20] 黄天祥、王学锋：《科技报道及科普宣传现状调查》，《科学新闻》2006 年第 23 期。
[21] 同注释 [16]。
[22] 同注释 [16]。
[23] 章晓燕：《科学传播中传媒责任审视》，《现代传播》2010 年第 4 期。
[24] 同注释 [17]。
[25] 谭一泓：《2010 年中国十大科学传播事件》，《科学新闻》2011 年第 2 期。
[26] 刘垠、刘莉：《专家解读 2012 年度中国十大科普事件：民生话题受瞩目、关注重点人群、科学家勇担科学传播重任等成本次评选亮点》,《科技日报》2013 年 4 月 24 日第七版，中国科技网 2013 年 4 月 24 日，http://www.stdaily.com/stdaily/content/2013-04/24/content_596744.htm。
[27] 同注释 [23]。
[28] 同注释 [25]。
[29] 程东红：《科技工作者与大众传媒应共同做好科技传播》，人民网 2012 年 2 月 15 日，http://scitech.people.com.cn/GB/6925686.html。
[30] 贾鹤鹏、杨利：《科学传播：事件与问题》，《科学新闻》2011 年第 2 期。

第四章　新媒体与科学传播

随着人类信息传播技术的发展和传播媒介的演变，科学传播的媒体渠道也经历了相应的变迁。在当代，科学传播的主要渠道依然是大众传播媒体，然而，以网络为传播平台的新媒体蓬勃发展，体现着科学传播的新的运用方向，对科学传播的理论研究与实践发展正在产生重要的影响。

第一节　新媒体及其特性

新媒体是20世纪后期，在世界科学技术发生巨大进步的背景下，在信息社会出现的建立在数字技术基础上的促进传播内容与传播方式的多元化，显示出跨媒体整合能力以及高度共享性和互动性，与传统媒体迥然相异的新型媒体。新媒体给世界文明和社会发展带来的深刻变革是全方位的，不仅改变着新闻传播和传媒产业的格局，也改变着网络世界的经济与发展；不仅影响着普通民众的生活方式和思维方式，也影响着世界各国的政治、经济、思想以及文化等诸多领域。新媒体正在以不可抵挡的势头渗透到地球的各个角落，改变着世界的面貌，推动着人类社会的进步。

科学传播一方面经受着新媒体带来的种种冲击与挑战，一方面又必须要和新媒体融合，利用新媒体的优势，打造一个更先进、更开放、更具有时代特征的科学知识传播平台。新媒体与科学传播存在着双向作用，只有两者相互借力与合作，才能适应新媒体环境，发挥出新媒体优势，达到更好的科学传播效果。

关于新媒体这一概念，各方都有不同的解读和认知，也给出了不同的解释和定义。在新媒体成为时下流行关键词之时，我们首先需要对新媒体概念进行辨析，厘清新媒体的内涵与外延，认识新媒体的特性，从而更好地研究科学传播的新媒体运用这一课题。

一、新媒体——一个众说纷纭的概念

在学术领域，新媒体的概念一直处在不断变化之中。

1967年，美国哥伦比亚广播电视网技术研究所所长戈尔德马克在一份商品计划书中第一次提到了"新媒体"一词。1969年，美国传播政策总统特别委员会主席罗斯托在向尼克松总统提交的报告中又多次提到了"新媒体"一词[1]。从此，新媒体在美国开始流行并很快扩展到全世界。

然而，新媒体这一概念极具弹性。20 世纪 70 年代，传播学界热衷讨论新媒体，那时的新媒体指的是刚兴起不久的电视；到了90年代，有"第四媒体"之称的互联网一出现，电视就成了传统媒体。在一段时间里，互联网确实也和以前的广播、电视一样，是相对独立的传播媒介。在20世纪末，由电话线连成的互联网是作为传播媒介的最高形式出现的，它在传播形式上几乎囊括了以往和当时所有的传播方式。然而，互联网却不是传播媒介的终结方式，新的传播媒介和传播形式层出不穷，如网络电视（Interactive Personality TV，IPTV)、手机电视等。IT的快速发展往往会在几天内便制造出一个新的媒介产品，这些产品并没经过精确地定位，就统统被归为新媒体之中。此时新媒体一词中的"新"仅仅是一个相对的概念，它永远是与"旧"、"传统"等词相比较而言，新媒体所包含的媒介形式仍然处于发展之中。

立足于当下时代，我们又该如何给新媒体定义呢？

目前世界上关于新媒体的定义尚没有定论，专家们也是各执一词。美国的俄裔新媒体艺术家列维·曼诺维奇（Lev Manovich）认为，新媒体将不再是任何一种特殊意义的媒体，而不过是与传统媒体形式相关的一组数字信息，但这些信息可以根据需要以相应的媒体形式展现出来[2]。

美国《在线》杂志对新媒体的定义是："所有人对所有人进行的传播。"这一解说颇受推崇，他们认为新媒体主要体现在前所未有的互动性上。

在国内，清华大学新闻与传播学院教授熊澄宇认为，所谓新媒体，或称数字媒体、网络媒体，是建立在计算机信息处理技术和互联网基础之上，发挥传播功能的媒介总和。它除具有报纸、电视、电台等传统媒体的功能外，还具有交互、即时、延展和融合的新特征。互联网用户既是信息的接收者，又是信息的提供者和发布者。包括数字化、互联网、发布平台、编辑制作系统、信息集成界面、传播通道和接收终端等要素的网络媒体，已经不仅仅属于大众媒介的范畴，而是全方位、立体化地融合大众传播、组织传播和人际传播方式，以有别于传统媒体的功能影响我们的社会生活[3]。王诚指出："新媒体既是一种超越了电视媒体的广度，又超过了印刷媒体的深度的媒体，而且由于其高度的互动性、个性化和感知方式的多样性，它具备了从前任何媒体都不具备的力度。"[4]

上海交通大学教授蒋宏和徐剑则认为，就内涵而言，新媒体在20世纪后期世界科学技术发生巨大进步的背景下，使社会信息传播领域出现的建立在数字技术基础上，使传播信息大大扩展，传播速度大大加快，传播方式大大丰富；就外延而言，新媒体包括了光纤电缆通信网、有线电视网、图文电视、电子计算机通信网、大型电脑数据库系统、卫星直播电视系统、互联网、手机短信、多媒体信息的互动平台、多媒体技术广播网等[5]。

《2006–2007中国新媒体发展研究报告》中提到："新媒体是基于计算机、通信、数字广播等技术，通过互联网、无线通信网、数字广播电视网和卫星等渠道，以电脑、电视、手机、个人数字助理（PDA）、视频音乐播放器（MP4）等设备为终端的媒体。能够实现个性化、互动化、细分化的传播方式，部分新媒体在传播属性上能够实现精准投放、点对点传播，如新媒体博客、电子杂志等。"[6]

2011年7月12日，中国社会科学院新闻与传播研究所、中国社会科学院社会科学文献出版社联合发布了《中国新媒体发展报告（2011）》。中国社会科学院副院长李慎明指出：2010年迄今是新媒体发展史上极具标志性意义的一个时期。在发展广度上，互联网和手机等新媒体继续高歌猛进，快速向全球扩张；在发展深度上，新媒体的社会化水平进一步提高，并全面渗透至政治、经济、文化、军事等诸多社会领域的各个方面的各个角落。基于此，从某种意义上，新媒体的性质已发生了根本性的改变，不仅远远超越了传统媒体的属性，而且大大突破了互联网和手机的传媒和通讯工具角色，成为与人类社会深度融合，并促使国家社会发生全面变革的社会化媒体[7]。

二、新媒体与传统媒体的边界与本质特征

理解新媒体的概念，还需要进一步认知新媒体与传统媒体的边界，从“新”、“旧”媒体的本质特征上给予新媒体一种全新的认识。

中国人民大学新闻学院教授匡文波在《“新媒体”概念辨析》一文中提出了理解新媒体概念的四个角度：

第一，“新媒体”是一个通俗的说法，严谨的表述是“数字化互动式新媒体”。从技术上看，新媒体是数字化的；从传播特征看，新媒体具有高度的互动性。数字化、互动性是新媒体的根本特征。

第二，“新媒体”是指“今日之新”，是一个相对的概念，不应当以“昨日之新”作为标准界定新媒体。

第三，“新媒体”的“新”应该以国际标准为依据的，而不是一些人认为的“新”的媒体形式，例如车载移动电视。

第四，“新媒体”是一个宽泛的概念，是利用数字技术、通过计算机网络、无线通信网、卫星等渠道，以及电脑、手机、数字电视机等终端，向用户提供信息和服务的传播形态。目前，新媒体主要包括网络、手机、IPTV 等媒体形态[8]。

其实，新媒体与传统媒体最显著的区别在于其本质特征。互动性是新媒体传播的本质特征，单向传播是传统媒体的基本特征之一。相对于新媒体，传统媒体的交互性明显处于劣势。传统媒体时代，媒体是传播者，受众只是接受者。新媒体使传者和受者之间的互动成为可能，受众可以发出自己的声音，影响信息传播者，甚至转变成传者的身份。

三、新媒体的特性

新媒体的特性可以从技术和传播角度来划分为拥有数字化、大容量、超时空、超媒体、易检索的技术特性和拥有即时性、交互性、去中心化、个性化、群族化和碎片化的传播特性。

（一）新媒体的技术特性

数字化。早在20世纪末，美国学者尼葛洛庞帝就提出了“后信息时代”的概念，认为世界正处于传播发生巨变的临界点，“计算不再只是和计算机有关，它决定我们的生存”[9]。支撑“后信息时代”崛起的，就是强大的数字技术。整个社会的结构和管理都在进行着数字化的革新，新媒体技术的发展也以数字技术的发展为基础，数字技术的充分应用，实现了个人电脑、手机、数字电视等设备终端的全面联网，以往的线性单向传播向网状传播转变，使得现代人的生活方式和现代社会的传播状况产生了质的改变。

大容量。由于数字技术的应用，所有信息内容、图书出版、文字视频都能进行数字化存储，也因而能建成大容量的网站和数据库。理论上讲，只要满足计算条件，一个新媒体数据库即可满足全世界的信息存储需要，而且成本较低。人们可以通过互联网进行大容量的信息传播，谷歌图书馆、维基百科等已经成为全球百科全书的新储存地。

超时空。新媒体利用链接全球的互联网和通信卫星完全打破了地理区域的限制，只要有相应的信息接收设备，在地球的任何角落都可以接收到由新媒体传播的信息。

超媒体。依靠数字技术对多媒体信息的整合，新媒体可以为信息使用者提供文本、图片、声音、影像等多媒体信息。用户通过“点击”不仅可以获得相关的文本信息，还可以获得相关声音、影像信息。

易检索。数字化的技术特性既能让互联网存储海量信息，又能为海量信息的检索提供方便。计算机技术和网络技术能提供检索查询的计算方式，用户只要输入相应的关键词，就能通过超文本链接的方式快速、便捷地获得查询结果。

（二）新媒体的传播特性

即时性。新媒体大大缩短了信息交互传播的速度，甚至实现了信息的“零时间”即时传播。特别是手机这种新媒体的出现，随身性极强，超越了地域、时间和电脑终端设备等的限制，可以随时随地处在接收信息或发布信息的状态，将“第一时间”、“第一现场”牢牢掌握在手里。

交互性。信息交流的交互性是新媒体技术区别于传统媒介的独有特色。广播电视等传统媒体尽管有打电话、写信等互动方式，但信件的传递速度缓慢，打进热线电话的几率和次数又很低，所以传统媒体还是以单向传播为主。而互联网、手机等新媒体的兴起，使信息传播者和受众之间的互动更广泛、更快捷、更深入。信息在传播中不仅仅是单向的发布和传播，同时可以进行反馈和逆向交流。每一个用户，不论是发布者、传播者还是接受者，都对内容拥有相互的控制。传播者可以根据受众的反馈，实时调整自己的传播行为，从而实现双方的随时交流。

个性化。新媒体作为以个人为指向的“分众媒体”、“个人媒体”。在强大的技术支持下，可以通过受众反馈分析系统分析受众的心理，针对特定用户群的需要提供个性化、专业化的信息服务。

碎片化。新媒体给大众提供了一个完全没有时空障碍的信息接触模式，于是，人们不再需要每天特意留出那几个小时去看电视、听广播以获取信息，受众接受信息的时间越来越零散，公交上、地铁中、下课时、午餐后……任何一个以往看似零散的时间都可以通过新媒体来获取信息，受众接受信息处于碎片化。

截至2012年12月底，全球网民总数27亿，我国网民规模达6.18亿，中国互联网普及率为45.8%（图4-1）。我国手机网民数量快速增长，手机网民数量为5亿。随着3G网络、智能手机等终端设备的普及和无线网络升级等，手机已成为第一大上网终端。截至2013年12月，网民中使用手机上网的人群比例由2012年底的74.5%提升至81%。此外，微博等网络应用继续呈现火热态势。截至2012年12月底，我国微博用户规模为3.09亿，较2011年底增长5873万［据中国互联网络信息中心（China Internet Network Information Center，CNNIC）2013年1月

15日发布的《第31次中国互联网络发展状况统计报告》]，中国成为名副其实的全球新媒体用户第一大国(图4-2)。

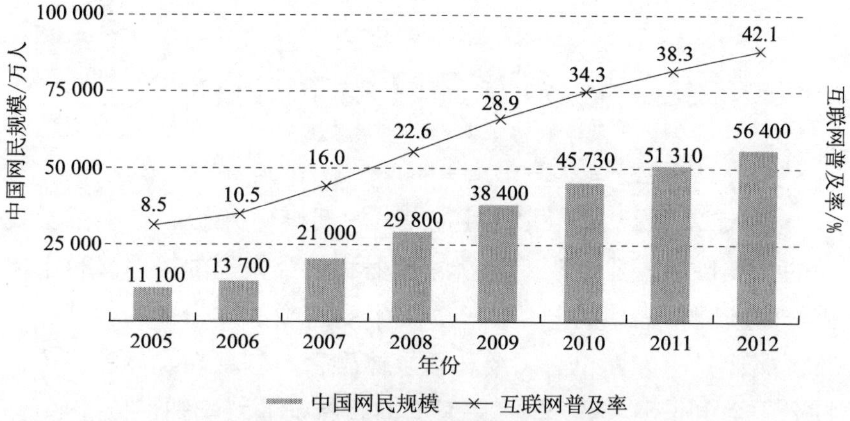

图4-1 中国网民规模和互联网普及率

（资料来源：中国互联网信息中心2013年1月15日发布）

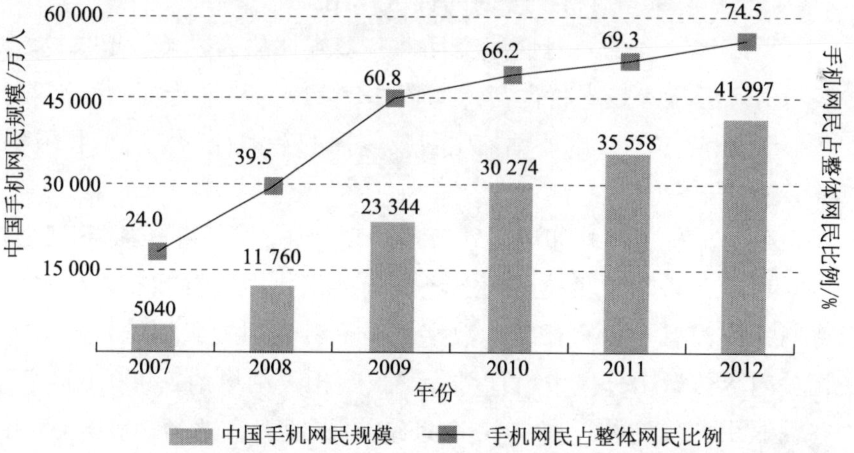

图4-2 中国手机网民规模及其占网民比例

（资料来源：CNNIC《中国互联网络发展状况统计调查》，2012年12月）

《中国新媒体发展报告（2011）》指出，在全球新媒体快速普及和不平衡的发展格局中，中国新媒体在发展方式、文化特质等方面益发彰显民族品格和中国特色。互联网和手机等新媒体继续高歌猛进，快速向全球扩张，在西方国家主导的新媒体发展格局中，经过十几年的奋进，中国新媒体的本土化发展特征日益鲜明，具有中国特色的新媒体发展道路逐渐成形[10]。

第二节　新媒体环境下的科学传播

进入21世纪，以互联网为代表的新媒体开始广泛应用于我国的各类传播事业，改变着新闻传播和社会舆论的格局。科学传播作为新闻传播中的一类，一方面经受着新媒体带来的种种冲击与挑战；另一方面也必须要和新媒体融合，利用新媒体的优势，打造一个更先进、更开放、更具有时代特征的科学知识传播平台。

一、新媒体与科学传播的相互作用与影响

（一）新媒体对科学传播的促进作用

新媒体超强的及时性和交互性、多媒体融合功能、超文本链接与信息海量等技术特性与传播特性，会成为科学传播的助推器。

1. 新媒体的技术特性催生科技传播的新途径，扩展了我国科学传播的平台。

第一，科普网站如雨后春笋般涌现，拓展了科技传播领域。

利用互联网做科技传播已经成为共识。中国目前有多少家科普网站尚没有一个官方统计数字，但笔者使用搜索引擎百度出的相关内容数量十分庞大，百度显示“找到相关结果约2,900,000个”，谷歌显示“找到约 4,840,000条结果”（搜索日期为2012年5月27日）。科普网站如雨后春笋般地涌现，中国数字科技馆、科学网、科学松鼠会、果壳网、中国科普网以及各大新闻网站、门户网站的科技频道，都正在成为科学传播的主阵地。

第二，电子书为科技传播创造了新的阅读平台。电子书又称e-book，是传统的印刷书籍的电子版本，它可以使用个人计算机、电子书阅读器或其他移动终端进行阅读。电子书具有多媒体视听阅读、海量存储和多种阅读格式的优势，大量科普读物和科学信息转换为电子书格式后，用户可以利用电子阅读器随时随地阅读，

做书签，记笔记，甚至联网及时查阅书中内容。

第三，网络电子刊物的直投方式为科技传播细分市场带来前景。电子刊物，是以电子邮件为传送方式的互联网络信息服务。无论是科学爱好者还是专业科学传播工作者，都可以制作多媒体化的、各种内容的电子杂志向用户发送。电子杂志没有印刷成本，也没有邮递发行的费用，因此非常便于科学细分内容的传播。一个小小的科学话题就可以制作成一期电子杂志，这种方式不仅有助于科技传播更加专业化、细分化，也能扩大科学传播队伍，拓展科学传播对象。

第四，手机短信、手机报也成为科技传播的新途径。近年来IT迅猛发展。2014年1月16日，CNNIC在京发布《第33次中国互联网络发展状况统计报告》，数据显示，截至2013年12 月，中国手机网民规模达到5亿，年增长率为19.1%，继续保持上网第一大终端的地位[11]。从科技传播的角度来看，这一正在成长的传媒领域，是一个非常大的“处女地”，是科学传播的新空间。可以利用手机报、手机终端各类应用，传播短小精悍的科普常识，可以利用手机短信即时传送的特点，为科学谣言辟谣，可以利用广大的农村手机用户来为农民提供通俗、实用的科学知识。

第五，科学博客、科学论坛和科学类QQ群等不仅成为科学传播的主体，也成为科学传播借助互动社区而形成的新领地，这些互动类科学传播使其从专业化走向大众化，从精英层辐射到平民层，为科技传播带来勃勃生机。

2. 新媒体的传播特性改变科学传播的内容和方式，为科学传播带来新机遇。

新媒体的大容量为科学传播构筑了专业化数据库，用户可以通过谷歌图书馆在全球范围内查询科学图书，寻找科学资料，挖掘科学数据，也可以通过维基百科为科学传播建立各类词条，协作完成科学工程。在一般新闻报道中，可以通过建立科学新闻专题来系统、全面地传递新闻、信息，提供全方位的内容。例如，2011年“7·23”温州动车事故发生后，很多网站建立的相关专题中，都全面介绍了动车的原理、自然气象与动车设计的关系等科学知识。

新媒体可以让科学知识、信息以用多种媒体方式传达，虚拟现实（VR）技术、Flash 动画技术等等的应用，增加了科学信息的互动性与传播媒体的多样性，为公众提供一个良好的虚拟环境。通过营造身临其境的现场氛围，用户可以亲自动手、亲自参与，在亲身体验中感知某项最新科技的优越性能。

新媒体极大地提高了科学信息的传播时效，特别是对科学谣言辟谣的及时性。与传统媒体的生产、发行手段相比，新媒体对于科学信息的制作与传播的速度要快得多。当网络上与科学相关的谣言兴起时，无论是Web1.0的网站还是Web2.0的微博、微信、论坛，都能在第一时间进行解释和澄清，也能第一时间处理科学传播中的危机，疏导社会情绪，维护社会秩序。

3. 新媒体的互动特征契合了科学传播平等、开放、共享的精神，为科学传播注入了新的力量。

科学传播理论特别强调传播的双向、互动和共享。网络传播突出的特点就是可以实现多向互动传播。网络传播中，每一个人都可以任意地在科学传播的过程里，发帖子、上评论、网上聊天，实时表达自己的见解与看法，用自己的观点和声音改变网上传播节目的内容、进程以及方向，充分地发挥出自己在传播过程中的主动性与创造性，甚至使自己也成为传播的主角之一。

新媒体真正实现了不同个体与群体间的多向互动。网络对任何人都是开放的，上网的人都是平等的，网络传播的信息是可以自由地选择接受的。不同的受众个体之间、受众个体与网络媒体之间、受众个体与传播者之间、不同的传播者之间、不同的网络媒体之间等，都可以互相平等地交流对话。新媒体的开放、自由、共享为科学传播聚集起一批内容提供者，也创造出真正的科学知识、文化和信息，为科学传播的主体和内容都注入了活力。

4. 新媒体环境强化了科学传播理念的创新，视觉元素融入其中改变传播形态。

在科学传播理念上的创新，首推 Discovery（探索）频道开拓的“娱乐 + 科学”的科普影视作品。这种模式并非孤本，用形象直观的方式和易为公众接受的形式来普及科学，是科学传播的要义之一。无论是传播科学知识、信息，还是方法、经验，只有人们喜欢了，爱看了，才能让科学自然而然地进入人们的头脑中。

科技传播并非强制教育，“以趣味性为核心”的科学传播才会增强其传播效果，化繁杂为简约，化腐朽为神奇。

当然，新媒体在科学传播中也有其自身的局限。比如，新媒体缺乏严密的信息监管，影响到科学知识传播的真实性与权威性。新媒体高度的开放性使人们在感受网络自由、信息共享的同时，也暴露出假信息泛滥、谣言满天飞的危害。类似“金字塔发现‘人造心脏’木乃伊”、“印度科学家制造出常温下的超导”、“3000年女木乃伊出土后被看守人强暴并怀孕”等假科技新闻，在内容没得到充分证实的情况下，就有可能通过网络博客、手机短信、微博等大肆流传。个性化突出、草根色彩强烈的新媒体，由于现阶段缺乏严密的信息监管， 很多似是而非的科学信息广泛流传，错误的、虚假的、未经证实的科技信息，在新媒体的广泛传播下，其不利因素会成倍地放大，对科学知识的普及将产生恶劣的影响，阻碍人们获取真正的科学知识。

（二）科学传播为新媒体发展提供智力支持和精神导引

1．科学传播为新媒体提供科学知识与科学技术的智力支持。

计算机技术、网络技术和数字化技术是新媒体发展的基础，也是推动新媒体进步的动力。以科学知识、科技文化、科学方法为内涵的科学传播不断给新媒体的发展提供知识给养，新媒体在吸收和运用世界最前沿的科学知识、最新的科学研究成果、最先进的科学技术应用后自然就能更上层楼，加快新媒体发展的步伐。

每年一度的国际消费电子展（CES）是世界各大IT公司展示新产品、新技术的最大平台，媒体虽然只是广泛报道新闻内容和产品信息，但却为世界各地的新媒体研究者和生产者提供了最新、最前沿的内容和有价值的信息。一些未到现场的中小企业通过阅读科学新闻报道，能第一时间掌握新媒体技术的发展动向和趋势，也能根据新闻报道提供的信息来调整战略、研究对策，研制新产品。

2．科学传播为新媒体提供科学精神的导引。

科学精神是对科学知识体系、科学探索活动、科学程序的基本界定。面对纷繁冗杂的网络信息和频频发生黑客攻击的网络安全问题，我们迫切需要高扬科学传播大旗，弘扬科学精神，努力营建优质网络信息环境。

当下，网络迷信愈演愈烈，网络色情、网络黑客、网络病毒、网络盗窃、网络欺诈、网络垃圾等等，也正像潘多拉魔盒中的瘟疫一样散播开来。一些伪科学披着“科学”外衣在互联网上大行其道。这一切，都使我们清醒地认识到，网络并非是一个完美无缺的世界，由技术搭建的互联网世界需要科学精神的引领，需要注入人文精神的给养，在两种精神的光照下健康良性发展。

站在著名媒介思想家、加拿大学者马歇尔·麦克卢汉(Marshall McLuhan）提出的“媒介即讯息”观点的角度看，新媒体与科学传播间存在着某种等同的关系。一方面，新媒体是一种新媒介，是科学传播研究、报道的对象，需要在科学精神与人文精神的双重引领下健康发展；另一方面，新媒体的特性能够助力科学传播，新媒体将成为科学传播生机勃勃的不竭动力。新媒体与科学传播具有双向作用，两者的有机协同和共生同长，才会使科学传播事业获得更大的发展疆域，焕发出新的生机。

二、新媒体环境下科学传播的新特点

在新媒体环境下，科学传播体现出以下特点：重大突发公共事件，由于其巨大的影响力和关注度，成为应急科学传播的最佳时机，往往传播效果也非常好；一般科普也借着新媒体的各种表达形式体现出新的特点；政府和科学家在科学传播中发挥的作用空间也越来越大。

（一）重大突发公共事件科学传播的新特点

应急科普就是针对突发事件，根据公众关注的热点问题所开展的科普。也就是说，这个时候，公众需要什么，媒体与科普工作者就要马上提供这方面的科技知识。一般来说，应急科学传播具有以下三个特点：

一是时效性强。因为是一个突发的事件，所以必须在非常短的时间内把相应的科技知识传播出去。

二是针对性强。突发事件通常都是一个非常特定的事件，这个时候需要解决的问题常常针对性也是非常强的。以汶川地震抗震救灾为例，第一阶段要解决的科技问题就是怎样高效地救治废墟下被掩埋的生命，如何尽快打通通往受灾严重地区的道路，恢复与灾区的通讯；以后面临的问题则是如何防止疫情的爆发，怎样消除堰塞湖的威胁，怎样对灾民心理危机进行干预等。每个阶段需要解决的问题针对性都非常强，相应的科学传播由此也需要有针对性，要有的放矢。

三是挑战性强。每一次突发事件都会提出许多新的科技问题，需要集广大科技工作者的智慧，一面研究一面解决。相应地，这个时候科学传播也遇到了挑战。要求我们学会在一个以往很陌生的领域开展科学传播[12]。

新媒体因其自身种种特性与优势，在应对突发公共事件的科学传播工作中发挥着举足轻重的作用：

一是对重大科技事件、突发科技事件新闻报道速度快。

新媒体的即时性特征使其在科学传播普及中有着其他媒体无可比拟的快速传播优势。如“神舟”系列飞船升空，网络可随时观看飞船发射、航天员的生活工作以及飞船返回情况。

二是新媒体为重大科技事件、科技人物、民众关注热点科技问题整合相关资源提供了有效途径。

每逢重大科技事件或者公众感兴趣的热点科技问题，网络媒体都采用专题形式进行集成性报道，并作为永久性资料库和数据库进行保存。如爱因斯坦百年诞辰等人物类纪念专题；神舟飞船系列、嫦娥工程等重要事件性专题；南极科考等科考类专题；动物、植物、饮食等常规性专题……因此，新媒体集成整合的优势所带来的数据库和资料库功能、搜索引擎检索以及本网站关键词检索功能够为受众提供综合性服务功能。

以“甲型 H1N1 流感”为例，在中国还没有传出疫情之前，H1N1 就在国内受到极大关注。甲型 H1N1 爆发后，国内网络媒体反应强烈，各大门户网站分别以头条或专题形式展开报道，旨在第一时间向网民传达流感的最新信息。人民网更是在医药卫生频道开辟专题，下设“最新动态、紧急电话、甲型 H1N1 流感病毒、中国疫情数字、全球疫情报告、警告级别、国内应对措施、国际应对措施、特别提醒、观点评论、预防知识、图文报道、应对甲感，我有话要说”等 13 个子栏目，内容从甲型 H1N1 流感病毒的介绍到防治，从国内防治到国际防治动态，从国内应对到国际应对措施，并配有大量图片与评论报道等，而且做到几乎所有内容每日更新。如此丰富、海量的信息内容都可以集中在一个网页中，然后通过网民的自由选择与点击进入相关的详细内容，由此可见网络媒体在应急科学传播中其资源整合能力之强大。而信息量之巨大、传播之迅速、互动反馈之及时更是众多传统媒体难以企及的。

三是新媒体应急科学传播为受众认识、应对突发公共事件提供了条件。

新媒体科学传播表现手法多样，能够打破传统媒体科学传播形式的束缚，能以共享信息为基础、共建平台为手段，构架特有的载体模式，科学知识能得到更广泛的传播，从而有助于受众更快、更全面地在突发事件发生后第一时间内做出相对理性的反应。如 2003 年非典肆虐时带给人们的恐慌与 2008 年汶川地震后由于信息的及时正确公布而人们的反应则相对冷静相比，再加上到了 2009 年的甲型 H1N1 流感的爆发后人们更是理性面对，这其中新媒体的应急科学传播、信息公布、和受众互动等特征功不可没。

例如，在衡量新闻时效所体现的价值 Vt：$Vt=Voe^{Tq-(Tb-Tf)/Tq}$ 模型中：Tq 表示新闻规定的最低发布时限，（Tb − Tf）表示某个新闻实际发布的时限，即新闻发布的时刻（Tb）与事件发生的时刻（Tf）之间的差距。Vo 表示时效的价值系数。

从模型可以推断，如果新闻实际发布的时限等于规定的最低时限，即 $(Tb-Tf)=Tq$，则 $Vt=Vo$，属正常情况；如果新闻时效快，即 $(Tb-Tf)<Tq$，则 $Vt>Vo$，说明新闻价值高；反之，如果新闻时效很慢，即 $(Tb-Tf)>Tq$，则 $Vt<Vo$，说明新闻的价值降低。新媒体的应用可以有效降低（Tb − Tf）值，从而提升新闻效果。

四是新媒体的科学传播效果更加理想，有利于在一定程度上缓解公众的紧张情绪，维护社会的稳定。

突发公共事件具有不可预测性和结果的不确定性，容易形成社会恐慌。据一项调查结论显示，当公众面临极大自然灾害或突发事件时，往往最信任的是科学[13]。如果公众不知道真实的情况，各种谣言和小道消息就会满天飞，会引起更多的公众恐慌和社会局面的混乱。新媒体更加及时便捷的科学传播能够减少信息的不确定性，缓解公众的紧张情绪。

但是新媒体在应对重大突发公共事件时的科学传播可能存在的问题有：

一是信息来源的权威性与科学性良莠不齐，经常出现几家网站关于同一内容数据相互矛盾，差异显著的情况，这样极容易混淆公众视听，轻则让公众丧失信任，重则误导公众甚至造成一些更大的伤害。

二是新媒体应急科学传播的内容缺乏原创性，将传统媒体的稿件直接或稍加修改后发布出去，会在一定程度上逐渐失去其应有的活力。

三是“快餐文化”的特质导致应急科学传播的效果受到制约。

（二）新媒体环境下科普知识传播的新特点

1. 作为发展较早的新兴媒体之一，互联网科普已受到社会广泛关注和重视，进入了快速发展阶段。

主要体现在以下几个方面。

(1) 互联网科普具有有利的外部发展环境。政府对互联网科普高度重视，进而在政策条件上给予支持。此外，政府对互联网科普的投入也相对较多，特别是代表性的投资。例如，中国数字科技馆现在已经在建 5 年，政府投资已达 5000 多万，是互联网科普迄今为止最大的单项投入[14]。从该网站可以看到，中国数字科技馆已建成博览馆 30 个、科普专栏 22 个、体验馆 40 个、科普资源库 9 大类（仅科普资源库的数字内容就超过 1TB），并以网上在线和网下离线两种模式提供服务。

(2) 科普网站绝对数量有所增长，大型综合性科普网站具有领域代表性，其他网站的科普内容建设受到重视。我国科普网络设施发展十几年来，截至 2009 年 3 月 30 日，科普网站、数字科技馆等网络科普设施已达 601 个[15]，科普网站的绝对数量在逐年增加，覆盖了 30 个省（直辖市、自治区）；此外，各省（直辖市、自治区）多数都有综合性科普网站，不少县级科学技术协会也都建立了科普网站。目前，国内许多门户网站对科普内容都有不同程度的建设，有的是以栏目形式，有的是以专题形式。四大门户网站——新浪、网易、腾讯、搜狐都在二级页面设置有科技频道。人民网也设有专门的科技频道，网页内有专门的科普搜索引擎，可供访客深度搜索800家专业科普网站与栏目的信息。另外，新华网、中国网、北方网等综合性网站也都设有专门的科技频道。

（3）互联网科普内容丰富，应用形式多样。以“科普”关键词的搜索为例，在百度（Baidu）和谷歌（Google）进行关键词“科普”的搜索，2014年4月百度共搜索到100,000,000个结果，谷歌共搜索到约84,300,000条结果。这说明近几年来涉及科普的页面数量和内容非常庞大。同时，各网站提供科普知识的形式也日趋多元，如借助虚拟仿真技术使用户体验虚拟的展品或环境；通过游戏等互动方式让用户积极参与学习过程；采用定期邮件发送向固定的和潜在的用户宣传科技知识和信息；建立以传播、交流科学内容为主题的论坛、博客等，引导公众在公共空间自由表达见解等。

2. 基于移动通讯的科技传播正处于起步阶段。科技手机报逐渐成为科技信息的新媒体传播方式之一，微博、微信也成为科学传播的新兴方式。

2006年4月25日，《北京科技报》与中国Cgogo科技有限公司联合推出了我国首家具有独立域名的手机报，是第一家以科技命名的手机报。用户只需登录手机WAP网站，就可以浏览当天北京科技报的内容。2006年8月，随着《齐鲁手机报》中《天天健康》子报开通，专业健康类手机报由此出现。2007年以后，科技手机报不再走综合不细分的老路子，开始慢慢挖掘用户真正的科技知识和信息的需求，如《中国国家地理手机报》。该报的内容提供商是中国科学院地理科学与资源研究所，涉及天文、地理、生物、人文、历史等领域的内容，同时也在中国国家地理互联网站上开辟手机媒体频道（WAP版），进行手机报内容的展示、互动和推广。

随着微博、微信的普及，以科普之名进行科学传播的私人、公共账号日益增多，它们也逐渐成为很多机构和个人获取相关信息的优先选择。以关键词“科普”为例，2014年3月在新浪微博上共搜索到约9041条。由此可以看出，随着移动互联网的不断发展，依托移动互联网进行科学传播将是未来的发展趋势。

（三）科学家科学传播行为的新特征

在《中国科学传播报告（2010—2011）》中，公众认为科学家在完成科研教学等本职工作之外，最重要的责任首先是“向公众传播科学”，这一比例达到92.4%[16]。科学家的工作主要包括两个部分，一是科学研究工作，二是科学传播工作。《中国科学院科学传播中长期发展规划纲要（2006—2020年）》指出，要“充分发挥院士在科学传播中的积极作用，组织院士开展具有针对性和影响力的科学传播活动”。从形式和途径来看，院士参与科学传播活动主要有人际传播和大众传播两种方式。在新媒体高度发达的今天，公众对科学家科学传播活动的了解主要不是通过人际传播，而是通过大众传播。一些新媒体手段已经成为科学家参与科学传播活动的主要渠道。

一个典型案例，即中国科学院计算机网络信息中心于1999年启动的“中国科普博览系统——基于网络的虚拟科学博物馆群”项目。该项目充分利用中国科学院拥有的100多个研究机构和4万多名科研人员及其在多年的科研工作和科学考察中积累的大量科学数据，组织中国科学院的科学家和相关研究所通过网络开展科普活动。

其具体做法是：①充分调动科学家的主动性，从初期的博物馆群的内容、形式的设计都邀请科学家参加，并在以后的各个环节中让技术人员与科学家密切合作；②为科学家和公众在网上搭建互动平台，如邀请科学家与公众在线聊天；组织科学家与公众之间的视频会议；科学家在线讲座等；③定期组织公众参加实地科普活动，与科学家进行面对面的交流；④2004年8月，计算机网络信息中心发起成立中国科学院网络科普联盟。网络科普联盟的第一批成员包括院内79个科研院所，促进了科学知识生产者和传播者内部和相互之间的有效沟通。

“中国科普博览系统——基于网络的虚拟科学博物馆群”项目为科学家和科学团体与公众交流搭建了网络平台，并进行知识的再创造，如通过内容设计和网络技术，开发生动直观的科学传播方式；通过与科技工作者的深层次交流，传播科学方法和思维方式；传播科学“背后的故事”，让公众分享科学家的种种艰辛和成功的喜悦；在设计各个模块的过程中，始终考虑用户需求，鼓励用户提交反馈和建议；对重大科学事件进行网络直播和点播，使公众了解科学研究和科学传播的社会责任等。

同时，科学家参与科学传播的形式也出现多种形式。“事件＋活动”的传播模式，让科学家直接与公众面对面，缩短了科学与公众之间的距离，有效弥合了科学与公众之间的“知沟”。2012年与科学传播相关的事件频出，如大气环境质量PM2.5、“世界末日”谣言、北京7·21暴雨险情、“黄金大米”事件等，特别是2013年初雾霾袭击京城，H7N9的肆虐，更对科学传播提出了新的问题，环境科普和医学、卫生、健康科普的问题凸显。由于缺乏科学知识和一定的科学精神，社会上出现了盲从现象，从而出现“抢蜡烛”式的闹剧。在“科学家与媒体面对面”系列活动中，科学家，特别是顶级科学家和院士的参与，向公众传播先进的科学技术知识和科学文化理念，弘扬科学精神，宣传科学文化，让科学亲近公众，让公众理解科学，在公众中形成共鸣[17]。

三、新媒体科学传播的比较优势

新媒体推动着科学传播进入了新的时代。运用新媒体进行科学传播相对于运用传统媒体，具有以下的巨大优势（表4-1）：

一是新媒体的多媒体性。如互联网可以将文字、声音、图片、图表、动态图像等媒体符号综合在一个传播单元中，构成多媒体信息，使科学技术知识的传播更具有综合性、直观性、形象性。

二是新媒体的即时远程化。如互联网的信息传播由于借助全球化数字通讯通道这一特有优势，可以使即时性、远程化同时实现。

三是新媒体的海量容量。如互联网上的信息传播没有像报纸有版面的限制，没有像广播和电视有时段的限制，在容量上具有无限的可扩充性，保障了科学传播所传播内容的丰富性和完全性，为受众提供了便捷的检索，以及超文本和超链接的浏览方式。

四是新媒体的双向交互式。传统媒体的传播方式通常是单向的，新媒体的传播则可以是“多点对多点”式的交互传播，如通过互联网，每个人都可以提供和发布信息，同时每个人都可以参与讨论、发表看法，这实际上为科学技术知识由科学家向受众的单向灌输形式的传统科普，发展到科学家与受众平等对话、进行互动交流的现代科学传播奠定了技术基础。

表 4-1 传统媒体与新媒体传播特点比较

报纸	广播	电视	网络
信息密度大 普及面较广 适宜于保存	时效性较强 忠实的听众群 覆盖边远地区	节目形式多样 影像生动直观 覆盖面较广	时效性强 多媒体表现力强 存储容量大 双向交互性强
时效性不强 文字表现力弱 报道形单一	不宜于保存 报道形式单一 信息密度有限	制作成本高 不宜于保存 节目容量有限	信息可信度低 冗余信息芜杂 受网络环境制约

四、新媒体语境下科学传播的新变化

随着新媒体技术的广泛应用，新媒介语境下科学传播也发生了急剧的变化。具体表现在科学消息来源、科学传播方式、科学传播内容、科学传播者、科学传播受众等几个方面（表 4–2）。

表 4–2 新媒体科学传播特点

科学消息来源	· 专门机构发布，包括政府、科研机构、科研人员的科普博客、科学播客等 · 公众从报纸、广播、电视、网络、手机等渠道获得信息后二次传播的信息 · 其他媒体，如手机报、户外媒体、电子期刊的转载和转播
科学传播方式	· 网站平台、IPTV 网络电视、无线通信平台、应用开放平台、SNS 社交化网络媒体等
科学传播内容	· 传播内容符号多样化 · 新科学总量的绝对增长，科学信息的信息流量加大 · 科学信息整体质量下降
科学传播者	· 从以科学共同体与媒体为“传者本位”转向网络时代受众与传者平等对话 · 科学信息的个人创造者超越科学共同体和政府部门
科学传播受众	· 运用新媒体了解科学技术知识与信息时，具有“自主性”和“选择性” · 自由参与科学技术知识与信息讨论，发表评论，共享分享 · 质疑、独立判断科学技术知识和信息

（一）科学消息来源的变化

在传统媒体时代，科学信息来源基本上包括：

（1）媒体记者从科研部门、政府机构、专家学者获得；

（2）科研机构通过媒体发布；

（3）政府部门对科研政策制定进行解读和科普推广；

（4）公众及其他媒体对科学信息的二次传播和再次转播等。

新媒体环境下的媒介环境，最直接的影响就是使科学传播过程中的科学信息来源多样化、复杂化，进入传播过程的科学信息总量增加。

具体来说，新媒体时代科学传播信息来源有：

（1）专门机构发布，包括①政府、科研机构专门的科学文稿、科学大事件、科学简报；②个人发布信息（科研人员的科普博客、制作的科普宣传片和手机视频等）。

（2）公众的二次传播，公众根据从网络、手机等各个渠道获得的信息进行二次传播。

（3）其他媒体，手机报、户外媒体、电子期刊、网站等等进行的转载和转播。

（二）科学传播方式的变化

发挥互联网、移动通讯等新型媒体的科技传播功能，培育、扶持若干对于网民有较强吸引力的品牌科普网站和虚拟博物馆、科技馆，这是我国大众传媒科技传播能力建设工程实施方案中要求的，是提升全民科学素质和建设创新型国家的战略性举措。

1.IPTV 引领科学传播新浪潮。

IPTV 将电视机、电脑及手持设备作为显示终端，通过机顶盒或计算机接入宽带网络，实现数字电视、时移电视、互动电视等服务。视频数字化、传输 IP 化、播放流媒体化构成了 IPTV 的基本形态。

2006 年，河北省科学技术协会自主研发的中国网络科普电视台开通，成为我国首家立足科普的 IPTV 媒体，开创了国内科普为主导的 IPTV 媒体形式。栏目设置体现了全民科学素质工作与民生的结合，免费在线收看；流媒体技术的应用，解决了当时在线收看的技术难题。随即，全国各地相继出现了类似的科普主题视频网站或栏目。

2. 无线通讯平台开辟公众科学传播新途径。

2007年，山西省科学技术协会与山西网通公司合作建成了农科110呼叫中心。该省任何地方的农民在农业生产中遇到科技难题和困惑时，只要登录山西农科110网站或拨打969000110服务热线，便可在24小时内得到农业专家权威的解答。

3. 互联网科学传播。

随着互联网络的快速发展，近年来我国网络科学传播也取得了较大的进展。第八次中国公民科学素养调查结果显示，与2005年的调查结果相比，2010年公民利用互联网渠道获取科技信息的比例明显提高，比2005年的6.4%提高了20.2个百分点。

网络科学传播是以互联网为传播平台，由专门的组织机构或个人在网络上以网民为对象开展科普活动。在多媒体技术的支持下，网络科学传播将视觉性、互动性、娱乐性等结合在一起。相较于传统科学传播方式来说，网络科学传播有其独特的魅力和优势。尤其是对年轻人来说，虚拟博物馆、网络直播、网上实验、互动游戏等网络独特的科普方式，使得网络科学传播更能吸引他们的兴趣和关注度。

（三）科学传播内容的变化

1. 传播内容符号的变化。

在传统媒体时期，媒体大多使用这样的手段：报纸使用图文配合，相辅相成；广播使用语音播报；电视发挥其特长，用文字、声音和影像三者的结合。

随着新媒体时代的到来，彻底改变了这样的方式。网络媒体、手机媒体都派上了用场。随着3G时代的到来，更是运用大量的视频和影音以及数字模拟动画。色彩的运用和大屏幕的冲击都成为新媒体时代科学传播的亮点。

2. 传播内容数量的变化。

在新媒体的促动下，科学传播总量迅速激增，并且很难把握和统计科学信息的来源与具体的数量及质量，人们统称为海量。

3. 传播内容质量的变化。

新媒体时代，充当科学传播者的角色已经远远超出了传统媒体时代的那些人，任何一个普通人或者是获得科学信息的人，都可以成为新的科学传播体系中的传播者。由于媒介的把关人职能弱化，因而科学信息的来源鱼龙混杂，质量难以保证。很难对每一条科学信息进行追踪，核实其是否真实，一些捕风捉影的信息也被人们竞相传播，造成了科学信息整体质量的下降。

第三节 新媒体的发展趋势

一、新媒体技术发展走向云计算

云计算（cloud computing），是2006年由美国谷歌公司提出的一个理想的网络应用模式。它是一种基于互联网的超级计算模式，其应用思想是把分布于各地的成千上万台电脑和庞大的服务器集群计算能力连接成一张大网到一个远程的数据中心，形似一片电脑云。通俗的理解，云计算的“云”就是存在于互联网上的服务器集群上的资源，它包括硬件资源（服务器、存储器、中央处理器等）和软件资源（如应用软件、集成开发环境等），本地计算机只需要通过互联网发送一个需求信息，远端就会有成千上万的计算机为你提供需要的资源并将结果返回到本地计算机，这样，本地计算机几乎不需要做什么，所有的处理都在云计算提供商所提供的计算机群来完成。

云计算的服务形式多种多样，目前已有一些应用到日常网络活动中，比如QQ空间提供的在线制作Flash图片、360的在线收藏夹、谷歌的doc文档服务、百度的在线音乐盒、网易的网络硬盘，苹果的App Store软件销售平台等。归纳起来，云计算的服务包括：软件即服务（SaaS，Software as a Service）、平台即服务（PaaS，Platform as a Service）、基础设施服务（IaaS，Infrastructure as a Service）。

云计算的优势表现在两个方面：对于企业用户，利用动态、可伸缩且虚拟化的资源池降低成本，提高运算能力，合理配置资源实现绿色计算；对于一般用户，可以在不购买高级终端软硬件的情况下，享受“云”的强大计算处理能力和无限存储空间。用户的计算机会变得十分简单，不需要大的内存、硬盘和各种应用软件，只要通过浏览器给“云”发送指令和接收数据就能使用云服务提供商的计算资源、存储空间和各种应用软件。

云计算的发展受到各国政府和企业的高度关注。以美国为例，推广“云计算”是奥巴马政府实现政府 IT 系统现代化的重要组成部分，云计算的应用将为美国联邦政府每年减少 750 亿美元的 IT 预算；美国硅谷目前已经约有 150 家涉及云计算的企业，公开宣布进入或支持云计算技术开发的业界巨头包括微软（Microsoft）、谷歌(Google)、苹果(Apple Inc.)、国际商业机器公司(IBM)、亚马逊(Amazon)、Netsuite 公司、网存(NetApp)、奥多比（Adobe）等。其中 IBM 智慧地球、苹果 Icloud 是 2011 年全球最为推崇的云计算。

在国内，云计算已列入“十二五”规划的战略性新兴产业，在北京、上海、深圳、杭州、无锡等 5 个城市开展云计算服务创新发展试点，重庆、山东、东营、佛山等地也已制订了云计算发展规划。2011 年，国内大型 IT 企业联想、华为、阿里巴巴、百度、浪潮也都推出了自己的云概念——联想个人云、华为 HiCloud、阿里云、百度框计算、浪潮云海。

2011 年，已有多个行业利用云计算形成了各种各样的云，从而成为云行业，如教育云、金融业云、医疗云、物流云、交通云等。从目前云计算的迅速发展和前景趋势分析，未来社会中的每一个行业都将因云计算而改变，不仅重新整合资源，更将重新建构行业布局，新闻媒体、科学传播概莫能外。

当新闻传播遇到云计算会发生什么呢？首先带来的是云传播的概念。传统媒体和传统互联网有点对点、面对面，点对面和面对点等多种传播方式，云传播的重要特点是简化了传播模式，只存在“云”到“端”，即 C2C（Cloud to Client）。在“云”的层面，可以建设信息云、新闻云、视频云等等庞大的数据库，同时保证各类云的通用与安全；在“端”的层面可以让用户享受定制化服务，为用户提供个性化内容，在用户间搭建操作编辑的分享通道。

其次是云监测。互联网多点并发、频繁交互的传播特性使得网上内容在几乎完全失控的状态下被变异和再传播。要想全面、快速地掌握网上传播态势，就可以借助云计算对原始内容的浏览量以及散布于论坛、微博、社会性网络服务（SNS）的所有再传播内容的浏览量进行实时监测，深度挖掘传播内容的内容变异和传播参与者的特性，并锁定特定媒体或特定传播人，即时监测。

再次是云编辑。云计算与云存储使得信息的获得成本接近忽略不计，媒体之间获取信息的时间差也缩小至最低。信息已不是媒体竞争的主要目标，对于信息的独到解说、重新整合、编辑成为媒体胜出的关键。内容生产流程随之发生重大变化，“人人皆为传者”＋“云计算”，将革新媒体从业者的分工与在组织内部的权重。

最后是云媒体。传统媒体转型新媒体受制于既有的发布流程、业务归口、频率分割等诸多限制而步履艰难。进入云计算时代，媒体不用再重复购置服务器、终端设备等，复杂的内容分发与多媒体呈现，复杂的用户订制与广告细分等都将在“云端”处理，云媒体将在“云计算”这一全新平台上得以轻松实现。

二、新媒体内容呈现视频化趋势

如果说中国互联网的第一个10年是以图文形式发布网络内容，那么下一个10年将是网络视频的时代（图4-3）。网络视频的发展一方面取决于互联网基础设施的投入和高速带宽的铺设，一方面取决于用户浏览习惯的自然转变。相比较图文网络静态的呈现方式，网络视频以其全感官触动、可控性播放和多样化内容更容易赢得用户的青睐。来自国内外的数据都显示出新媒体的内容呈现正在从一个图文向视频转变，网络视频将是用户获取新闻、信息、娱乐的重要渠道。

在美国，2011年10月整体的视频浏览量达426亿次，用户平均每人在线浏览视频时间超过21.1小时，有86.2%互联网用户至少观看了一次在线视频。当前，至少每月一次从网络上下载或者浏览视频的用户达 1.58 亿，占美国网民总数的 68.2%。2012 年，奥巴马连任后平均每分钟的推文数达 327 452 条，成为历史之最。未来在线视频用户比例会逐年上升，预计到 2015 年占比将达 76%。

在我国，2011 年在线视频市场规模达 62.7 亿元，同比增长 99.9%，由此显示出广告主已经将网络广告投放转向网络视频领域。截至 2012 年 12 月，网络视频用户达到 3.72 亿，使用率升至 65.9%，是中国网民继即时通信、搜索、音乐、新闻之后的第五大应用[18]。每天上网时长超过 5 小时的用户占比较高，达到 39.3%。

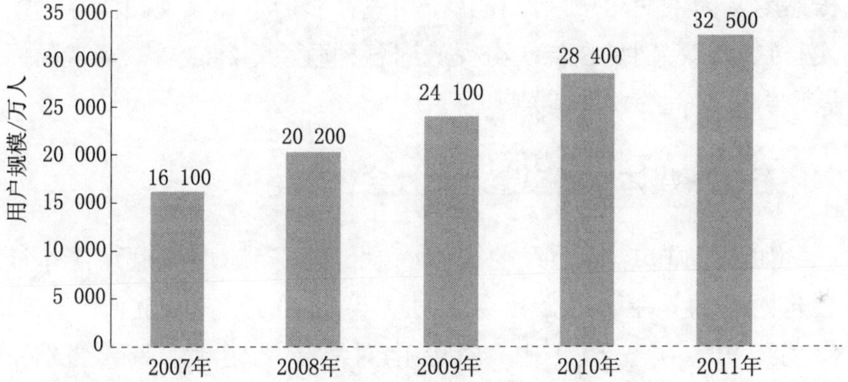

图 4-3 2007 ~ 2011 年我国网络视频用户规模

（资料来源：根据 CNNIC《2012 年中国网民网络视频应用研究报告》与《第 33 次中国互联网络发展状况统计报告》制作）

除了新媒体内容整体呈现视频化趋势外，用户在消费视频内容方面也在发生变化。网站的视频节目构成一般包括四个方面：影视长剧、播客分享、传统电视和自制节目。过去，用户以观看前三者为主，特别是影视长剧，各大网站不惜血本购买版权同步或提前播出，以吸引用户。但随着版权购买成本的增大和用户需求的多元化，视频网站开始打造自制剧、纪录片和教育科学类等时长在 20 分钟内的视频。这类微视频将成为新媒体内容新的发展方向。

从产业发展角度看，2011 年第三季度中国网络广告市场规模达到137.4亿，环比增长23.3%，同比增长54.9%，增长率超过所有传统媒体。其中，在线视频市场规模达到了19.4亿元，同比增长超过95%，视频广告已占到网络广告5.5%的市场份额。网络视频虽然不断有政策变化、环境影响和行业起伏，但网络视频产业依旧在开拓中前进，从产业格局、视频内容和人员结构多方面推动网络视频向规模化、集约化、原创化和专业化方向发展[19]。

目前，经广电总局批准的网络视听节目服务持证机构达612家、网络广播电视台14家[20]。从事网络视频业务的机构包括门户网站、新闻网站和商业机构，以中央电视台、新华社和各地方电视台支持的新闻网站是网络视频新闻传播的主要力量，过去以传播图文为主的门户网站在获得相关资质后也加大视频内容的投入与制作，特别是在传统电视遭遇各种政策管制之后，网络视频展现出可期待的发展前景。

三、新媒体传播渠道趋向社会化网络

如果将1997年上线的SixDegree（国家地理频道）视作社会化网络的先驱，那么社会化网络及社交网站发展至今已有14年的历史。在这14年中，社会化网络与社交网站风云变幻，从朋友网（Friendster）、聚友网（MySpace）到Facebook、Twitter，从开心网、人人网到QQ空间、新浪微博，各种Web2.0、Web3.0网站不断涌现，不仅吸引了大量网民的眼球，而且成为网民获取新闻、信息的新渠道。

根据市场研究公司InSites Consulting对全球35个国家9027名15岁以上消费者进行调查后发布的《2011年全球社交媒体报告》显示，目前全球有超过10亿人在使用社会化网络，占网民人数的大约70%，超过6亿用户每天使用社会化网络。

一般的社会化网络具备三层构造：第一层为个人信息展示，用户将个人资料、教育经历、兴趣爱好、阅读习惯等提交到网站的个人空间里，方便好友认识、了解自己；第二层为共享与分享，通过与好友间建立关系，包括关注自己的朋友和自己关注的对象，借助回复、留言、转发、评论等功能来实现个人对外的交流与互动、对话与传播等；第三层为基于社交空间的群体协作，在社会化网络里共同完成某一任务。

建构社会化网络的三层构造使得互联网越来越趋于个性化、人性化、智能化，会让网络时代进入一个“机器也会思考”的时代，网络会对用户提出的问题作出具体的、精准的解答。比如你想带孩子去游乐场玩，然后在附近吃个晚餐，互联网会根据你的个人资料、与好友交流的信息、所处位置、平时浏览网页所显示的个人爱好等因素加以综合判断，然后给出符合你要求的游乐场、餐馆，而不需要你在海量信息中再做检索和查询。这也就意味着，社会化网络将来能帮助用户屏蔽掉 99% 的不需要或垃圾信息，而展示剩下的、精准的 1% 的信息。

基于这样的一种网络环境，用户将会越来越愿意通过社会化网络获取有价值的新闻信息，而且信息共享将作为用户之间互动的一种方式存在，如对好友的状态、日志等进行评论，分享好友页面的一些内容，写状态、传照片等，不仅共享基础信息，还从更广泛的网络中寻找信息，“带回”自己的社交网站页面，分享给更多好友。

对于大多数人而言，网络浏览的目的就是为了寻找自己感兴趣、对自己有用的信息。从 Web1.0 时代用户被网络的海量信息所淹没，到 Web2.0 时代搜索引擎相对精确的搜索，人们对于网络提供信息的质量要求越来越高。未来智能化的 Web3.0 与拥有海量个人信息的社会化网络结合，不仅能让用户获取精准的信息内容，还能将这些内容直接推送到用户桌面，最终成为新闻传播的主渠道。

2009 年 1 月 20 日美国总统奥巴马就职宣誓典礼举行，近 4000 万民众通过互联网观看了美国有线电视新闻网（CNN）转播的典礼画面，这一数字超过了单纯通过电视观看的用户数。之所以有这样的结果，是因为此次就职演讲的电视直播中融入了社交网络的元素。CNN 与 Facebook 合作，采用了“视频 + 更新信息窗”的方式进行就职典礼的报道：在 Facebook 网页左上侧的 Facebook connect（联外通）嵌入了来自 CNN 的直播视频画面；右侧是 Facebook 网友的个人状态信息，视频直播过程中，Facebook 用户可以与在线好友边看边聊，交流看法，也可以在直播页面上即时评点。页面下方，则超链接就职典礼的相关信息和动态消息。据统计，有近 2000 万用户观看了 CNN 与 Facebook 合作的直播页面，产生了 100 万条相关信息。从当天早上 6 点开始，CNN 对相关程序进行了 20 多万次更新，在线视频点击数达到 1390 万次。

四、新媒体进入 SoLoMo 的新时代

从当前新闻网站乃至整个互联网生态环境可以发现，科技新闻传播存在着内容、渠道过剩与稀缺的悖论。内容方面，用户通过博客上贴文字、图片，通过播客上传音视频，通过微博发表碎片化观感，通过电子杂志软件制作全文本的个性化电子杂志，来自用户的庞杂、海量信息造成了新闻内容的过剩，但同时每一个个体面对浩瀚的互联网又感觉无所适从，高品质、专业性、个性化的精品内容显得非常稀缺；渠道方面，除了传统的报刊、图书、广播、电视等媒介外，新技术的开发应用产生了网络、手机、移动阅读器、平板电脑、楼宇电视、车载电视、移动电视、航空电视、移动多媒体广播电视、电子书等更多的新媒介，多元化的渠道背后意味着渠道的过剩，也同时意味着针对性、有效率的渠道的稀缺。

新媒体造就了新闻产、供、销多元化的生态环境，也将用户带入一个在过剩与稀缺间焦灼的社会环境。然而，新媒体的力量就在于既因为新技术产生了一种情状，又能用更新的技术来解决这样一种问题。面对当下的互联网生态，SoLoMo 模式就是一种有效的路径，也是新媒体进入整合式传播的必然选择。

So、Lo、Mo，分别是 Social（社交的）、Local（本地的）、Mobile（移动的）的缩写，SoLoMo 是社交、本地和移动三概念的结合，也称“社交本地移动”。现在的 SoLoMo 概念主要应用于网络营销和商业模式的变革，其实 SoLoMo 模式同样适用于新闻传播及科学传播，能够形成一种基于内容本地化、方式社交化、获取移动化的整合式传播。

中国现有手机用户已超过 10 亿，手机上网用户也已达 5 亿，在移动状态下利用碎片化时间上网浏览、交流或享受网络服务将

成为新媒体未来的发展趋势。而为了节约自己的时间成本，提高网络使用效率，每一个用户将会更依赖与自己兴趣、爱好相近的社交圈，更关注与自身相关、与生活贴近的本地群落，而新媒体传播也自然转向依据用户的真实社交关系和地理位置推送更为精准的、有价值的新闻内容。

未来，我们能够实现这样一种期望：某一天，你去故宫博物院参观，当你用手机拍下太和殿的照片后，你的网络空间里立刻就能呈现出有关太和殿的背景知识和资料，最新的与太和殿或故宫有关的新闻、视频，互联网还会根据你的个人兴趣、爱好和时间安排给出精准的参观建议、参观贴士以及社交网络里其他朋友的推荐、介绍和心得体会。当然，如果恰好有同属一个社交网络的朋友也在故宫的话，互联网也会及时告知你，把朋友推送到你的身边。

SoLoMo模式不是社交化、本地化、移动化等功能的简单叠加，而是实现三者的立体整合，不止用于新闻传播、生活应用或网络营销，而且构建了一种新型的 SoLoMo 生态圈。

注释：

[1] 蒋宏、徐剑：《新媒体导论》，上海交通大学出版社 2006 年版。

[2] 李秦、褚晶晶：《浅谈新媒体条件下社会主义意识形态建设》，《出国与就业（就业版）》2011 年第 13 期。

[3] 熊澄宇、廖毅文：《新媒体——伊拉克战争中的达摩克利斯之剑》，《中国记者》2003 年第 5 期。

[4] 王诚：《新"比特"时代：通信文化浪潮》，电子工业出版社 2005 年版。

[5] 同注释 [1]。

[6] 信息来源：http://www.douban.com/group/topic/1358321。

[7] 信息来源：http://b2b.toocle.com/detail--5863959.html。

[8] 匡文波：《"新媒体"概念辨析》，《国际新闻界》2008 年第 6 期。

[9] 贾文凤：《新媒体的发展及其社会影响》，四川省社会科学院 2007 年硕士学位论文。

[10]《中国新媒体发展报告(2011)》：中国电子商务研究中心网站 2011 年 7 月 27 日，http://b2b.toocle.com/detail--5863959.html。

[11]《第 33 次中国互联网络发展状况统计报告》，中国互联网络信息中心 (CNN1C)，2014 年 3 月 5 日，www.cnnic.net.cn/hlwfzyj/hlwxzbg/hlwtjbg/201403/t20140305_46240.htm。

[12]《抗震救灾中的应急科普宣传》：http://blog.sciencenet.cn/home.php?mod=space&uid=2247&do=blog&id=29919。

[13] 朱登科：《突发公共事件中网络媒体应急科普的作用分析》，《科技传播》2010 年第 4 期。

[14] 中国科普研究所：《新媒体科普发展研究专题报告》，2010 年 12 月，http://www.docin.com/p-337082207.html。

[15] 刘莉：《数字化科普，影响力有多大？》，《科技日报》2010 年 3 月 18 日。

[16] 向志强：《〈中国科学传播报告（2010—2011）〉发布，公众期望专家传播科学知识》，新华网 2011 年 5 月 27 日，http://news.xinhuanet.com society/2011-05/27/c_121464944.htm。

[17] 王大鹏：《2012 年度中国十大科普事件特点试分析》，http://blog.sciencenet.cn/u/kepusuowdp。

[18]《2012 年中国网民网络社交及应用研究报告》，CNN1C,2013 年 6 月 28 日，www.cnnic.net.cn/hlwfzyj/hlwxzbg/spbg/201306/t20130628_40562.html。

[19]《艾瑞咨询：中国网络广告市场规模达 137.4 亿，核心媒体推动市场快速成长》，艾瑞网 2011 年 10 月 26 日，http://a.iresearch.cn/29/20111024/153893.shtml。

[20]《我国网络视频用户达 3.01 亿，逐步实现规范化管理》，央视网 2011 年 9 月 23 日，http://www.cctv.com/stxmt/20110923/106916.shtml。

第五章　科学传播的新媒体应用

■第一节　科学传播的发展与变革

一、变革科学传播理念

二、增强科学与社会互动

三、满足受众差异化需求

四、防范伪科学肆虐传播

■第二节　新媒体时代科学传播的趋势

一、科学传播主体的去中心化

二、科学传播内容回归科学的本质

三、科学传播转向三维互动模式

■第三节　新媒体在科学传播中的运用

一、丰富的图文视听资讯

二、动漫、虚拟现实的全新体验

三、数字出版物

四、科普游戏

五、数据库应用

■第四节　移动互联网的科学传播应用

一、手机报与科学新闻传播

二、人性化的实用自制讯息

三、APP应用普及、二维码技术与移动科普体验

■第五节　科学传播社交网络的互动体验

一、论坛、博客、微博等互动平台

二、泛科技主题的社交网络

建立在新媒体技术上的新媒体时代是一个与平面媒体时代、电子媒体时代既有联系又有新的发展的传媒时代，是一个融合了传统媒体与新兴媒体共生的传媒时代。在数字技术的催生下，新一代以数字技术为核心的新兴媒体成为时代的宠儿，在传播速度和传播质量上，使媒介信息发生了翻天覆地的变化。

科学传播是以提高公民科学素质，实现个人、社会、自然和谐发展为目的的全民终身科学教育和互动过程，加强科学传播是全面落实科学发展观的重要保证，是提高全民族文化素质、促进人的全面发展的重要基础。作为一种面向普通民众的传播过程，它的主要功能是使公众理解科学技术，掌握必要的科学技术知识，提高公众的科学技术素养，具备参与科学技术发展与应用政策讨论的知识基础。

第一节　科学传播的发展与变革

在新的环境与条件下，科学传播正在发生着重要的变革。科学传播的理念，已经从原来的科学普及、公众理解科学发展为科学传播的新理念；随着公民社会的发展，科学与社会的互动也不断增强；不同群体受众有着不同的科学传播需求；同时，各种伪科学也在新时期肆虐传播，产生新的危害。

一、变革科学传播理念

科学传播经过了三个历史阶段的发展，逐渐从传统科普、公众理解科学向有反思的科学传播转变，三个不同阶段表现出三种不同的科学传播模型。纵观科学传播的发展史，新媒体趋势下的科学传播理念亟须在新媒体时代这一传播环境中进行调整与变革。

科学传播是相对于科学原创的一个概念，它与科学的大众化有关。在过去相当长时间里，中国的科学大众化有两个传统：科技报道和科学普及。科学大众化是科普的重要特征，但从近百年的历史来看，科普主要是一种活动、工具或手段，而不是一种理论。“科普，作为中文的专有名词，在1949年以前并没有出现过。自1950年起，它是‘中华全国科学技术普及协会’的简称。大约从1956年前后开始，‘科普’作为‘科学普及’的缩略语，逐渐从口头词语变为非规范的文字语词，并在1979年被收入《现代汉语词典》中，终于成为规范化的专有名词。”[1]

与科学传播的三个阶段相对应，形成了三类科学传播模型：中心广播模型、缺失模型和民主（对话）模型（表5–1）。中心广播模型强调以传者为中心，多采用自上而下、单向灌输的传播方式（图5–1）；缺失模型虽呼吁公众理解科学，但它仍是专家提供知识的单向传播模式，并不承认公众在吸收和评价科学证据方面的能力，因此不断受到质疑（图5–2）；民主模型亦被称为对话模型，它摒弃了科学理性独断的基础，全面肯定了公众的态度和价值，以及参与科学的合理性，被认为是站在公民立场上的科学传播系统，目前得到多数人的认同[2]（图5–3）。

表5–1　科学传播的三个阶段与三种模型

科学传播阶段	模型	特点	立场
传统科普（公众接受科学）	中心广播模型	传者为中心自上而下单向传播	国家或政党立场
公众理解科学	缺失模型	专家提供知识单向传播	科学共同体立场
有反思的科学传播（公众参与科学）	民主（对话）模型	传播受众与主体多元化 强调公众态度及发言权 双向互动传播	公民立场

国内学者刘华杰认为，这三种模型分别反映了国家或政党立场、科学共同体立场及公民立场。民主（对话）模型的特点是：科学传播受众与主体均多元化；强调公众的态度，公众的发言权；科学素养低很少是自愿的（如中国农民、边远地区儿童等）；必须考虑社会正义，社会资源的公平分配；提高公民的科学素养，关键是正规教育，社会再教育起辅助作用，应当强调公民具有的权利。民主（对话）模型的理念与联合国1999年世界科学大会宣言《科学和利用科学知识宣言》是基本一致的，中国科技界的多位代表和官员也在此宣言上签了字[3]。

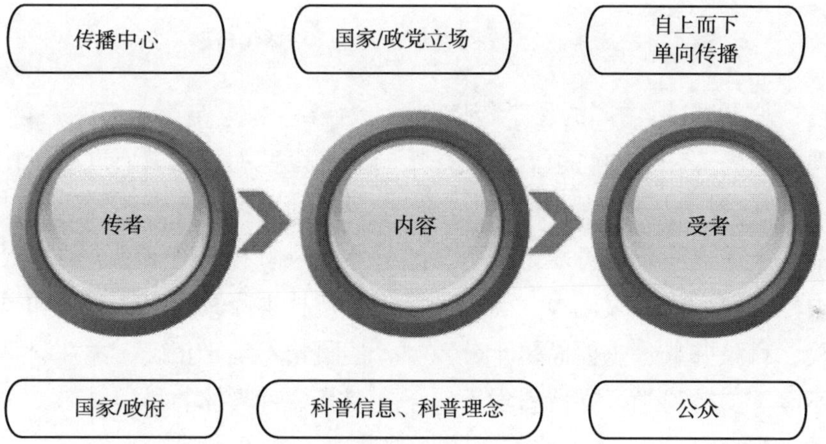

图5-1　传统科普：中心广播模型

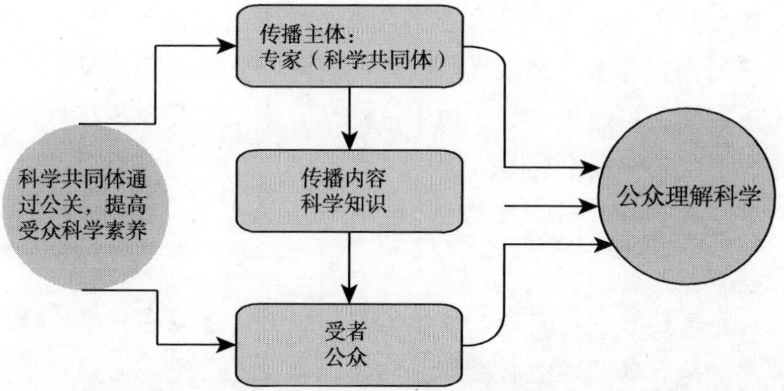

图5-2　公众理解科学：缺失模型

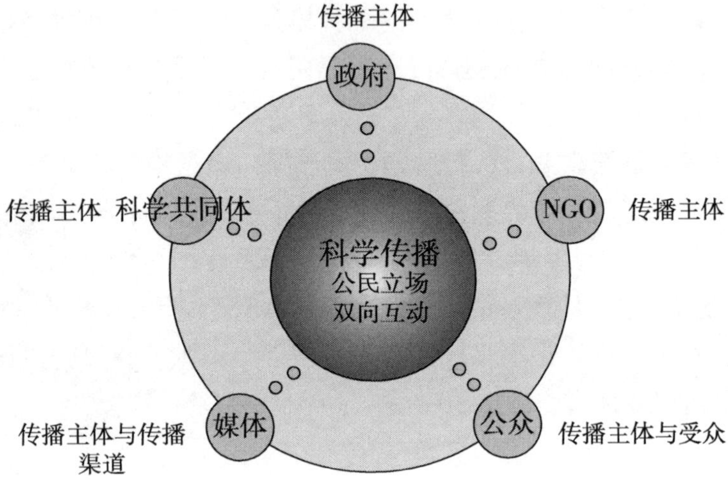

图 5-3 公众参与科学：民主（对话）模型

总的看来，中国的科学传播观念处于第一模型与第二模型之间，现在在局部和个别问题上已经开始向第二模型和第三模型过渡。在民主（对话）模型中，许多以前无法讨论的或者根本看不到的问题都浮出了水面，都可以讨论了，如科技的风险和不确定性、科技界内部不轨行为的曝光等。在此模型中，科技本身具有不确定性和风险；科技并非不重要而是十分重要，但科技不等于正确，关注科学不等于支持科学，支持科学不等于支持某一种具体的科学。

科学传播作为一种演化的事物需要不断更新观念。作为科学传播的主体之一的科技界，虽然对民主模型的态度因为其可能涉及科技的“公众形象”而经常处于矛盾之中，但中国已经步入公民社会、和谐社会建设这一不可逆转的历史进程中，公众的主体性应当得到尊重，民主（对话）模型对于新媒体传播时代的科学传播来说不可避免，有了民主（对话）模型，公众参与科技事务才有了坚实的理论基础。

二、增强科学与社会互动

科学传播立场转向公众参与科学提升了公众在科学传播中的地位。新媒体的发展必然增强科学与社会的互动，而这种良性互动则需要具有较高科学文化素养、理性、积极的公民，公民社会的培育建设成为科学传播面临的重要挑战。

公民社会是国家和家庭之间的一个中介性的社团领域，这一领域由与国家相分离的组织所占据，这些组织在同国家的关系上享有自主权并由社会成员自愿结合而形成，以保护或增进他们的利益或价值。我国公民社会的培育在21世纪之初有较显著的进展，尤其在重大公共危机出现时，公民的力量凸显并推动公民社会一步步向前[4]。近几年，圆明园防渗膜事件、汶川大地震的预报问题等，公众均有广泛参与的屡见不鲜。总体上看，公众对相关事件的参与促进了信息公开，传播了科技知识和科学方法，甚至在全社会促进了科学精神的传扬。在最终意义上，这种参与反映了大科学的时代特点，促进了社会和谐和公民社会的建设[5]。

新媒体与媒介融合有力地推动了公民社会建设，为公民自觉参与到公共事务中提供了更多的机会和可能，尤其在网络进入Web2.0时代后，其开放性和社会性的特征，既鼓励用户参与、创造并分享信息内容，使网站的服务更具吸引力；又表现为网络用户参与和交往的社会性。再加上手机的普及，使公民无论线上线下都能进行有社会意义的交往，并可以将虚拟社区和现实社会结合起来，形成联动，增强公民的力量。同时，公民也能充分利用网络让科学传播进入寻常百姓家庭，如科学松鼠会。

科学松鼠会是国内影响力较大的一个科学群博客。科学博客最早出现于美国，多以高校、科研机构中的研究人员撰写的博客为主，主要是在网络中进行科学知识传播。2008年4月上线的科学松鼠会是一个来自中国民间的群体博客，它认为科学对许多人来说就像是一枚枚难以开启的坚果，希望自己能够像松鼠一样，打开科学的坚硬外壳，将有营养的果仁剥出来，帮助人们领略科学之美妙。科学松鼠会一直以科学写作、高互动性的线上交流、图书出版以及丰富多彩的线下活动来推进科学传播，成立仅半年就获得了“德国之声”全球最佳博客和最佳中文博客两项公众奖，并在同年12月，作为民间人士网络科普的新生力量入选2008年度中国科普十大事件[6]。

科学松鼠会成立于当今提高全民科学素养的强烈诉求下，其团队成员大多来自国内外院校的一线科研工作者、媒体的科学记者和编辑，还包括科学家、科幻作家等。根据美国对其科学传播和互联网的一项调研，如果能够雇佣到有新闻工作背景和技巧的记者来采访和编辑科学信息，网络向公众传播科学的能力将会加强。科学松鼠会的写作团队恰恰契合了传播主体专业化的要求。在传播效果上，科学松鼠会通常以公共事件为出发点，通过科普专辑强化传播效果。例如，公共卫生领域的“牛奶”、“禽流感”等危机事件，与时事紧密联系的“奥运”、“2009年日食”，甚至流行于年轻人口中的“宅”等，都成为公众获取科学知识和科学精神的公共事件。虽然一些有着广泛影响力的社会公共事件本身没有体现出科普概念，但科学传播和公共事件相结合便可以产生出极强的传播效果。

科学松鼠会发展成为有一定品牌影响力的群体博客，还得益于丰富多彩的线上线下科学传播活动。如“小姬看片会”在分享科学电影的同时，邀请松鼠会成员或者科学家一起交流科学话题；“达文西行走中队”带领大家“去平常进不了的科学场馆，见平常见不到的科学大腕”。而定期的读书会、征文比赛和讲座等线下活动都是发起于网络，开展于现实空间的人际交流。此外，科学松鼠会还承办了2009年首届科学嘉年华，并精选网站上百位“松鼠”近三年创作的上千篇文章合成出版了一本书《当彩色的声音尝起来是甜的》，从口腔溃疡到国际空间站，从玫瑰花到数学思想实验，内容天马行空，文字灵动活泼，一改传统科普的严肃面孔，一举获得巨大成功[7]。

虽然以全体国民为背景，科学松鼠会的受众还是少数，但在公民科学素养亟待提高的今天，科学松鼠会这个小群体却显露着大能量，成为科学传播探索的新路径。不难看出，在新媒体的家庭成员中，博客利用 Web2.0 技术特征，创造了一种全新的传播文化和宽松的知识传播氛围，利用个体对知识信息的自由生产方式拓展了信息空间，对信息空间的延伸创造了满足公众信息需求的一个传播渠道，造就了一个更具有发散性的信息平台。在博客这种传播方式下，科学知识资源得到了最大限度地扩散，一些有价值的科学思想、科学发现更易得到讨论、交流。科学传播中的博客应用拉近了科学界与公众的距离，成为两者间互动交流的桥梁。

三、满足受众差异化需求

在新媒体时代，科学传播受众的主体地位得到前所未有的提高，个人自我实现的潜力被最大限度地挖掘。科学传播中传受一体、传受互动、传受互换成为可能，也变得更容易。

科学传播受众主体地位提升的同时，分众化的趋势日趋明显，受众范围更广，主动性更强，匿名性、复杂多样化和点状分布式多元化的新特点更加突出，差异性、个性化需求更为显著。如何根据不同区域不同人群的媒介选择能力和科学信息需求，提出符合受众群体特征的科学传播新模式，避免信息传播失衡，防止科学传播不均甚至缺失所带来的社会分层激化，是当前科学传播研究与实践中一个不可回避的挑战。

科学传播受众需求的差异化，加剧了科学传播模式的裂变。首先，受众区域化特征明显，分区域传播势在必行。科学传播水平与经济发展状况息息相关，媒介技术在不同地区发展不均衡，不仅表现为科技传播基础设施建设如科技馆、博物馆因经济水平的高低而大不相同，也表现为当地媒体资源的丰富性及发达程度与之相关。比如在广大农村地区、偏远山区，广播、电视仍是科学传播最有效的传播平台，受众在接受科技信息时仍然处于被指导、被教化的地位。而在城镇地区，受众不再是铁板一块，定制化服务需求明显，窄播将成为主流。其次，受众分层严重，小众传播迫在眉睫。新媒体的多样性融合使曾经同质化严重的普罗大众裂变成不计其数的小众群体，他们对于科学信息的接收能力和接受程度各不相同，更需要个性化的传播模式[8]。因此，科学传播模式需要综合考虑受众的媒介接触习惯及反馈能力，以适应受众的多样化和差异化的科学信息需求。

四、防范伪科学肆虐传播

当前新媒体个性化突出、草根色彩强烈，但由于缺乏严密的信息监管措施，很多伪科学信息有可能通过新媒体（如手机、微博等）广泛传播。伪科学信息打着科学的旗号在网络上横行，并被许多平面媒体大量转载，误导人们对科学的认知，给邪教和封建迷信、现代迷信造成可钻的空子，对科学知识的普及产生恶劣的影响，阻碍人们获取真正的科学知识。防范伪科学的肆虐传播，呼唤新媒体科学精神，成为科学传播面临的重要挑战之一。

伪科学是指把没有科学根据的非科学理论或方法宣称为科学或者比科学还要科学的某种主张，如星占学、维里科夫斯基碰撞理论、李森科的无产阶级遗传学等。伪科学不同于一时的科学错误，它是一种社会历史现象，要害在于，它在特定的时间和地点冒充科学，把已经被科学界证明不属科学的东西当做科学对待，并且长期不能或者拒绝提供严格的证据[9]。新媒体易为传统的迷信活动披上科学的外衣，给这种伪科学的生存提供更广泛的空间。现实生活中的占卜、问卦、算命等迷信活动利用新媒体的传播特性和技术手段，披上科学的外衣变相传播，电脑算命、星座测试、预测未来等伪科学的迷信活动在新媒体的传播领域里仍旧活跃。此外，解剖外星人等假科技新闻，往往利用博客、手机短信等覆盖面较为广泛的特点大肆流传，一些新媒体传播科学知识的真实性、可靠性令人生疑。同时，新媒体高度的开放性也暴露出缺乏严密监管的缺点，严肃谨慎的科学问题娱乐化、低俗化，侵犯了真正的科学知识的权威形象。

第二节　新媒体时代科学传播的趋势

以数字技术为核心发散形成的新媒介群成员众多，与旧媒体相比，新媒体呈现出更全面、更方便、更完美的创新形态。互联网实验室给三网融合形势下的新媒体下的定义是："基于计算机技术、通信技术、数字广播等机制，通过互联网、无线通信网、数字广播电视网和卫星等渠道，以电脑、电视、手机、IPTV、MP3、MP4实现的以能够实现个性化、细分化和互动化的传播方式，部分三网融合新媒体在传播属性上能够实现精准投放，点对点的传播。基于互联网的有电子书、电子杂志等，基于数字广播的有数字电视、车载电视等，基于无线网络的有手机短信，还有跨网络包括 IPTV 等。”[10]

新媒体的传播优势对于科学传播的影响主要表现在以下三个方面。

第一，提高科学传播速度，拓展传播空间。全球化传播网络使人们真正跨越了时空的阻隔，大大扩展了科学传播的层面和广度，这是电子媒介时代、平面媒介时代无法想象和完成的。

第二，丰富表现形式，增加表达手段。凭借文字、图片、视频、音频、Flash 动画技术等多媒体传播特性，新媒体丰富了科学传播的表现手段，通过多种传播要素营造逼真的现场虚拟环境，展示新科技、新知识等科学内容，使公众身临其境，亲自动手，亲身体验。

第三，带来公众接收科学信息的便捷化与低成本。相比报纸、广播、电视等传统媒体，新媒体的电脑、手机、电子播放器等各种移动终端都为迅捷、实时传播与接收科学信息提供了便利条件，只要拥有一部手机或者是能够上网，就可以轻松地看到科学的世界，没有时空的限制与阻隔。

一、科学传播主体的去中心化

科学传播系统被认为是一个动态反馈系统，行为主体自身和行为主体之间都有反馈关系，主要包括科学共同体、政府、媒体、公众和非政府组织五大主体（图 5-4）。其中，科学共同体是指遵守同一科学规范的科学家所组成的群体，是科学知识的生产者和创造者，通过内部传播和向公众传递科学知识和信息，处于科学传播的核心地位；政府作为科学传播的主体主要通过制定科学传播政策、宏观调控国家科学传播活动、建设各类科学传播基础设施如科技场馆、博物馆等来实现科学传播；非政府组织 (NGO) 可以弥补政府失灵和市场失灵导致的科学传播盲区，因其传播形式的多样化和隐藏于民间的组织架构上的灵活性，而在各国的科学传播中发挥着越来越重要的作用；媒体在科学传播中既是渠道，也是主体之一，新媒体的出现使受众接触科学信息更便捷，主动性增强；公众既是科学传播中的主要客体，也是科技传播中的重要主体力量，因为公众也可通过向他人传递自己所掌握的科学知识而进行科学传播活动[11]。

科学传播这种互相嵌入式的多元主体特征使得主体内部成为一个循环系统，主体之间相互联系、相互作用，造就了科学传播复杂的多样化局面，如公众可能是信源，也可能是信宿。新媒体与科学传播的结合，使得科学传播的主体中心消解，从而走向以公众为主的多元化主体。学者刘华杰认为，传统科普、公众理解科学、科学传播是三个不同阶段的事物，构成了一个时间发展序列，三者的立场分别是国家、科学共同体和公民[12]。在传统科普和公众理解科学两个阶段中，站在科学发展最前沿的科学家是“第一发球员”，科普作家是“二传手”，媒体是科学传播的渠道和主力，政府和非政府组织发挥着促进科学传播的重要作用。据英国的一次国家级调查表明：80% 的人认为，科学家应该花更多的时间向公众谈论相关的科技发展对公众的影响[13]。

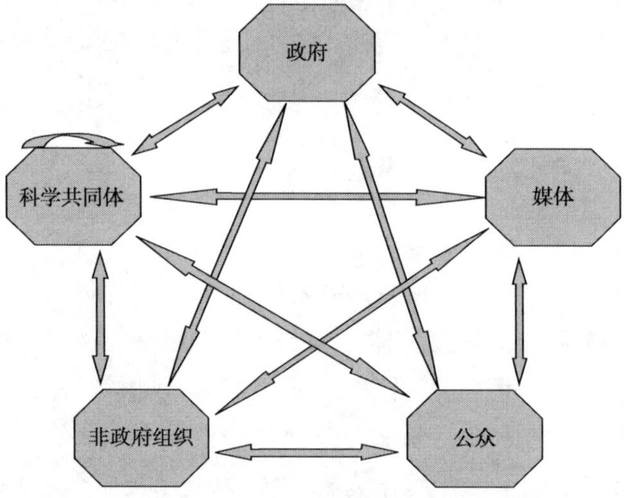

图 5-4　科学传播的主体结构

然而，进入新媒体融合趋势下科学传播新阶段，新的媒介种类和传播形式使科学传播更加繁杂，传统的科学传播方式必须重新考虑自己的位置；作为传者的主体更易发生黏聚和互动，同时向交叉融合的方向发展，如媒介作为主体之一，使科学传播的主体合作和受众扩张得以突破；普通公众有着越发强烈的意愿参与到科学发展中来，越来越多的人开始强调了解科学、欣赏科学、利用科学、参与科学是公民的权利之一。

随着大众媒体的发展，科学的大众化传播越来越受到重视，普通民众呼唤科学的呼声日益高涨，科学传播越来越无法回避面向受众传播的问题。同时，新媒体时代的科学传播与传统的政治色彩浓厚的科普不一样，不再是单向的强制性的上令下达的过程，而是一个双向互动的传播过程。当科学传播的主体中心消解之后，新媒体带来的双向互动和多元化便具有了现实意义。

二、科学传播内容回归科学的本质

以互联网为代表的新媒体以强大的跨媒体整合功能极大地丰富了科学传播的内容，同时新媒体的发展与应用也不断促使科学传播内容逐渐回归科学的本质。

在科学传播中，科学知识一直是主要的传播内容。然而，科学不仅是技术，还是思想，是人类文化的一部分。除了科学知识，科学的本质还包括科学的世界观、科学探索方法和科学事业等方面。公众理解科学，要理解的不仅是科学知识，还有对于科学这种人类文化活动和社会活动的整体理解，包括抽象的科学精神、科学思想、科学方法，具体的科学史、科学与社会的关系等。在全球化的当今时代，无偏向地向公众全方位介绍当今科学的社会运作过程，反思科学以及科学时代传播科技的进步都是科学传播极为重要的内容，科学社会学和科学知识社会学均为此打开了重要的窗口。

在新媒体环境下，科技类博物馆网站日渐成为一个以实体博物馆为基础的科学传播网络平台。以近年来蓬勃兴起的数字科技馆为例，网站不受时空限制、方便快捷的优势，使科技类博物馆网站的科学传播功能受到越来越多的关注。依照国际标准，科技类博物馆主要包括科学中心（我国多称为科技馆）、自然博物馆、专业科技博物馆、天文馆、地质馆、水族馆、标本馆等[14]。美国最早于20世纪90年代初开始进行博物馆的数字化探索，目前美国的科技类博物馆网站发展较为成熟，功能定位明确，通过对科学内涵直观、整体的表现，发挥了强大的科学传播功能。对科学研究过程、科学工作心得及科学研究的社会意义的强调，加强了受众对科学本质全面、深刻的理解。具体来说，其科学传播内容主要有以下四个方面。

一是科学事实，即以观察记录为基础，在一定科学概念框架中对观察到的现象的一种解释[15]。例如，美国自然历史博物馆（American Museum of Natural History）网站的“蜥蜴和蛇”栏目，以人们耳熟能详的两种动物切入，展览页面进而铺陈开来，介绍了爬行动物的行为特点、进化等关键知识，并把这些知识与美国《国家科学教育标准》相比照，为不同年级的教师提供教学参考[16]。网站以展览为基础提供扩展性的科学知识，丰富了实体场馆展览的内容和形式，也扩展了实体场馆科普资源的分享平台。

二是科学研究过程，即科学家对自然界进行探索的过程，这个过程包括观察、猜想、实验、验证等步骤。美国科技类博物馆网站对科学研究过程的重视，帮助学习者了解科学探究的过程、发现并解决科学探索中的各种问题，加深了对科学方法的认识。如旧金山探索馆网站(The Exploratorium)上,“证据”(evidence)专题的站点以人类起源为例，策划了观察行为、搜集线索、调查关系、考察可能性等步骤，阐述了科学研究的整个过程，探索了科学上的证据是如何用来验证现有结论的。网站以科学研究过程为线索整理人类起源方面的知识，使受众不仅能获得科学知识，而且帮助他们理解探索世界、解决问题的重要方法[17]。

三是科学理论，即揭示科学事实、现象的理论依据，由科学概念、科学原理及对这些概念、原理的理论论证组成[18]。但由于博物馆的科学传播不同于正规教育，在科学理论传播方面的效率相对较低；另一方面，博物馆也是大众传播的媒体，如果传播内容难度大、不易理解，则不能满足受众的需求。所以，科技类博物馆网站对难度较大的科学理论的呈现较为简单[19]。

四是科学研究的社会意义，指的是科学研究成果对社会发展的影响以及科学研究成果与人类生产生活的关联，突出了科学的社会属性，该类科学信息让普通公众站在更为宏大的视角理解科学和社会的关系，有利于唤起公众的兴趣。比如，在美国自然历史博物馆网站上，“丝绸之路”（the silk road）主题性站点中，以诙谐的语言和卡通画的形式，加入了大量的社会元素，包括吐鲁番地区烹饪鱼的方法、丝绸的制作方法及科学原理、骆驼的生存方式及货运路线等。这些内容让科学走下神坛，使普通公众更易接受。在科学教育方面，娱乐化的故事和历史也为科学教师的课程提供了“调味品”[20]。

三、科学传播转向三维互动模式

无论是传统科普阶段、公众接受科学阶段，还是公众理解科学阶段，传统大众媒体的科学传播模式都是一种单向式的传播结构，传者与受众主客体二元对立，传者在传受关系中居于主导地位，受众处于相对被动的地位。直到公众参与科学阶段，公众对科学的协商功能得到承认，与科学的对话成为可能，某些传播行为变成自下而上式传播。

在新媒体融合趋势下的科学传播过程中，传者（传播主体）、受众（客体）和媒介融为一体，有时主体即是客体，如科学共同体和公众，有时主体亦是渠道，如媒介，任何单一的传播模式都无法满足科学传播的要求。融合带来了传播中心的多元化趋势，并相互交叉和互换，因此，将科学传播过程视为循环系统，建立多元中心对话模式成为新趋势。只有构建“传者—媒介—受众”三维互动模式，才能提高科学传播的效用，实现主体与受众间的高效对接（图 5-5）。

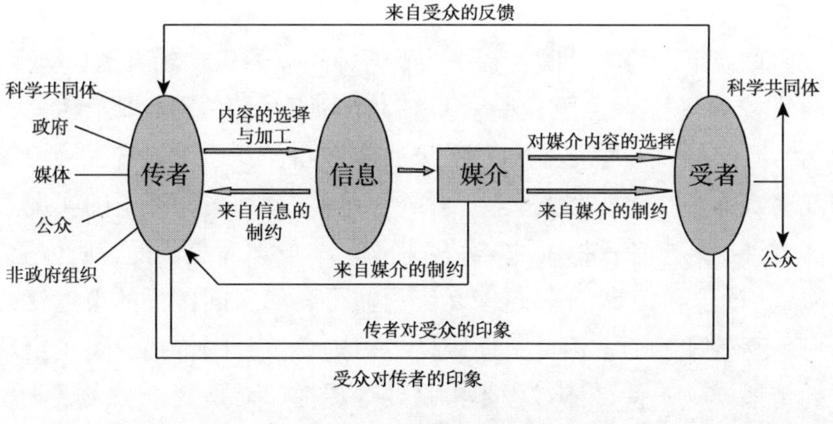

图 5-5　“传者—媒介—受众”三维互动模式

基于数字技术的数字电视、手机媒体等，为实现科学信息双向、互动、共享提供了平台，特别是由一系列网络新技术发展而来的 Web2.0 技术应用和发展，包括博客、简易信息聚合(RSS)、维基百科、微博等，使网络由过去的中心化转向分散化，用户可以在网上获得更多传播、分享、交流的自由。比如微博的大行其道，使科学传播强调的“双向、互动、共享”能够发挥到我们前所未见的程度，除了受众和传播者可以直接通过微博对科学信息进行实时交流，传者与传者之间、受众与受众之间也可以进行实时互动。受众参与科学传播的方式在不断发生变化，科学传播强调的主体多极、平等交流与对话的要求能够通过新媒体中的网络媒体、手机媒体和微博等媒体形态得以实现。

第三节　新媒体在科学传播中的运用

新媒体的出现使传播过程变得更为便捷、海量和人性化，同时也对科学新闻传播的模式提出了新的挑战。新媒体之所以区别于传统媒体，最重要的一点在于它给予受众前所未有的影响力，使得过去被动接受的过程逐渐转变为主动获取，途径也由单一转向多元，如运用互联网或其他新媒体终端获得更为直观快捷的科学信息。

在当下的科学新闻传播中，新媒体可以通过现场直播、动漫、网络视频等技术手段让受众身临其境地感受科学知识及相关活动，同步接收科学信息和科学家的声音图像，通过博客、微博等互动媒体发布意见参与其中，如“神舟”系列飞船发射的实况直播节目、墓穴考古挖掘的实况直播等。多媒体背景下的视听体验、Flash 动画和仿真…… 这些新应用使得科学新闻传播的渠道变得更为高效和畅通。因此，新媒体应用为科技新闻传播提供了全新的传播模式，使传播过程不再是线性传播，而是复杂和人性化的双向、多向传播。

一、丰富的图文视听资讯

如今，网站的科技新闻传播充分利用多媒体技术，实现了图文并茂、生动逼真的视听信息传送，很多科普网站更是将科学家们实验过程的精彩部分或利用计算机模拟的某个科学现象记录下来，使受众通过阅读、视觉和听觉来全方位地感受科技。

在利用图文资源和视听技术方面，中国国家地理网（http://www.dili360.com）、时间科普网（http://www.time.ac.cn）、中国地震科普网（http://www.dizhen.ac.cn）（图 5-6）做得较好，大量新闻及相关信息采用视频等帮助受众直观地了解科技。

图 5-6　中国地震科普网网站首页截图

（资料来源：http://www.dizhen.ac.cn）

中国国家地理网是《中国国家地理》杂志社授权的内容资源独家专享网站，其网站内容丰富，且贴近百姓，图片精美，集知识介绍与旅游相关服务于一站。时间科普网是介绍时间频率科学知识的网站，它通过通俗、趣味和艺术的表现方式，向受众展示了时间科学的前沿动态、相关科技事件的科学内涵，以及时间对人们日常生活产生的重大影响，网站定位更为专业与细化，内容涉及时间奥秘、感知时间、大尺度时间、时间计量、时间展馆、相对论时间、视频动漫等多个方面，如“时间展馆”主题包括了太阳钟、火钟、流体钟、机械钟、电钟、石英钟、电波钟、原子钟、光钟、脉冲星钟等多个细分领域的内容。同时，作为专业科普网站，其知识性强，体验度深、科技含量高、内容科学可靠，多媒体手段也应用得当。此外，同样是专业科普网站的中国地震科普网通过图片、视频等多种形式进行地震科普，网站首页极具视觉冲击力，内容贴近受众，充分利用多媒体资源，如“影像中心”主题，用户可以轻松浏览到科教片、资料片和一些国内外的地震影像资料，翔实生动。

在多媒体时代，IPTV 的出现给人们带来了一种全新的电视观看方法，它改变了以往被动的电视观看模式，实现了电视以网络为基础按需观看、随看随停的便捷方式。随着河北省开通我国首家网络科普电视台，全国各地相继出现了类似的科普主题视频网站或栏目。其中，中国公众科技网的“科普影院”（http://movie.cpst.net.cn）是国内建设较为规范、内容丰富、更新速度快的专业科普视频栏目，影片内容旨在科学普及，浅显易懂、趣味盎然。从页面设计到视频内容，浓郁的科技探究氛围和实用性，适合尽可能广泛的受众，无论是青少年、社区居民、农村人口，抑或是文化层次较高的人群，都能欣赏到适合自己口味的影片，是利用新媒体打造科技传播平台的成功案例（图 5-7）。

另外，在综合类科普网站中也有很多经典案例，如网易探索频道依托网易综合门户优势，与中国国家地理等多家媒体开展合作进行科学报道和知识普及。探索频道主要从地球、城市和人三个栏目进行内容组织，在“地球”主题中，对天文航天、动物世界和自然地理等方面进行报道和阐释，“城市”主题则包括城市建设、能源环保和重大灾难等方面，“人”的主题中，从生命医学、生活百科、科技生活和食品安全等方面来组织。人民网科技频道依托人民网强大的综合网络平台进行科学报道和知识普及，该频道充分发挥图片视频的多媒体优势，结合科学报道、独家策划、人物访谈、评论互动等形式来组织网站结构。

图 5-7　中国公众科技网网站的《科普影院》截图

（资料来源：http://movie.cpst.net.cn）

2013 年 5 月，中国科普网改版上线。在继承原中国科普网名称、域名和相关内容的基础上，新版中国科普网由科技部政策法规司主办，科技日报社和中国科技网承办，实现科普与科技热点、民众生活紧密结合，科普传播内容与网民需求准确对接，形成新闻资讯、科学生活、线上互动、线下活动、科普资料库等五大主题内容，强化了与网民的深度互动[21]。

由此可见，互联网技术的飞速发展丰富了新闻传播的形式，加快了新闻传播的速度，拓宽了新闻信息的覆盖范围，在一定意义上打破了传统媒体在时间和地域方面的局限性。与此同时，特别是面临焦虑、紧张和其他危急情况下，广大受众最需要科学知识和科学方法的指导，从汶川地震以及日本福岛核电站事故中便可看出，而此时也正是利用新媒体开展科学传播的最佳时机。

二、动漫、虚拟现实的全新体验

伴随互联网技术的飞速发展，动漫作为一种集文学、美术、影视等多种领域于一体的综合艺术形式，正以其独特魅力进入科技传播领域。动漫这一新媒体应用对科学新闻传播起到了很大的推动作用，它可以更为生动形象地调动受众的感官体验，使得晦涩难懂的科学知识能够瞬间以一种简洁明了和富于亲近感的方式呈现给受众。

因此，动漫作为传播科学的重要渠道之一，可以通过电脑模拟图景让观众感受某种场景，借助动画这种简单易懂、生动有趣的形式，传递科学知识，在传播过程中有事半功倍的效果。例如索尼探梦网站作为公益性科普网站，应用了索尼在数码、IT、音视频等领域的尖端科技，展品多以“光”与“声音”为主题，可以让参观者体验到世界最先进的数字技术带来的光与声音的艺术与乐趣。网站分为几个大栏目：场馆信息、游客服务、线上参观、虚拟展厅、探梦新闻、探探空间、索尼科普剧场、我的 CG 动画下载等。“场馆信息”主要发布探梦新闻、场馆日历、最新活动等信息；“游客服务”主要发布场馆位置、开闭馆时间、服务设施等相关信息；“线上参观”主要包括探梦地图，展品介绍和主题活动等内容；“虚拟展厅”是以动画和图片的形式展现实体科技馆的立体地图，可通过键盘和鼠标的操作，供观众设计游览路线，在虚拟的场馆里参观，走到展品和工作人员附近时，还可以了解实地详情；“探梦新闻”发布索尼探梦科技馆活动通知、展览宣传等；“探探空间”是索尼探梦明星主题博客，包括探探实验室、探探俱乐部、科普俱乐部等内容，“索尼科普剧场”播放《探梦实验室》系列短片，寓教于乐；“我的 CG 动画下载”可以下载自己参加索尼探梦活动时的图片，制成微电影。索尼探梦网站图文并茂，生动形象，与实体索尼探梦科技馆相呼应，是一个参与性很强的虚拟网上科普乐园。

2011 年 11 月 1 日，“神舟八号”无人飞船由改进型“长征二号”F 遥八火箭顺利发射升空，它是中国“神舟”系列飞船的第八艘飞船，也是这一年中广受关注的一件科技界大事。由人民网科技频道推出的“神舟八号”全景报道专题全程记录了此项重大事件（图 5-8）。专题中，频道运用了 3D 模拟、动画、互动问答游戏等新媒体形式进一步提升了受众的网上体验。在 3D 模拟报道中，“天宫一号”发射过程被分解为模拟操控“天宫一号”发射、发射场区漫游和“天宫一号”全方位展示三个部分，观众任意点击其一即可进入到虚拟场景中，背景音乐逼真恢弘，画面高清动感，可谓是将科普知识更加形象生动地展现在受众面前，也更易于理解，且可重复操作，相比电视等传统媒体赋予了受众很大的自主空间。

2012 年 6 月 16 日 18 时 37 分，“神舟九号”飞船在酒泉卫星发射中心发射升空。6 月 18 日与“天宫一号”实施自动交会对接，这是中国实施的首次载人空间交会对接，并于 6 月 29 日 10 点安全返回。在“神舟九号”报道中，人民网首次将异地音视频直播的阵地设在北京飞行指挥控制中心前方演播室，首次使用 3G 传输设备同步传输视频画面和声音，通过图文视频直播，同步解说发射、对接、太空对话、返回地球等“神舟九号”任务重大节点，邀请嘉宾分时段参与互动等形式[22]，为受众提供了全新的视角。

图 5-8　人民网科技频道“神舟八号”全景报道专题中的 3D 模拟栏目页面截图

（资料来源：http://3d.people.com.cn/tiangong/ShenBa_Index.htm）

又如，公益性科普服务平台中国数字科技馆（http://www.cdstm.cn）通过浏览馆、体验馆的建设，精美的多媒体展现形式，让受众能够深入科学内涵，体验研究过程，同时充分感受科学的快乐以及科技文明的魅力。网站利用多媒体技术，将科学抽象的概念形象地表达出来，使读者获得专家指导下的全新阅读过程性体验。特别是通过远程虚拟环境的设备，用户还能实时共享许多国内重大科研课题、重要科研设备及重要科研数据，参与科研活动，了解科研过程，进而把握我国科学事业发展的脉搏。其中，科普动漫作品库集成各种制作简便、生动活泼、形式灵活多样的科普动漫作品，以生动活泼的方式阐述科学知识，既可表现科普事件，又可展示科学原理，满足了受众浏览、查询、检索、下载数字化科普动漫作品的需求。

此外，北京中医药数字博物馆的三维展示同样给读者以全新的信息接收体验，网站中的明清太医院复原、典故趣闻动漫，都是将最新的新媒体技术运用到传播中，很好地转换了信息本身具有的抽象与形象的关系（图 5-9，图 5-10）。

图 5-9　北京中医药数字博物馆网站的典故趣闻动漫截图

（资料来源：http://www.tcm-china.info/zyybwg/gt/flash/index.htm）

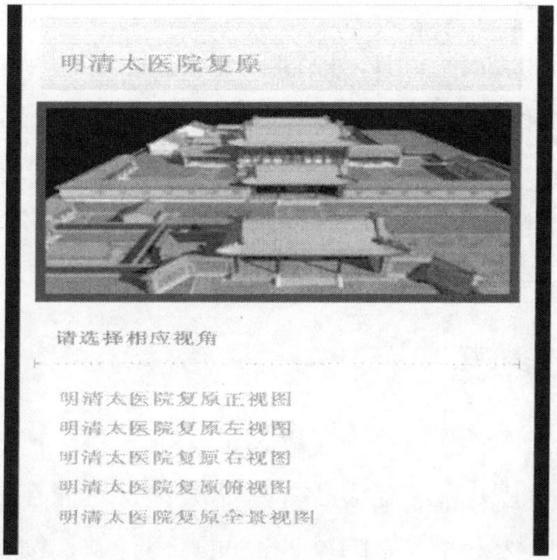

图 5-10　北京中医药数字博物馆网站的三维展示——明清太医院复原截图

（资料来源：http://www.tcm-china.info/zyybwg/gt/shapan/shapan.swf）

三、数字出版物

大量出版电子科普书，发展网络科普电子书阅读，也是科学新闻传播的可选渠道之一。电子书是利用计算机技术将一定的文字、图片、声音、影像等信息，通过数码方式记录在以光、电、磁为介质的设备中，借助于特定的设备来读取、复制、传输。电子书代表着人们所阅读的数字化出版物，从而区别于以纸张为载体的传统出版物。电子书又称 e-book，现在不少人已养成阅读电子书的习惯。由于手机功能的不断发展，电子书在手机上阅读的前景也十分宽广。而手机用户是个非常大的市场。

电子杂志，又称网络杂志、互动杂志。电子杂志是一种非常好的媒体表现形式，它兼具了平面与互联网两者的特点，且融入了图像，文字，声音、视频、游戏等相互动态结合来呈现给读者，此外，还有超链接、及时互动等网络元素，是一种很享受的阅读方式。电子杂志延展性强，未来可移植到掌上电脑（PDA）、移动电话、MP4 播放器、掌上游戏机（PSP）及数字电视、机顶盒等多种个人终端进行阅读。例如，中国国家地理网以品牌下杂志各期刊精彩内容及活动信息为基础，网站内容包括：中国国家地理杂志社旗下的《中国国家地理》、《博物》、《中华遗产》等电子杂志，提供户外旅行介绍、深度旅游一站式解决方案，包含路书、攻略和电子地图等。值得一提的是，电子杂志是网站的重点内容，频道内提供了杂志订阅、阅览器下载等多项服务，是对其线下实体杂志的宣传和推动。

四、科普游戏

近年来，网络游戏作为互联网的一项支柱性产业实现了突飞猛进的发展，也引起了社会各界广泛关注。然而在科学新闻传播领域，科普游戏还有很大的发展空间有待开发，需要更多具有科普教育意义的作品去占领游戏市场，进而引导游戏产业健康发展，真正体现游戏寓教于乐的特点。

中国科普博览网站就专门设有科学游戏栏目，栏目中有大熊猫擂台、非典女孩、虚拟航天、打捞陶瓷、网上草原游、地震中逃生这样的小游戏，生动有趣，通俗易懂。用游戏的方式来直观地展示科学，通过游戏帮助受众解开自然科学的秘密，了解自然科学的规律，探索动植物的行为方式。并且，这些科学游戏都非常简单，操作起来毫不费力。与此同时，这些网上的虚拟游戏里却藏着并不简单的科学原理，不但可以帮助孩子学习科学知识，激发对科学的兴趣，也开阔了孩子的眼界，培养了孩子的兴趣爱好。

2010 年，中国科普博览网站开通了 SNS 青少频道“科学家园”，其中的互动游戏《化石猎人》与开心网的农场游戏有几分相似（图 5-11）。作为新型科普网站，中国科普博览将社交网络下的互动游戏引入到科学传播中，改变了以往传统科普模式中刻板老套的灌输知识方式。《化石猎人》就是以一种酷似开心网、人人网等 SNS 交友网站的形式，通过生动的科普游戏，让那些对科学知识有兴趣的受众，特别是青少年朋友充分享受科学背后所蕴含的乐趣。

中国科学院计算机网络信息中心网络科普教育中心肖云曾介绍说，编写《化石猎人》使用的技术虽然与那些农场游戏类似，但在这个游戏简单的界面背后，蕴含着丰富的古生物学知识。例如，古生物学家在野外挖掘化石的时候，要根据化石埋藏状况的不同选择相应的工具，埋在沙中的化石只需清理上面的沙子即可挖出。但如果化石被坚硬的岩石所包裹，就必须借助风镐等工具方可挖掘。而这些古生物化石在挖掘中可能遇到的情况，在《化石猎人》里均有所体现[23]。

图 5-11 中国科普博览网站的“科学家园”栏目截图

（资料来源：http://jiayuan.kepu.cn）

又如，目前最大的国家级公益性科普网站中国数字科技馆，其游戏栏目类别丰富，互动性强，包括自然科学、益智乐园、宇宙探索、防灾自救、虚拟生活、工程技术、动手实验、气象等八大类。其中，“动手实验”的游戏数量最多。同时，网站上还设置了最新、最热、推荐等专区，网友可以上传游戏，同时专门设有游戏活跃用户的排行。

五、数据库应用

随着信息爆炸时代的来临，互联网虚拟世界逐渐变得复杂多样。可以说，虚拟世界呈现出了随意性、杂乱性、无序性等主要特征，而数据库具备对杂乱数据的结构化、秩序化、规则化的整理、挖掘、互联，以及便捷的检索和传播功能，将对互联网领域的信息传播起到良性作用。

在国内众多科普网站中，中国数字科技馆是整合现有资源、充分发挥资源功能、提高资源社会效益的具有代表性的科普网站之一，是我国政府在新形势下搭建的一座数字化科普资源共享平台。中国数字科技馆集成全国现有的科普产品、创作素材和信息资源，加工、整理，形成科普信息资源数据库，根据资源的版权属性向社会提供不同层次的共享服务，为创作科普作品、开发科普产品及开展科普活动提供服务。2007 年 11 月，中国数字科技馆获得了 2007 世界信息峰会（WSA2007）颁发的最佳电子科学（e-Science）奖。世界信息峰会是国际上唯一由联合国组织的数字传播评价机构，这一奖项也是国际社会对中国在普及科学技术、缩小信息差距和数字鸿沟方面取得成就及贡献的充分肯定。

中国知网是国家知识基础设施（China National Knowledge Infrastructure) 的概念，英文简称 CNKI，以实现全社会知识资源传播共享与增值利用为目标的信息化建设项目，建成了世界上全文信息量规模最大的 CNKI 数字图书馆，并正式启动建设中国知识资源总库及 CNKI 网格资源共享平台，为全社会知识资源高效共享提供最丰富的知识信息资源和最有效的知识传播与数字化学习平台[24]。目前服务的受众超过 4000 万，中心网站及镜像站点年文献下载量突破 30 亿次，是国内领先的数字化信息资源平台。在 2007 年，中国知网旗下的《中国学术期刊网络出版总库》获首届中国出版政府奖，《中国博士学位论文全文数据库》、《中国年鉴网络出版总库》获提名奖；国家“十一五”重大网络出版工程《中国学术文献网络出版总库》也于 2006 年通过新闻出版总署组织的鉴定验收。通过与期刊界、出版界及各内容提供商达成合作，中国知网已经发展成为集期刊、博士论文、硕士论文、会议论文、报纸、工具书、年鉴、专利、标准、国学、海外文献资源为一体的、具体国际领先水平的网络出版平台，中心网站的日更新文献量达 5 万篇以上，为科学信息的传播起到积极的助推作用。

此外，中国科普类网站基于网络多媒体技术的全新阅读体验，也让受众感知科学过程，理解科学概念，知晓科学原理。在远程虚拟环境的设备支持下，受众还能实时共享许多国内重大科研课题、重要科研设备及重要科研数据，参与科研活动。如中国公众科技网推出的科普网站导航系统，筛选收录了国内348个科普网站和具规模的科普栏目，为网民提供评价客观全面、分类精准的科普网站导航和索引服务。

第四节　移动互联网的科学传播应用

2011年，移动互联网成为了网络世界的年度热词，业务的不断升温带动了受众关注的目光。移动互联网设备中公众最为熟悉的就是手机，也是目前使用移动互联网最常用的终端。美国英特尔(Intel)公司推出的新概念迷你笔记本电脑（MID），利用蜂窝网络，以及WiMAX、Wi-Fi等接入技术，并充分发挥Intel在多媒体计算方面的能力，支撑移动互联网的服务。科学新闻传播中，以手机作为终端媒介的传播方式已发展多年，如今，随着互联网技术的更新换代，手机电视等新生事物也逐步进入人们的视野，对科学知识的传播起到了推动作用。

一、手机报与科学新闻传播

与传统媒体相比，手机报用户获取信息的时间、空间成本要低廉得多，这也使得科学信息能够到达相对偏远和不发达地区人群的手中。手机报科学新闻传播的内容不但能够满足人们工作、生活等多方面需求，而且借助手机报这一产业链能够带动巨大的经济效益，推动和夯实科学传播的实力。

2004年是中国手机报发展元年，北京好易时空公司和《中国妇女报》推出全国第一家手机报《中国妇女报·彩信版》。《中国妇女报·彩信版》从建立起就有属于科技传播内容的医药健康信息。医学健康类知识是手机报开展科技传播最早的内容之一[25]。

近年，山西省科普报刊总社与中国移动通信集团山西有限公司协商合作，整合山西科技传媒资源，通过移动网络平台，开通了《山西科技手机报》、《农民手机报》、《大学生手机报》、《今日健康手机报》等16种手机报刊和农科百事通短信服务平台，针对不同人群传播不同信息和内容，主要关注用户农业科技和健康的需求，在全国科学技术协会系统首家开通科技手机报刊。

2010年，中国科普博览与中国科技馆合作，开展了移动通信领域科普产品开发规律和运作机制的研究工作，同时，基于12302公益短号码开通了支持中国科学院各研究所开展移动科普服务的“中国科学院移动科普服务平台”，为院内研究所开展移动平台的科普服务提供了安全稳定的信息化运行环境，提供基于该平台的移动科普产品（如科普短信、科普手机报、科普应用、科普图铃等）的设计开发支持服务。

《第29次中国互联网络发展状况统计报告》显示，截至2011年12月底，中国手机网民规模达到3.56亿，同比增长17.5%。然而，科技类内容占整个手机报传播的比重仍然偏少，如在中国最大的移动通信运营商旗下的科技类手机报中仅有《互联网周刊》和《电脑报》这两份。因此，手机报作为一种新媒体应用有其自身的特性，要以区别于其他媒体的方式和方法呈现内容才能得到事半功倍的效果。手机报科学新闻传播应该有更加丰富的形式，采用诙谐幽默的语言文字，包括互动竞猜等激励方法。如《育儿天地》手机报益智小游戏栏目，通过游戏的方式传达了智力培养的科学方法。再如，科学松鼠会这一科学传播公益团体就是成功实践科学传播趣味化的典范。

在罗密佐斯基（A. J. Romiszowski）的双向传播模式（图5-12）的基础上，通过运用系统思想，通过对传播信息接收端移动化特征的分析以及对现有移动学习系统结构的梳理，从传播学角度，我们可以认为移动信息接收是指有特定信息需求的受众利用有效的移动设备和媒体通道，选择合适的资源进行接收的行为，也是利用移动设备和移动平台进行信息资源的传递与接受，并加以反馈的传播过程。

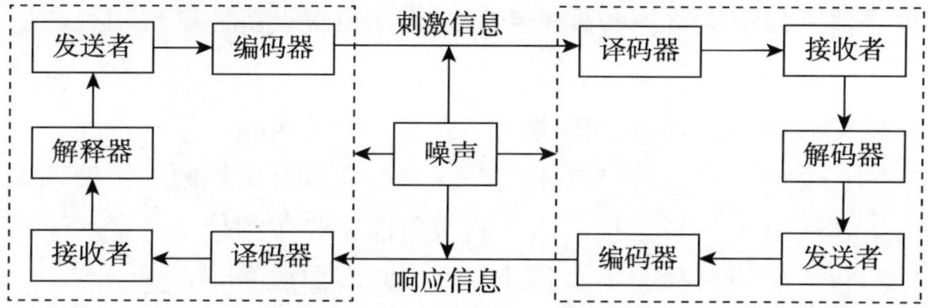

图 5-12　罗密佐斯基的双向传播模式

二、人性化的实用自制讯息

移动媒体在农业科学新闻传播方面可以发挥重要的作用。农民要将科学技术转化为生产力，需要依赖传播信息的媒体，但从事农业生产的农民由于环境所限，往往知识面较为狭窄，对于新生事物的接受程度较弱，因此，通过手机实现的实用自制讯息以方便、简洁、互动等优势被农民所接受。

新媒体应尽可能地减少信息的成本，降低价格并保证信息的质量，以此激发农民的信息需求，使农民通过利用信息逐步改变传统的生产方式、生活方式、交往方式和思维方式。网络具有信息整合的特征，因而为人类开发和利用信息资源展现了无限广阔的前景，也为农业传播向更高层次的发展提供了巨大的契机和空间。

2007 年山西省科学技术协会与山西网通公司合作建成了农科 110 呼叫中心。该省任何地方的农民在农业生产中遇到科技难题和困惑时，只要登录山西农科 110 网站或拨打 969000110 服务热线，便可在 24 小时内得到农业专家权威、准确的远程零距离指导或现场指导。农科 110 与山西农村广播、科学导报、科普惠农网、山西农村电视等多家传统媒体携手，在短时间内建起省、市、县、乡、村五级农科 110 服务平台和网络，奏响了新农村建设的科技强音，被中国科学技术协会作为经验推广全国[26]。

2008 年河北省辛集市科学技术协会与当地移动运营商合作，启动了移动信息科普惠农项目，建立移动科普信息传播网，联手搭建资源共建共享平台。由中国移动投资，在科学技术协会安装服务器，建设培训室，配备电脑设施并负责设备的维护和人员培训，科学技术协会则通过成立的科普信息中心建立受众群，将受众依据各自信息需求分成十余个类别，协调畜牧、农林、农机、水利、交通、卫生等市直相关部门为移动科普信息网提供信息支持。通过安装在科学技术协会的服务器将收集的信息免费发送到信息机、手机用户手中。移动科普信息网建成一年多来，直接服务农村手机用户已超过 1.5 万户，覆盖该市所有街村，深受农民喜爱，规模不断扩大，其科普惠农影响力和品牌优势也日益凸显。基本实现了农业技术人员与农民之间的无障碍沟通与互动，开辟了一条化解矛盾、倾心服务新农村建设的有效途径[27]。

三、APP 应用普及、二维码技术与移动科普体验

（一）APP 的普及

2013 年 5 月 29 日，《2013 年移动互联网蓝皮书》发布。蓝皮书指出：移动互联网带来了五大传播变革，其中“APP 的普及，将进一步促进网络中的分权”。

简单来说，APP 指的就是智能手机里的应用程序。随着智能手机的普及，创新移动终端应用异军突起。大量 APP 的出现，开始悄然改变着人们的休闲方式、阅读方式、生活习惯甚至创业模式等。例如，果壳网、科学松鼠会、科学世界等，都开发了专属的应用程序。2013 年中国科学院还举办了首届移动互联网应用青年创意大赛。对 APP 的关注，也表明了移动社区用户更具体，其需求更明确。

比如，科学松鼠会的 APP 就将各类科学知识分解，并融入一定的情景中，采用图文并茂的方式，满足了用户的特定需求。该 APP 主要包括原创、资讯、译文、活动、专题、标签等六大板块，将时尚、休闲、娱乐等元素融入科学传播中，吸引了众多用户的参与，也增强了科学传播的趣味性。

（二）二维码技术

实际上二维码技术并非移动互联网独享，不过，在移动互联网普及之后，它才得到广泛的关注。二维码技术主要增强了

用户线上线下结合的体验，减少了中间步骤，增加了想要表现的内容。

一个较为成功的例子：波士顿餐厅 Taranta 用二维码让顾客能马上了解盘子里的鱼的来历。顾客扫过之后，马上知道，这条鱼是在何时何地被捕到，又是何时被送到餐厅的。这是对物品溯源的应用之一。

对于科学传播而言，知识点的追根溯源是很重要的。如果在路上我们看到一棵很有趣的树，扫描它身上的二维码标签，就能得到关于树的种类、年龄、生长的历程等信息，还可以在这棵树的位置签到、同步到社交网站，并寻找到也对这棵树感兴趣的志同道合的人。

再如，基于移动智能终端，结合二维码技术，在科技场馆游览也会产生巨大的变化，每个人都会有一个“贴身讲解员”，这使得公众的参观能够更具自主性，结合了增强现实感的技术，场馆的游览可以变得更加好玩，公众可以获得更好的体验，也增加了游览者的求知乐趣。

法国巴黎第八大学教授阿泽玛（Ghislaine Azé mard）等人，于 2010 年开发了虚拟游览古城遗址的移动应用。该应用基于增强现实和 GPS 等技术，在古城遗址中打开应用，手机摄像头对准遗址的各个区域，屏幕上就会呈现区域还原了的古城原貌的 3D 影像[28]。

未来，或许在任何一个公共场所，借助基于移动互联的各种新技术，科学传播将会更加有趣，更具有吸引力，公众也会更主动参与其中。

第五节　科学传播社交网络的互动体验

当下的社会已经进入泛社交时代，社交网络不断融入人们的生活中，在潜移默化中实现了传播方式的革新。可以说，人类任何活动本质上都是信息活动，信息流的传递介质、管理方式的不同将决定接受信息的不同。社交网络就是如此，近年来它已伴随新媒体的发展在科学新闻传播中占有一席之地，在Web2.0时代赋予科学传播新的动力。

社交网络源自网络社交，网络社交的起点是电子邮件，社区论坛则是更进一步，它把“群发”和“转发”常态化，理论上实现了向所有人发布信息并讨论话题的功能，将过去单一的点对点交流推进到了点对面交流。随后出现的博客更像是电子邮件和论坛的升级版本，提高了即时效果和同时交流能力。2009年引爆社交网络的微博如今已逐步取代当年论坛和博客的主导地位，近两年在科学传播中也崭露头角。

一、论坛、博客、微博等互动平台

（一）科学传播方式的演进

传统的科学传播是一种自上而下的专家对大众的科普教育，而科学博客、论坛和微博改变了这种模式，每个作者都是自媒体的主人，拥有更多发表言论的机会和权利，而博客的留言、评论功能，论坛的跟帖功能，以及微博中来自相互关注人的讨论，这些都把科学传播变为了一种更加民主和主动的言论广场。

科学传播不应是刻板和有距离感的，而应该是引导大众产生兴趣，有对于科学理念与科学精神的向往和求知欲。如今，新媒体提供了这样一个较为宽松和自由的互动平台。如，科学博客和微博作为一种社会化的传播形式，以“微内容”的巨大合力成为传统科学新闻媒体之外的一种传播力量。科学博客、论坛、微博的交互式传播模式让民众与科研机构、科学家的距离大大缩短，信息的交流与互动更为频繁和简洁。从某种程度上说，具有言论集散地特征的互动平台能让受众对于科学领域的同一问题产生多角度的思考，方便人们收集多方面的资料，也从而得出更深刻的新结论。

科学传播模式随着科技的进步不断发生演变，Web2.0时代的互动平台顺应了时代发展的要求，科学博客、论坛、微博为科学传播开拓了新的领域，挖掘出更多对于科学知识有求知欲的受众，这样一种互动式的交流平台也更为人性化。

（二）互动平台的成功案例

作为国内的综合类科学网站，科学网的论坛、博客等互动栏目吸引了受众的关注和参与。科学网论坛是该网站最大的交流平台，内容涵盖学术求助、科研经验、文献检索等方面的讨论交流；科学网博客是此网站的特色栏目，博主从院士、研究员、教授、记者到普通科学工作者，博客内容经整理分为科研笔记、论文交流、教学心得、观点评述、科普集锦、海外观察、人物纪事、图片百科、人文社科、诗词雅集、生活其他、博客新闻等主题，还设立群组博客，方便有志趣相投的博主交流与互动。

需要特别说明的是，科学网的科学博客社区是国内科学新闻传播领域较早开设的互动平台，将分散的科学家通过写作博客自觉结为一体，建立起属于自己的网上社区，并与其他社会群体进行广泛的交流互动。因此，科学家的个人信息传播行为通过互动平台与他人的行为集合，变成了一种社会化的行为，形成了强大的社会效应。并且，一些知名科学博客在短时间内获得了上百万次的点击量，彰显了新媒体的传播效力。此外，科学网自 2010 年 7 月正式启动了博主委员会制度，这也为更科学地维护和发展博客平台发挥了重要作用。

又如，以活泼、轻松风格见长的科学松鼠会的博客很有特色，其博客文章的原创性好、科学性强、知识性好、公众参与度强。且主题来源于生活及大众关心的问题，并能通过线上线下结合，虚拟与现实结合，将各种科普活动切实地开展起来。在内容表达方面，能将抽象化的概念、科学思想及原理，用深入浅出且通俗易懂的文字和图片来解读，是国内科学传播领域少有的成功案例（图 5-13）。

此外，互动平台也是科学传播的有力工具。比如，在汶川地震中科学松鼠会一举成名。汶川地震发生后三个小时，科学松鼠会就赶写出一篇高水准的科学原创文章《动物预报地震靠谱吗》，并就此课题提出了深入独到的见解，随后松鼠会策划了地震专辑。科学松鼠会集合了一群熟悉科学、了解科学前沿的学者专家，以民间组织的形式出现，利用博客等新媒体方式进行科普活动，这为科学传播打开了一扇窗户。

图 5-13　科学松鼠会网站首页截图

（资料来源：http://songshuhui.net）

在 Web2.0 时代，新媒体应用的发展对科学传播有重要意义。在国内，科学博客的空间与能量仍有待开发。虽然目前各大门户网站都有博客频道，但科学博客所占比重很小，专门的科学社区网站也极少，且知名度与受众关注度远远不及其他门类。但是，随着中国微博用户群体的急速增长，其也为科学传播提供了极好的机遇。

CNNIC 统计数据表明，我国微博用户在 2011 年经历了爆发式增长，截至 2011 年 12 月底，我国微博用户已达 2.5 亿，比 2010 年增长 300%，微博已经成为我国社交网络的首选。中国人民大学舆论研究所所长喻国明曾经提到，微博是传统媒介自身功能不足的反弹，本身具有巨大的媒体功能，是真正意义上的个人媒体。截至 2013 年 5 月，科学松鼠会在新浪微博开通的微博已拥有 91 万多名粉丝，是积极利用新媒体开展科普的很好实例。

（三）微信对于科学传播的新意义

2011年1月，腾讯正式推出基于QQ用户的微信。微信是基于注册用户超过10亿、活跃用户超过6亿的QQ平台的一款应用软件。它可以通过网络快速发送语音短信、视频、图片和文字，支持“群聊”、“扫一扫”、“查找附近的人”等，并且跨越了运营商、硬件和软件、社交网络等多种壁垒，实现了现实与虚拟世界的无缝连接，使移动终端成为了新的社交节点。微信使智能手机的功能得到发挥，将人际传播和大众传播融为一体，成就了一种全新的传播类型。

比较而言，微信与微博具有不同的传播模式。

1. 信息平台属性的不同。

微信是基于私人网络机制，以用户关系为构建网络的纽带，功能设置上更加偏向社交关系的完善，用户之间唯有相互确认才能成为好友。微信是以关系为核心的高度私密性社交工具，其属性以内向的沟通和服务为主，亲密度更高，满足个性化内容的推送。微信具有富媒体属性，可以发送纯文字信息、照片和文章链接，也可以直接语音和视频。

微博是以内容为核心的瀑布型弱关系社交平台，其属性以外向的事件传播和曝光沟通为主。微博好比是互联网上一个信息的集散地，其优点在于其传播特性，微博传播信息的裂变式、碎片化特性是微信所无法比拟的。

2. 用户关系模式的不同。

微信是对等的双向关系，微信用户之间需加为“好友”才能相互观看，用户之间是对等双向的对话交流关系。微博是非对等的多向度错落关系，微博普通用户之间不需要互加好友，是一对多的关注关系。因此，微博的媒体属性大于社会化属性，在传播模式上更接近带有互动的单向传播模式。

3. 授受信息时间的不同。

微信用户主要是双方同时在线聊天，用户与用户之间是一对一即时推送信息，到达率为100%；微博则是差时浏览信息，用户发布微博信息与查看信息可以异步进行。

微信对于科学传播来说，意味着人际交流的渠道和效果的更大拓展。人际交流是一种口碑传播，带有人际交流效果的传播形式，更能让人相信。在科学传播中，如果将人际交流和大众传播相互融合，传播效果会更好。微信就类似口碑传播，口口相传、互相传递。微信的传播正在逐渐演变成为人们的一种生活方式，“把过去的由沟通主导的社交方式升级到由生活主导的社交潮流”[29]。

微信、微博等自媒体，在2013年雅安地震中搭建的“微救援”平台扮演了重要角色。震后不到一分钟，人们就开始用微信来报平安。其后，播报灾情、寻人求助、公益捐款、呼吁提醒等信息也让微信等自媒体迅速形成强大的舆论场。

“小开”是2014年4月1日正式上线的南开大学官方微信平台中的虚拟人，师生只要通过微信搜索nankaiuni即可加入，并可与“小开”一起互动并获取各种即时信息。比如当你畅游南开园时，“小开”会为你充当讲解员：“思源堂始建于1923年，是美国洛克菲勒基金会与企业家袁述之捐资兴建的科学楼……”

如今几乎所有的高校都搭建了微信平台。微信群渗透进高校的宿舍、班级、系、学校，并紧密联结着高中同学群。只要打开手机，学生们就可以随时了解学校的活动、讲座、图书馆相关书籍信息，还能查询天气、交通等日常信息。

以微信、微博为代表的新传媒载体，将影响未来的传媒格局，互联网文化的比重越来越大。人们通过手机就可以看电视、点播节目、学习与娱乐，社会形态慢慢往这个方向发展。因此，“未来的传播媒体将从专业化走向社会化，从单渠道走向平台化，从而彻底变革现在的传媒生态，引发新的信息革命”[30]。

微信具有革命性意义。在微信时代，人们不再是一个个个体，更像是一个共体。微信将互联网与移动通信的个人交流两者合为一体。其开发的很多新媒体功能和信息交流技术，使之形成了一种可以让人们自己控制的、由民间参与和主导的、互动式的多元化的文化新形态，改变了以前由精英文化、意识形态文化为主导的文化。彻底改变原来比较被动的文化形态。“草根和精英在思想和生活等各方各面互相渗透、互相提高，这对社会的发展起着一定的推动作用。这种渐进的改变，最终将全面重构社会。”[31]

二、泛科技主题的社交网络

社交网络，也就是“网络＋社交”的意思。通过网络这一载体把人们连接起来，从而形成具有某一特点的团体。在科学传播领域，社交网络并不发达，主题网站更是很少。2010 年 11 月，主要面向都市科技青年的社交网站果壳网上线，开启了国内泛科技主题社交网络的先河。创始人姬十三自2004年起开始科学写作，先后为10多家媒体开设科学专栏，是国内新科学传播的领军人物。

同时，姬十三在展望果壳网的定位时表示：“Web 2.0 将内容生产权带给用户，但是如何创造专业、优质的内容则成为新的挑战。科学松鼠会从草根中培养了一批具有公众影响力的知识领袖；而果壳网将进一步拓展这一模式，把 Web 2.0 时代的去中心化与传统媒体的内容担当、编辑立场相结合，用科技内容关切大众生活的方方面面。”[32]

2011 年 11 月，泰特美术馆网站全面改版上线，新网站引进了融合社交媒体应用功能的内容管理系统，用户能够即时向汤博乐网（Tumblr）、网络相册（Flickr）、Facebook、Twitter 等社交平台发送信息。作为目前全世界拥有最强大的数字项目的博物馆之一，这是在新媒体应用领域的极大尝试。在国外，Facebook 如今对新闻的传播已经具有很大影响力，Facebook 用户通过朋友分享的内容获取新闻信息。例如，从英国《卫报》(The Guardian) 和 Facebook 的完美合作，到《金融时报》(Financial Times）和苹果（Apple）的合作失败，这些大胆的传播策略的尝试都为运营者带来了好处，也会对其他媒体产生影响。我们有理由相信，未来的新闻媒体将是社会化的，这其中也包括科学类媒体。

在国内，拥有社交网络性质的科技主题网站果壳网，服务于都市科技青年，它为受众提供轻松而有品质的科技内容。在网站中，可以关注感兴趣的人，阅读他们的推荐，也可以将有意思的内容分享给关注的人；依兴趣关注不同的主题站，精准阅读喜欢的内容，并与网友交流；在“果壳问答”里提出困惑你的科技问题，或提供答案。此外，果壳网的专业编辑团队坚持以科技开启智趣的理念，推出了“谣言粉碎机、DIY、谋杀现场法医、性情、心事鉴定组、美丽也是技术活”等个性化主题站，广泛覆盖都市青年的各类兴趣焦点（图 5-14）。

图 5-14 科技主题网站——果壳网首页截图

（资料来源：http://www.guokr.com）

由上可知，科学传播与网络新媒体的耦合，一方面要求科学传播应借助新媒体，使新媒体成为科学传播依托的重要媒介；另一方面，新媒体又借助科学传播，指导其健康发展的现实需要。有理由相信，科学传播与新媒体两者的有机协同与共生同长，将令科学传播事业获得更大的发展疆域，焕发出新的生机。

注释：

[1] 樊洪业：《樊解读“传统科普”》，《科学时报》2004年1月9日。
[2] 刘华杰:《科学传播的三种模型与三个阶段》，《科普研究》2009年第2期。
[3] 美国科学工程与公共政策委员会编，刘华杰译：《怎样当一名科学家》，北京理工大学出版社2004年版，第66—113页。
[4] 汤书昆、韦琳：《当代媒介融合新趋势与科技传播模式的演化》，《理论月刊》2009年第12期，第5页。
[5] 同上。
[6] 吴娟：《科学传播的新探索——科学松鼠会》，《新闻传播》2010年第4期，第26页。
[7] 同上。
[8] 同注释[4]。
[9] 见百度百科“伪科学”词条，http://baike.baidu.com/view/428.htm。
[10] 韩平：《三网融合下的科学传播理念特点与创新》，《科技传播》2010年第4期，第120页。
[11] 同注释[4]。
[12] 刘华杰：《论科普的三种不同立场》，见刘华杰《科学传播读本》，上海交通大学出版社2007年版，第79页。
[13] 杨晶：《科学传播的一种解读》，《创新科技》2008年第3期，第53页。
[14] 楼锡祜：《中国自然科学博物馆的发展》，《科普研究》2008年第4期，第49页。
[15] 曹志平：《论科学事实的解释性》，《自然辩证法研究》2003(11)，第39页。
[16] 甘晓、莫扬：《中美六家科技类博物馆网站科学传播内容分析》，《科普研究》2011年第1期，第44页。
[17] 同上。
[18] 赵修渝：《自然辩证法概论》，重庆大学出版社2001年版，第269页。
[19] 同注释[16]。
[20] 同注释[16]。
[21] 参见中国科学普网“关于我们”，http://www.kepu.gov.cn/gywm/201305/t20130514_268131.shtml。
[22] 人民网：《直播“神九”，人民网北指组四路画面领先网媒》，http://www.people.com.cn/n/2012/0716/c236759-18523921.html；《唯一视频直播网络媒体，人民网“神九”报道实现新突破》，http://www.people.com.cn/n/2012/0716/c236759-18523576.html。
[23] 马之恒：《科学游戏的雅趣》，《北京科技报》2010年12月13日。
[24] 信息来源：http://www.cnki.net/gycnki/gycnki.htm。
[25] 宋瑾：《传统媒体手机版，走出网络神话后的新希望》，《新闻界》2005年第5期。

[26] 张荣科、崔薇：《新媒体与基于公众的科技传播之实践探析》，中国科技新闻学会网站 2009 年 9 月 3 日，http://www.csstj.org.cn/?action-viewnews-itemid-77。

[27] 张荣科、崔薇：《新媒体与基于公众的科技传播之实践探析》，中国科技新闻学会网站 2009 年 9 月 3 日，http://www.csstj.org.cn/?action-viewnews-itemid-77。

[28] 刘相法、肖云、周荣庭、黎文：《移动时代面向公众的科学传播方式的创新及其影响》，《科普研究》2013 年 6 月第 3 期，第 25-30 页。

[29] 单晓彤：《微信传播模式探析》，《新闻世界》2013 年第 2 期。

[30] 朱子峡：《微信：天涯若比邻的人际交流——访北京大学信息管理系教授周庆山》，《中国科学报》2013 年 5 月 3 日 第 13 版。

[31] 朱子峡：《再不微信我们会多寂寞》，《中国科学报》2013 年 5 月 3 日第 13 版。

[32] 《姬十三：一个务实派理想主义者的科技传播》，http://songshuhui.net/archives/45496。

第六章　新媒体环境下科学传播的战略变革

■ 第一节　新媒体环境下科学传播的新挑战

一、后现代化中的科学悲观情绪与科学传播

二、科学研究的"未完成态"对于科学传播的影响

■ 第二节　科学传播发展变革的现实方位与理论资源

一、把握现代科学发展的特征

二、利用新媒体环境的趋势与影响

三、确立科学与人文融会的传播理念

■ 第三节　建立科学传播能力评价体系

一、作为国家软实力的科学传播能力

二、科学传播能力的构成

三、科学传播媒体的核心竞争力

■ 第四节　新媒体环境下科学传播的战略建构

一、宏观层面的国家战略

二、中观层面的媒体战略

三、微观层面的新闻战略

■ 第五节　重塑科学传播新格局

一、"数字地球"，人类生存环境的数字化描绘

二、"智慧地球"，物联网构建人类与物质世界的智慧连接

三、确立科学传播的新理念

四、建构传受互动的科学传播新模式

五、实现科学传播的全媒体转型

■ 第六节　培育全媒体型的科学传播人才

一、大力提高科学传播工作者的综合素质

二、培育全媒体型科学传播人才是当务之急

三、怎么培养全媒体型科学传播人才

如前所述，科学传播伴随着媒介发展与媒介技术的进步历程，不断展开着科学与公众、科学与社会的交往与互动的图景。在当今社会和新媒体环境下，科学传播正在遭遇新挑战，科学传播要承担社会对于自身所寄予的厚望，应当从科学文化本身、新媒体传播带来的重大变革以及全球化背景下的世界变化等方面切入，进行理论与实践的深入探索，建构适应新环境的科学传播新格局。

第一节　新媒体环境下科学传播的新挑战

从20世纪到21世纪的世纪转换以来，在公众中流传着一种科学悲观情绪，对人们的社会价值观念、人生价值观念产生了强大的影响；同时科学研究的“未完成态”也在某种程度上助长了这一思潮，新媒体时代的科学传播将遭遇这种传播语境的挑战。

一、后现代化中的科学悲观情绪与科学传播

20世纪末，西方文明传统出现了悲观看法，世界末日的主题无处不在，大灾变景象大量出现在科幻小说中，它不再赞美科学奇迹，而是转向想象这个星球或宇宙的彻底毁灭——“等待着终结”。电影《2012》典型地揭示了这种世界末日的恐慌，精神病态、自杀、犯罪、离婚、吸毒等失范和焦虑的征兆让现代人心神不安，许多新的宗教崇拜与科学交织在一起。如同美国历史学家罗兰·斯特龙伯格所说：“今天，它患上了一种文化上的早老性痴呆，处于四分五裂的状态。”[1] 人们对科学的期待表现出崇拜与失望相伴随的现象。

其实，这些看法与现象我们应该慎重看待。伴随着现代化和现代性，在规模宏大的世俗化过程中，它们成为现代化的一个基本组成部分。因此，我们不能简单化地排斥，也不能简单化地崇拜。而科学传播的使命就是弘扬科学理性，在传播科学知识的同时，更好地把科学文化的内在价值提炼提升，传播交流到社会各个阶层之中，与科学共同体及社会公众一起分享科学文化的精神价值。

二、科学研究的“未完成态”对于科学传播的影响

回归现实的生活世界，彰显科学文化的价值与意义，关怀人类的生存境遇，永远是科学的本分与天命。科学传播的原动力与兴奋点，应该是来自对人类的生存与人类命运的关切。科学传播不仅要关注“科学逻辑”、科学共同体的创造行为、科学活动和它们的具体结论与理论原理，更要关注“现实逻辑”，即要关注它们在创造、发现、发明了一种科学知识和理论技术的时候，在多大程度上体现和实现了对社会、人类与世界境遇的人文关怀与批判精神。

科学研究往往是“未完成的方案”，是对一个科学命题、人类问题或者自然现象亘古未解难题的研究的稍微进展，具有生成性与未完成性。正是这种生成性与未完成性，体现了科学研究对于人类生活和对于世界的微观的、多样态的、差异的、充满矛盾和张力的特点，体现了科学在当今时代社会生活的各个层面受到关注与其影响生成的特点。如艾滋病疫苗、癌症治疗技术、大气与环境污染等问题，不是可以一日克成的科学研究课题，有的科学研究也不是一代甚至不是几代科学家可以完成的。

科学传播当然也应把握科学研究这样的特性：要对未完成的科学进展抱以一种积极的关注，要迎合公众急于知道结果的心态，及时告诉公众科学研究的特性和价值，引导公众支持科学研究的过程，宽容科学研究的失败。

那么，这是否给了科学研究、科学共同体在市场机制下投机与“科研寻租”的可能性呢？虽不能完全否定，但这只是问题的一方面，是可以在科学研究机制、甚至科学反腐败的层面解决的。我们也应该看到，作为这个问题的另一面，它是中国当前语境下

发展科学、推动科学传播所必然存在的议题，也是“公众理解科学”在科学传播新阶段的问题的进一步延伸。

第二节　科学传播发展变革的现实方位与理论资源

科学传播的发展变革，首先必须把握好现代科学发展的特征，以及科学文化的发展，并结合新媒体的发展趋势，利用好新媒体的力量，奠定科学传播的基础。

一、把握现代科学发展的特征

科学的演变和发展是与科学以外的社会和历史因素紧密联系的。自然科学对社会的政治、经济、文化生活的作用和影响日益加强，它给社会带来表面的物质繁荣的同时，也给社会带来了核战争的威胁、生态平衡的破坏等重大的危害或不安。

同时，现代自然科学的发展不是科学家个人或科学共同体的单一行为，政府对全国性科学研究的计划、组织和管理也大大加强。重大科学项目、重大科技工程必须经过国家和政府最高权力层面的讨论与许可，才予以巨额财力的支持。因此，重大科学技术项目和所取得的科学成就往往也是国家综合国力与硬实力的体现。

“当代世界正处在从经济社会向智力社会转变的历史时期，当代科学正在从现代科学走向后现代科学，当代文化也正在转向以科学为基础的科学文化。在新旧文化转接的历史性转折的关头，任何文化传统都面临能不能被科学论证的考验。”[2]

现代科学的这些新特征，反映在科学传播中，也要求将自然科学与社会科学的文化结合起来，并且在国际视角与国家软实力的基础上确立科学传播的正确方位。

二、利用新媒体环境的趋势与影响

新媒体技术催生了一系列新媒体传播形态和组织机构，如雅虎、苹果、MySpace、Facebook 等。从媒介形态融合来看，媒介发展不是一种媒介取代另一种媒介，而是媒介形态的相互叠加和功能的相互平衡。未来媒介发展方向的媒介融合，使得媒介间的界限越来越模糊，相互渗透与弥补，壮大媒体的传播力[3]。

科学传播的新媒体环境不仅意味着传播主体、传播渠道和传播内容等的多元化和社会化，而且意味着非主流媒体或网站传播形成主导舆论的可能性。科学传播新格局的理想，首先是要综合利用传统媒体、互联网、移动媒体（手机、手机电视、便携阅读器等）、平面媒体、政府与非政府的科学组织网络，构成立体的科学传播媒介体系。

三、确立科学与人文融会的传播理念

人文文化与科技文化经过了中世纪的分离，到文艺复兴的复兴与结合，再到工业革命之后的相互独立与分离，近现代科学的发展就是一个分化到综合的过程。20 世纪 50 年代以后，人们开始注意到人文文化和科技文化分离的弊端。1959 年，英国作家斯诺(Charles Peroy Snow)在剑桥大学作了《两种文化与科学革命》的讲演，指出由于文学家和自然科学家相互隔离、相互误解，使文化分裂为两种文化——人文文化和科学文化。斯诺的观点犹如一个火种，点燃了“两种文化”激烈论辩的熊熊烈火[4]。

（一）科学文化的内在构成与各要素间的关系

科学文化是在科学活动中形成的科学共同体及文化。邹德秀认为，科学文化首先表现在科学共同体所认同的科学知识、科学精神、科学道德、科学制度、科学活动方式等[5]。

（1）科学知识是科学活动与创造的直接结果，反映着人类认识世界所达到的水平。其内容表现在各个具体的自然科学门类中，就是科学传播的项目数据、事件信息。

（2）科学活动包括基础研究、应用研究、开发研究等科学研究性质的知识生产，是科学文化的实践活动方式。科学研究的具体形式包括：基础研究如数学、物理、化学、天文学、地学、生物学等的纯理论研究；解决生产中的实际科学技术问题的应用研究。科学活动方式主要是观察和实验，也是人类的认识方式之一，为人类探索自然规律、认识社会发展特征，提供了重要的认识方法和手段，丰富了人类的认识思维水平。

（3）科学精神包括追求真理的精神、实事求是的精神、怀疑精神、破除迷信和不为教条束缚的精神、理性思维的精神、创新精神等，是科学文化的核心。

（4）科学道德是科学行为的准则和规范，也是社会意识形态的构成之一。科学是一种事业，要求搞科学的人有奉献精神；科学研究的结果具有不可预知性，这就要求科学家有牺牲精神。科学成果是中性的，对社会的影响可能是正面的，也可能是负面的，甚至是破坏的，这就要求科学家具有社会责任心。

在上述科学文化的外延之外，邹德秀还把科学组织作为内容之一。因为现代科学研究是在科学团体里协作进行，有的航天科研项目是国家动员，因此科学组织的结构、方式与特征，理应成为现代科学文化的重要内容。

认真分析科学文化外延的相互关系，可以说，科学知识是科学活动的直接结果，是科学文化的基础，也是当前科学传播最受媒体重视的主要内容；科学精神是科学文化的核心，是最具有内在精神价值与人类思想共性的部分；科学研究活动是科学文化的基础和社会实践方式，正是在科学活动过程的展开中形成并表现出科学精神，但它具有漫长性和复杂性，也最不为一般公众所知晓；科学道德是科学共同体所应遵循而为当今社会所瞩目的。

科学文化作为整体的文化，具有继承性、连续性。如果说科学知识与科学研究活动本身体现着较多的科学文化特征，而科学文化中的科学精神与科学道德以及科学组织文化等，就显现出人文文化的色彩，是科学文化与社会公众对话、沟通的认知基础与“中介”桥梁。社会公众通过科学精神与科学道德等科学文化内涵，认识到科学共同体的实践意义与社会价值。

（二）人文文化与人文精神

人文文化以人和社会为研究对象，是关于人、关于社会的文化。狭义的人文科学指文学、艺术、语言、哲学等；广义的人文科学则涵盖了所有的社会科学，或统称为人文社会科学。在研究方法上，区别于以自然为对象、以实证为主要方法的自然科学，人文社会科学则以人和社会为研究对象，较多地表现自我，常要运用直觉、形象、情感的推导与体悟。当然，当今纯粹的社会科学也在越来越多地采用实证、观察甚至实验等方法，但是其社会的研究对象与自然的研究对象明显差异还是使得自然科学与社会科学形成本质的区别。

人文精神是人文文化的核心，指的是对人的关怀、对人的尊重、对人的价值的理解和人的全面发展。人文精神主要体现在世界观、人生观、价值观里，在不同时代有不同的内容。文艺复兴时期的人文精神就是把人从宗教中解放出来，反对神性，提倡人性。18 世纪法国启蒙思想家的人文精神是天赋人权和自由、平等、博爱。工业革命之后的人文精神，就是要使人从劳动的异化和从物对人的统治中解放出来。马克思早就指出人文文化和科学文化不是对立的，他说："自然科学往后将包括关于人的科学，正像关于人的科学包括自然科学一样：这将是一门科学。"[6]

中国古人区别了"天文"和"人文"，从中不断地体悟"天道"和"人道"的内涵。天文指自然现象，特别是天象；而人文则指社会现象。与之相应，天道指自然的规律，人道指社会规律。"天道远，人道迩。（《左传·昭公十八年》）"说明二者是不同的；"天之道，损有余而补不足；人之道则不然，损不足而奉有余。(《老子》语）"说明社会现象区别于自然现象。唐代刘禹锡在《天论》中提道："天之所能者，生万物也。""人之所能者，治万物也。""天之道在生殖，其用在强弱；人之道在法制，其用在是非。"说明了中国古人对于天道与人道的不同功能的认识：自然的作用是生万物，人的作用是治理万物。自然界的发展是繁衍生息，起作用的是弱肉强食；人类社会靠法制维护，以是非为准则。

这些是中国人文精神的哲学内涵，体现着中国人文思想的深刻理解。《孟子》曰："诚者，天之道也；思诚者，人之道也。"诚，指的是真实；思诚，指的诚实无欺。真实是自然的存在，追求真诚是做人的准则。《荀子》曰："天行健，君子以自强不息。"这些思想，揭示了中国人文精神与人的社会生存乃至在自然界生存的秘密。这种人文精神的实质，注重调节人与人、人与自然的关系，在今天依然具有极大的价值。

在科学文化与人文文化的融合趋势下，中国一些学者也注意到中国传统文化中的某些思维方式和价值取向会重新获得其生命力。“如果说原子时代的源头是古希腊的原子论，那么比特时代的先驱是中国的《易经》。”中国学者有一种内在期许，认为“在中国传统文化中寻找新文化的种子，向世界提供我们文明中的最佳遗惠，以在现代科学技术文明的基础上发展新的科学知识系统和新的人文价值体系，当是中华民族复兴的一项伟大的历史使命。”[7]

（三）铸造科学传播的文化核心价值

融合科学文化与人文文化，对于科学传播的提升、实现科学传播的文化核心价值具有重要作用。

科学传播工作者早就指出：媒体要“以科学精神对待每个版面和每篇文章，要给受众提供科学的‘科技新闻’和科学的‘科学知识’”[8]。

那么，何谓“科学精神”？科学精神、人文精神以及二者关系在学术界成为研究热点。多数论者对科学精神的基本内容有比较一致的看法，认为科学精神应包括：探索求知的理性精神、实验验证的求实精神、批判创新的进取精神、互助合作的协作精神、自由竞争的宽容精神、敬业牺牲的献身精神等[9]。这些精神体现在科学生产中，并对象化在科学的产品中，凝结在科学的体制中，体现并贯穿在科学的方法和思想中。

科学精神归根结底是求真的精神，在主体上的体现就是强调理性，以理性作为价值判断的主体与机制，它是科学的世界观和方法论，即要以科学的观点来看待、分析一切事物。

在科学传播的过程中，可以从科学文化与人文文化的相互融合中提取富有启迪价值和操作意义的内容要素。

1. 对科学的理性精神。

科学理性在人类的认识过程中具有重要意义。因为所谓理性，就是人的认识从现象深入到本质，并揭示客观事物的本质及其规律的辩证能动的思维活动。

美国科学哲学家拉里·劳丹（Larry Laudan，1941— ）认为，科学最根本的目的就是解决问题，因此，只要是对于解决问题说来是有用的，那么它就是理性的。英国著名科学哲学家波普尔认为，科学的根本性质是猜测与反驳力，科学的根本方法是试错法，即“尝试与清除错误的方法”[10]。1925年，著名哲学家阿尔弗雷德·诺思·怀特海指出：“从18世纪开始人们暗中相信，荒谬最终总是会被清除掉的。今天我们又走了思想的另一个极端。老天知道，今天看起来是荒谬的东西没准儿明天被证明是真理。”[11]科学传播的使命之一就是弘扬科学理性。

2. 对社会的责任。

从20世纪之初的逻辑实证主义，经由波普尔的证伪主义、库恩的历史主义、拉卡托斯的精致证伪主义，到费耶阿本德的科学无政府主义，科学哲学的发展经历了一个对科学的由简单到复杂、由片面到全面的认识过程。“这一过程也同时是对科学的地位和作用的一个逐渐清醒的认识过程。科学不再被当做知识的典范，不再被看做一项神圣的事业，而被当做与人的生存密切相关的活动。”[12]

3. 科学家身上渗透着的人文关怀。

伟大的科学家在进行科学研究的同时，总是对人类根本问题与未来抱以深切的关怀。在这方面，爱因斯坦的情怀总是被人们提起，是不无道理的。爱因斯坦曾经应美国总统罗斯福要求，为国际博览馆奠基写下100个英文单词的简明扼要的话，让5000年以后的人来看[13]。他写道：

> 我们时代富于创造思想。我们的发现本应该可以大大地使我们的生活轻松愉快。我们利用电能横渡大西洋。我们学会了飞行，我们用电波很容易把消息发到全球各处去。
>
> 但是，虽然有着这一切，我们的商品的生产和分配是完全无组织的。人们必须生活在忧虑之中，担心被人从经济生活中抛出，失去一切。除此之外，生活在不同国家中的人们每隔一个长短不等的时间就要进行互相杀戮。因此，每一个想到未来的必然都生活在忧恐中。

我相信，我们的后人将怀着一种理所当然的优越感读上面的这几行文字吧。

这种对人类社会当下困境深切关注的人文情怀深深打动着科学界内外的人们，并穿透历史与空间，直抵人类的心灵。伴随着现代科学的发展，也产生了“科学万能”、“唯科学主义”的极端认识，使科学成为破坏自然的力量，成为强权者干预别国人权的武器，使科学和人文背道而驰。显然，科学传播需要强调人文文化，通过持续不断的科学传播、交流、沟通，给科学注入人文精神，给公众播撒科学精神，使科学的活动与公众对于科学的理解沿着正确的方向发展。

显然，现代科学的发展已经不再是与社会文化相分离的趋势，而是与社会文化相融合，科学与人文融会贯通，科学传播者与受众互动，科学传播的渠道多元化和全媒体化。

第三节　建立科学传播能力评价体系

20 世纪 90 年代，美国哈佛大学教授约瑟夫·奈提出：国家的综合国力既包括由经济、科技、军事等物质力组成的“硬实力”，也包括以文化、观念和意识形态等无形要素组成的“软实力”。软实力的提出对于提升科学传播的效果、塑造自身品牌、打造富有特色与效率的科学传播机制，具有重要的推动作用。加大科学传播领域的技术、资金和智力投资，建立完善的科学传播效果调查和测量机制，是建立新媒体时代下的科学传播新格局的必由之路（图 6-1）。

一、作为国家软实力的科学传播能力

科学传播是文化产业的组成部分。提高科学传播的能力，对于大力发展我国文化产业、优化经济结构、转变经济发展方式、推动国民经济持续快速发展具有重要意义。抓住当前文化产业顺

势成长的良好机遇，树立科学文化的产值观和社会效益观，注重和强化科学传媒的独特产业功能，既是我国缩短与西方发达国家科学传媒实力差距的迫切需要，也是提高科学传播媒体造血功能和自我发展能力，全面、科学地推进我国媒体科学传播能力建设的长效举措。

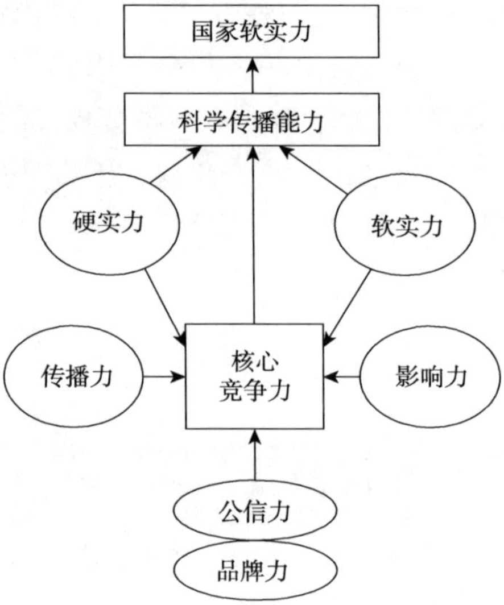

图 6-1　国家软实力视域下的媒体科学传播能力评价体系图

（一）科学传播是文化软实力的重要内容

科学传播是科学共同体与民众之间信息的交流与传播，科学传播的主要功能，是通过传播来实现不同文化民族和国家的个人之间，以及组织之间的沟通、理解与协调。

科学传播对人们的生产方式、生活方式、思维方式都产生着重要影响。在许多国家，普通民众每天通过 CNN、英国广播公司(BBC)了解世界各地发生的事情，热衷于追捧美国的大片、热播剧和西方音乐，而这些文化产品的背后有着当代最新科技的支撑。当前的科学传播，由于本身蕴涵丰富的文化内涵，极大地推动了全球不同文化的碰撞融合，对人们的生活方式和价值观念产生了重要影响，也有助于文化输出国实现政治和经济利益。从这个意义上讲，科学传播最深层次的影响，实际上是改变受众的思维习惯和生活方式，是一国的科学文化和价值观支配另一国的科学文化和价值观。

（二）科学传播能力体现了国家综合实力

胡锦涛在党的十七大报告中指出："当今时代，文化越来越成为民族凝聚力和创造力的重要源泉，越来越成为综合国力竞争的重要因素。"[14] 突出强调了提高国家文化软实力的重要性。文化软实力是国家软实力的基础构成和核心内容，提升国家软实力，从根本上讲，就是要大力发展和繁荣文化软实力。文化软实力的强大与它在全球的扩散和传播密不可分，只有当这种文化价值观念在国际社会广为流行，并得到普遍认同时，文化软实力才能真正体现。文化软实力是综合国力的重要内容。综合国力是衡量一个国家基本国情和基本资源最重要的指标，也是衡量一个国家经济、政治、军事、文化、科技等实力的综合指标。

科学传播能力也体现了国家综合实力。与发达国家和发展中国家综合国力的强弱态势相比，全球科学传播能力的不平衡更为突出。美国凭借在科技、传播媒介、英语语言等多方面的明显优势，构建了世界上唯一的传媒超级大国，美国有全球唯一的全球性电影发行网，所谓的"美国文化"和"美国精神"也随着其传媒产品，在世界各地广为流行。美国的科技文化随着经济全球化，形成了一股强大的力量，向世界各国辐射，同时夹带着价值观念、生活方式等的单向输出；美国还凭借网络资源的优势，在国际互联网上推销"网络影视"、"网络图片"等，向其他国家施加"美国国家形象"的影响。在当代世界，国际间的科学传播作为国与国文化互动的基本手段，也成为国家战略的组成部分。

科学传播能力作为国家软实力的重要组成部分，从根本上有赖于国家经济的总体水平。这突出地表现在两个方面：首先，形成强大的科学传播能力，离不开世界公认的大国地位；其次，形成强大的科学传播能力，离不开以经济发展为基础的强大的国家实力。现代传媒既是强烈依赖科学技术进步的行业，又是需要持续大量投入的行业。这是传媒作为软实力的"硬"的方面。国际间的科学传播尤其要拥有全球采集、全球发布和全球覆盖的能力，只有依托整个国家的经济环境和经济实力，才能提供科学传播必需的基础设施和财力支持；只有伴随国家经济力量对世界渗透和影响的步伐，一国的科学传播才能真正形成对世界的影响力。

二、科学传播能力的构成

我国的科学传播能力在世界传播中的影响与我国的国家地位、经济快速发展的形势、科学技术能力迅速提升的现实还远远不相称，科学传播在引导人们对于科学的认识、促进科学技术转化成经济效益和社会效益等方面还不是很理想。因此，应当重视科学媒体传播能力的建设，努力打造科学传播媒体的核心竞争力。

媒介研究学者喻国明等认为，媒体竞争中也包括硬实力和软实力两个部分。媒体硬实力指的是媒体的物理介质、技术力量、基础规模、传播网络等的综合，即在信息传播过程中，从传播者到接受者之间携带和传递信息的一切形式的物质工具和技术手段[15]。媒体软实力是指传媒的传播理念、传媒公信力、传媒文化和传媒影响力等潜在的难以用量化指标来衡量和表示的实力。媒体软实力是一种内隐的精神力量，能对同行、受众产生持续不断和潜移默化的影响，其他媒体很难效仿和复制。

媒体的科学传播能力，也可分为硬实力和软实力，是由科学传播载体的客观性质决定的（表6-1）。

首先，科学传播媒体是一种工具、一种载体、一种物质资源，只有当科技发展使它达到广为扩散和广为传播时才有可能实现。其次，科学传播媒体的传播能力有着大小不一、强弱不等的差异。这从个体方面来说，与其本身的组织结构、管理体制、从业者能力相关；从整体上来讲，与政府和民间所拥有的传播力量、与促进科学团体与公众进行信息交流讨论、与促进科学民主的能力、与媒体形象品格的综合表现能力相关。一国的科学媒体的传播能力与一国的经济增长及其传播技术手段的实力是密不可分的。

媒体的科学传播能力，可以一般归纳为两种力：传播力与影响力[16]。所谓传播力，指的是大众传媒通过各种传播方式的组合，将信息向外扩散，以产生尽可能好的传播效果的能力。它包括传播的信息量、传播速度与精度、信息的覆盖面以及影响效果。所谓影响力，指的是媒体作为资讯传播渠道，对受众的社会认知、社会判断、社会决策和社会行为等打上属于自己的“渠道烙印”。

这两者之间的关系，具体表现为：传播力决定着影响力，良好的传播力决定了信息传播到达受众的渠道和数量的丰富，构成影响力的基础；影响力是传播力的价值实现，具有较高影响力的传媒，表明其传播受众的层次、传播信息的质量与品格（表 6-2）。

表 6-2　媒体科学传播能力表

（一）

传播能力		具体因素	特点	形成因素
媒体竞争力	硬实力	物理介质 技术力量 基础规模 传播网络等	可见的 物质力量	· 与媒介的组织结构、管理体制、从业者能力相关 · 与政府和民间所拥有的传播力量相关 · 与一国的经济增长及其传播技术手段的实力相关
	软实力	传播理念 公信力 文化 影响力	内隐的 精神力量	

（二）

传播能力		具体因素	特点	两者关系
媒体竞争力	传播力	传播的信息量、传播速度与精度、信息的覆盖面以及影响效果	大众传媒各种传播方式的组合，信息扩散，产生的传播效果	· 传播力决定着影响力 · 影响力是传播力的价值实现
	影响力	受众的社会认知、社会判断、社会决策和社会行为等受到媒体影响的尺度	媒体作为资讯传播渠道对受众与社会的“渠道烙印”	

（三）

传播能力		具体因素	特点	两者关系
媒体竞争力	品牌力	· 品牌形象 · 品牌体验 · 品牌忠诚度	以对受众的粘接度为标志	互为表里 相互影响
	公信力	· 真实、可信、权威、高尚、有价值的信息产品 · 衡量传媒权威性、信誉度和社会影响力的标尺	以社会责任为核心	

三、科学传播媒体的核心竞争力

（一）媒体核心竞争力的概念

核心竞争力的概念来源于经济学与管理学，是企业在经营与发展中胜过竞争对手的核心资源和能力，是本企业所独有、其他企业难以模仿的稀缺优势。1990 年，美国密歇根大学商学院教授普拉哈拉德和伦敦商学院教授哈默尔在《哈佛商业评论》上发表《企业核心竞争力》一文，将核心竞争力定义为：能使企业为顾客带来特别利益，使企业获超额利润的一种独特的技能和技术，是企业获取或配置人力资源、核心技术、声誉，形成并能保持竞争优势的能力。哈默在 1994 年发表《核心竞争力的概念》一文中重申了这一观点，并列举了核心竞争力的三种类型：与市场进入相关的竞争力、与整合相关的竞争力以及与功能相关的竞争力。通俗地讲，核心竞争力就是“人无我有，人有我优”。

将核心竞争力概念引入媒体领域，目的在于帮助媒体形成独特优势。媒体的核心竞争力指在媒体胜过竞争对手核心资源和能力的总称。媒体以其主体业务为核心，形成的能够赢得受众、占领市场、获得最佳经济和社会效益，并在众多传媒中保持独特竞争优势的那些资源和能力，其特点是优越性、独特性、稀缺性、难以模仿性、难以替代性和延展性。核心竞争力的概念抓住了媒体成长和发展的关键，是媒体获得传播力的途径，是保持和提升传播力的保障。“核心竞争力的塑造还可以使媒体的发展方向具有长远性和战略意义，使它的任何一项决策都指向长远发展目标，在做大的同时也能做强，不至于在短期利益的诱惑下迷失方向。”

（二）媒体核心竞争力的组成

媒体核心竞争力的构成要素，主要由媒体品牌力、媒体公信力组成（表 6-2）。

媒体核心竞争力的关键是品牌建设。品牌概念源于经济学，指的是某种产品与服务的名称及其标志，区别于同类竞争对手的产品或服务。现代意义的品牌内涵，指的是向消费者传递一种价值观念与生活方式，是消费者与产品之间的全部体验，既包括物质体验，也包括精神体验。传媒品牌的内涵包括了受众对传媒品牌的认识、忠诚以及对传媒品牌核心价值的认同[17]。

传媒品牌影响因素包括品牌形象、品牌体验和品牌忠诚度。传媒品牌形象包括两个层面：一是传媒作为党和政府的喉舌，主要通过传媒的行政级别来衡量，行政级别越高的传媒权威性越强；二是传媒作为社会公器，评价指标主要包括独立性、公正性、社会责任感、平等、批判精神和人文关怀等。传媒品牌体验是指受众对传媒的具体经历和感受，包括受众对传媒内容的体验，以及传媒其他营销活动和营销刺激所产生的综合感受。新闻传媒品牌体验的主要评价指标包括及时、深度、独家、生动、格调等。

媒体品牌竞争力的核心是媒体公信力。关于媒体公信力，学术界和理论界尚未有统一的定义。有的认为媒体公信力是“传媒在长期的发展中日积月累而形成，在社会中有广泛的权威性和信誉度，在受众中有深远影响的传媒自身魅力”[18]；有的认为传媒的公信力是“传媒在长期的发展过程中形成的，在社会和受众中的信誉度、权威性和影响力”，“是影响传媒公信力最重要的三个因素”[19]；有的认为“大众传播传媒公信力是负有社会责任的传者，通过大众传播传媒提供客观、全面、及时、权威的信息，获得的凝聚在大众传播传媒上的普遍的社会认同”[20]。

显然，公信力在传播学中属于一个关系范畴，指的是传媒在与公众的相互关系作用中赢得公众信任的能力。具体来说，传媒公信力是指传媒本身具有的一种被社会公众所信赖的内在力量，是由媒体长期向受众提供真实、可信、权威、高尚、有价值的信息产品，在受众心目中建立起来的诚实可靠、公正守信的信任度和影响力，也是衡量传媒权威性、信誉度和社会影响力的标尺。

有人将媒体公信力的构成要素归纳为十种[21]：一是正确导向要素；二是思想高度要素；三是舆论主调要素；四是新闻真实要素；五是高雅格调要素；六是舆论监督要素；七是情感亲和要素；八是品牌特色要素；九是新闻精品要素；十是职业道德要素。虽然不无庞杂与繁琐，但是其中的因素对于构成媒体公信力确实是起着至关重要的作用，值得重视与挖掘。

（三）媒体公信力的核心是社会责任

一个主流传媒负有正确传播社会价值观的责任。科学传播媒体的社会责任，就是媒体要对社会与公众负责地提供科学信息与交流讨论的平台。我们认为，评判科学传播媒体社会责任的标准应该有：①真实、准确而公正地报道和评述科学新闻，满足公众对于科学知识与信息的需要；对于新闻原则的执著态度，是媒体公信力的源泉。②尊重公民人格尊严，维护公民合法权益；维护社会公共利益，做社会与公众间的科学动态的耳目喉舌，自觉维护公众“科学生存”的利益。③传播科学文化，不传播伪科学或假科学之名行商业之实的信息，自觉抵制消极的、不健康的有害的虚假伪劣的“科学信息”。④维护国家安全，促进社会稳定，发挥科学传媒的社会监督作用，在社会、公众与科学共同体之间担当“社会监视器”或“环境监测者”的角色。

（四）科学媒体核心竞争力的形成

科学媒体核心竞争力的形成，需要从几方面问题进行塑造：一是对外部环境的判断，包括对竞争者的分析、对行业前途的预计和对受众市场的细分；二是对内部资源和能力的评估，包括各类资源和核心能力；三是对媒体未来发展的预期，包括组织目标、使命、方向等；四是寻找媒体优势与外部环境的契合点。这种分析无疑是媒体在受到短期利益的诱惑和长期目标的牵制时，保持相对稳定的状态和清醒的头脑的必要前提。

从这方面来讲，科学传播媒体要形成自身品牌，打造核心竞争力需要从科学传播的媒体自身与受众两方面着手。科学媒体自身应超越行政级别的考量，发挥传媒作为社会公器的角色职能，在科学传播行为中主动承担其社会责任，充分体现其独立、公正、平等、批判精神和人文关怀的价值追求；对于受众，则力求通过科学研究者、科学爱好者以及科学组织机构与有决策力的受众个人态度的影响，而造成对事件与社会的影响，并且通过自身科学传播的及时、深度、独家、生动、格调等科学传播的品牌价值因素，持续坚持，在社会与受众中产生多层次的社会传播效应，激励受众的科学传播体验。

因此，在复杂多变、激烈的媒体市场竞争中，科学媒体需要实现从目标管理到过程管理的理性回归，以核心竞争力的培育为主导来选择和构建提升科学传播能力的途径，发掘和聚合核心资源与优势能力，摆脱同质化的困惑，从而有效地拓展自身在科学传播领域乃至文化产业里的发展空间和竞争位势。

第四节　新媒体环境下科学传播的战略建构

新媒体环境下的科学传播应该提高到战略高度，包括宏观层面的国家战略、中观层面的媒体战略以及微观层面的新闻战略。这种立体化的战略建构，才能为科学传播的发展提供全面的、长远的指导（图 6-4）。

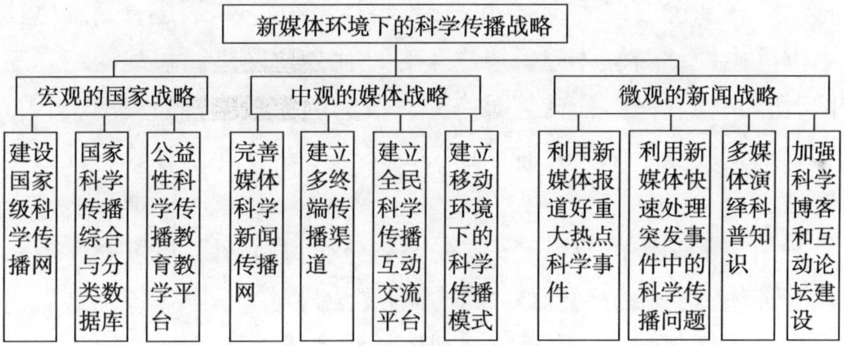

图 6-4　新媒体环境下科学传播的战略建构

一、宏观层面的国家战略

2006 年 2 月，我国正式颁布实施《全民科学素质行动计划纲要（2006—2010—2020 年）》，该纲要从科学概念及科学知识标准、科学世界观和方法标准、科学能力和科学技术能力标准三个方面，制定出由低到高、循序培养的全民科学素质标准。该纲要明确提出，要通过全社会的努力，争取到 2049 年，我国 18 岁以上公民的科学素质都达到这一标准的最高层次。但从现实的情况看，目前我国国民的科学素质，仍处在比较低的水平，与发达国家存在较大的差距，进行科技知识普及教育和广泛深入的科学传播工作任重而道远。因此，发挥新媒体的优势，制定利用互联网推动科学普及与科技传播的国家战略迫在眉睫。

2008 年第六届亚太科技传播峰会达成七项新媒体共识，其中提到，要适应“以互联网和移动媒体等为代表的新媒体带来的跨媒介、跨文化、跨产业融合的全球传播新格局”，要看到“传统媒体与新媒体正在竞争与融合的基础上实现多元化的共同发展”，“以即时、海量、互动为特征的网络文化正在兴起，其影响涉及社会生活的方方面面。消除全球化进程中的数字鸿沟、尊重文化的多样性成为当务之急”。因此，善用新技术、依托传统媒体和新媒体携手并进推进科学传播，共创人类文明新未来，已成为全球共同的课题。

随着互联网的快速发展，网络用户的日益普及，今天的新媒体已经从 Web1.0 时代走向 Web2.0 并正在进入 Web3.0 时代，移动互联网也正在从 3G、Wi-Fi 无线网络向 4G 迈进，新媒体技术推陈出新，新媒体应用层出不穷，社会化网络、移动网络、三网融合、物联网、云计算等有些已成为国家战略，如三网融合、物联网，有些已成为互联网巨头的未来战略，如云计算、社会化网络等。

站在科学传播的角度，首先要充分认识到新媒体的时代变化，转变传统思维模式为新媒体思维模式，抛弃单一媒体传播观念为全媒体传播观念；其次要充分利用新媒体技术开展科学普及工作，充分吸引社会资源加入到科学传播活动中，制定科学传播的国家战略。比如依托云计算、云存储技术，建立强大的科学传播数据库，保证用户在任何时间、任何地点、任何环境下都能进入云端，快速便利地掌握科学知识；建立分层、分类和分群体的科学传播数据库，建立科学家、科普精英数据库，将所有的科学类网站和数字化科学传播内容纳入统一的数据平台进行开发管理。同时，还要为数字化科学传播提供必要的政策保障和资金支持，建设公益性科学传播数字平台，开发互联网、手机、平板电脑、户外移动媒体等多渠道传播手段普及科学知识与技术。

二、中观层面的媒体战略

当前，新闻媒体利用新媒体技术手段开展科学传播，主要在建立互联网站、频道和科学博客等方面。门户网站、新闻网站都开设科学或科技频道，专业报纸和期刊大多数都已开建科学类或科普类专业网站，涉及科学内容的网页数量大幅度增长。由于网站建设门槛较低，因此，科学传播学会和社团组织成为网络科普内容建设的新增长点。中国数字科技馆、中国科学技术协会网、中国公众科技网、科学网等专业类网站亦初具规模。

但是，相比新媒体的快速发展和网络应用的丰富多样，新闻媒体利用互联网技术、计算机技术和数字化技术开展科学传播还有很大的提升空间和创新的作为。作为科学传播主体的新闻媒体需要研究网络传播规律，掌握网络新技术和新应用，制定新媒体与科学传播相结合的中观战略。

第一，发挥新媒体的优势，完善科学类网站。新媒体的海量信息、多媒体展示和易检索查询等特性契合了科学传播的需求。报纸、广播、电视囿于版面和时间的限制，很难全面深刻地传播科学知识、科学信息，以及蕴涵于其中的科学精神、科学态度、科学方法等，科学网站没有容量的限制，可以全方位收集科学知识、资料，利用云计算技术建立在线科学图书馆，同时新媒体的超链接特征还可以方便用户深入探究科学知识背后的原理、理论和数据。

对于科学传播而言，如何将艰涩深奥的科学知识用简洁明了、深入浅出的方式表现出来，一直是一个难题。而互联网的多媒体特性，在一定程度上为这个难题提供了“药方”。因此，完善科学类网站，要充分发挥视频、动漫、3D的作用，运用三维立体技术、Flash动画技术、音频和视频合成处理技术等，解释复杂的科学原理、自然现象和工艺技巧，把一般性的科学知识变成动感的立体画面，同时配以简单易懂的文字，直观、生动、形象地展示在公众面前，这样不仅给受众带来了视觉和听觉上的享受，也使抽象晦涩的科学知识变得通俗易懂，用户在观看时不仅不会感到乏味，反而会对科学产生更多的兴趣。

目前，科学类网站还存在着内容同质化问题，重复性的垃圾信息充斥其间，用户很难从网站获取真正有价值的、有特色的、高质量的科学知识和信息。因此，各类科学网站应该加强原创内容建设，设置更多的科学知识传播板块，如政策法规、科技新闻、科学生活、科学漫谈、科普论坛、校园科普等，邀请专业人士和科学工作者来为网站提供内容。同时，为了方便用户更好地掌握科学知识，科学类网站还应该建立垂直型搜索引擎，以方便用户快速便捷地查询。

第二，利用多终端广泛开展科学传播。新媒体虽然有渠道过剩之虞，但要提高全民科学素养，普及科学知识和文化，还必须要利用好新媒体多渠道、多终端的优势，扩大科学传播的覆盖面，针对不同人群采用不同的终端的特点，进行有效传播。

除了上文提到的互联网站以外，还可以利用以下的新媒体渠道开展科学传播。

电子刊物的网络订阅传播，又称为电子邮件传播。网站可以制作出各类型、各学科的科学电子杂志供用户免费订阅，然后通过电子邮件向用户发送。对于未订阅的用户，也可以根据网站注册用户的信息进行邮件推广，扩大科学传播的覆盖面。

电子阅读器的推送传播。当前市场上出现了各种类型的电子书、平板电脑、移动阅读工具等终端产品，这些产品一方面拥有不同的用户群体，一方面也有各自的传播特点。科学传播者可以根据这些终端产品的特点进行有针对性的设计开发，将科学传播内容与特定用户群结合起来，达到精准传播的目的。

智能手机、智能电视的融合传播。三网融合已势不可挡，随之而来的融合性终端即智能手机、智能电视也正在成为新型的传播终端。特别是智能电视，在集成互联网、有线网络和移动网络后会成为家庭客厅的主角。必须要高度重视进入家庭的客户终端，制作与之相适宜的科学传播内容，营造家庭学习科学知识的环境和氛围。

户外媒介的移动传播。广场大屏、车载电视、地铁视频、航空传媒、卖场电视、电梯屏幕等户外媒介拥有高覆盖率的流动人群，利用这些媒介传播科学常识，普及基础科学知识，无疑是最好的途径。

第三，利用社交网络建立全民性的科学传播交流互动平台。皮尤研究中心卓越新闻研究所 2010 年进行的一项调查显示，互联网和手机的使用，已经使新闻变成一种社群式体验。该报告指出有两项影响新闻消费行为的明显变化趋势：

——网民用户利用社交网络和博客以新的方式选择、评价新闻和对新闻作出反应。该项调查表明，75% 消费新闻的网民说，他们通过电邮递送和社交网站的帖子来了解新闻，52% 的网民说他们通过上述方式与他人分享新闻链接，37% 的网民下载新闻、添加评论或在社交网站转发信息。

——网民使用智能手机连接上网，对于一部分热衷追逐新闻的人来说，新闻的采集和知晓已经变成随时随地随手可做的事情。约 80% 的美国成年人拥有手机，其中 33% 的手机用户通过手机阅读新闻。

互动性是互联网的本质特性，发挥网络互动优势，调动社会资源加强科学博客建设，建立协作型科学传播网络模式主动纠偏与证伪，可以达到提升全民科学素养的目的。

建立综合性或专业类的科学、科普论坛，让普通民众通过论坛展示自己的发明创造或科普作品，让用户发布自己对科学问题的见解，让专业人员与其他科学爱好者就有关科学问题进行探讨，展开辩论，让论坛用户在交流中自主学习科学知识，主动传播科学文化。

加强科学博客建设。科学博客对传统科普媒介的报道内容和报道视角有着补充和延伸作用。科学博客的出现，可以让专业工作者用自己的知识服务于社会，缩短科学传播的距离，也可以让普通大众近距离地与科学工作者交流互动，提高科学传播的效果。在国内，科学博客的大规模出现始于 2007 年科学网博客频道的开通，博主身份的特殊性使得科学博客的文章更具专业性、权威性，也能及时对社会上、生活中伪科学的现象或问题进行解释和纠正，能发挥对科学知识的特殊传播功能。因此，要邀请更多的科学家、科普工作者和科技媒体记者加入到科学博客队伍中，积极推广科学博客，让科学博客成为科学传播的又一发力点。

建立协作型网络科学传播模式。Web2.0时代，人人都有麦克风，人人都是传播者，人人也能贡献内容，人人也都有辨识真伪的能力。建立协作型的网络科学传播模式，就是发挥每一个网民的能动性，让用户自我创建科学词条，及时更新科学知识，修正编辑错误内容，建立类似百度百科、百度知道那样的科学百科全书和科学问答平台。使用者创建、修改、查阅词条的过程，就是学习科学知识、接受科学教育的一次机会，也是在协作中完成在线科学知识积累的一次过程。

第四，利用SoLoMo模式，占领用户碎片时间，提供定制化、个性化传播内容。进入网络时代，快节奏的生活使得人们很难进入深度阅读，也很难有完整的时间系统地阅读。互联网内容碎片化的呈现能在一定程度上填补用户的碎片时间，特别是在移动环境中，利用等地铁、坐电梯或会议间歇来快速获取信息、资讯。因此，科学传播需要把握用户阅读习惯的改变，认识到传播环境的变化，制作出更多符合用户在SoLoMo模式下可以阅读的资讯内容，例如，少而精的科学常识、科学漫画、动感的科学flash，以及微科学视频等。

众所周知，新闻传播产生效果的前提是针对每一细分的个性化族群、每一个消费者的个性和心理需求进行精准传播。这就需要传播者改变过去那种千人一面的传播内容和传播方式，根据用户所在的地域、用户的职业教育状况和兴趣爱好以及行为习惯“投其所好”，为每一个用户提供个性化的内容，特别是根据用户所在地域、年龄、性别等提供与其贴近的科学知识与文化。

过去，一张综合报纸什么内容都登，一家综合性电台、电视台什么内容都播。现在虽然有了多种类型的报纸，电台、电视台也分频率和分频道了，但终究很难满足用户碎片化后产生的多样化需求。新媒体具有掌握用户部分数据的技术特征，可以在对用户数据分析的基础上进行差异化传播，例如，对城市知识分子提供环境治理、食品卫生安全、强身健体等知识，对乡村农民提供科学种田、科学养殖、品种优化与改良等知识，对家庭主妇提供健康卫生、科学烹饪、科学育儿等知识，对青少年儿童提供科普常识、奇幻现象、太空奥妙等知识。

三、微观层面的新闻战略

进入21世纪，科学传播与社会发展和百姓生活的关系越来越紧密，大到航空航天、深海探测、自然灾害，小到食品安全、健康饮食、科学生活，无不蕴涵着科学知识与文化。新闻媒体可以透过一个个科学类、科技类新闻事件向公众传播科学知识，弘扬科学精神，普及科学常识。以中国航空航天的发展为例，从2005年“神舟5号”载人上天开始，到月宫探测、神舟飞船与天宫一号对接，一个个重大的新闻事件让老百姓了解了飞船发射的过程，航天科技知识和外太空星球的奥秘，热点新闻易于吸引百姓的眼球，也更易于引起大家对科学传播的关注，公众在浏览新闻的过程中不知不觉地接受了科学知识。

借助科学新闻进行科学传播，是一项常规而长期的工作。在新媒体环境下，科学新闻传播需要与新媒体技术的特点密切结合，发挥出新媒体的优势，在热点事件中权威解答科学理论，在突发事件中及时解释科学问题，在日常报道中运用互动工具加强与受众的交流反馈，运用多媒体手段直观呈现科学文化知识。

每一次重大科技事件或者公众感兴趣的热点科技问题都是一次科学传播的最佳时机。当重大热点科学事件发生时，新闻媒体应借助网络、手机等载体，一方面快速、及时、海量报道新闻事件，另一方面要就热点事件中与公众日常生活密切相关的问题开展专家在线访谈，通过实时互动的方式吸引网民参与，普及科学知识。比如对“神舟飞船”的系列报道，新闻媒体可以建网络新闻专题，集纳新闻、图片、视频和相关资料，作为永久性资料库和数据库进行保存，以满足公众随时随地检索、查询的需求；还可以邀请科学家进行现场解释，逐点解析升空过程以及背后的原理、理论等。在热点事件发生之前或过程中，新闻媒体可以利用新媒体高强的互动性向公众征求意见和建议，了解公众的愿意，调动公众积极参与到科学传播中，以达到更好的传播效果。

近年来，国内突发公共事件不断发生，从2003 年的“SARS”、2008 年的“汶川大地震”，到2009年的“甲型H1N1型流感”、2011年的温州动车事故、2012的北京“7.21”特大暴雨、2013

年的H7N9禽流感，以及四川省芦山“4.20”7.0级强烈地震，每一次的突发公共事件都蕴涵着科学传播的契机。如果做好了每一次突发事件中的科学传播，将会有利于及时化解危机，缓和矛盾，稳定社会秩序，平和公众心态。新媒体快速、及时、广泛传播的特点，对于处理突发公共事件，有效进行科学传播，具有其他媒体无可比拟的优势，不仅能第一时间作出权威、科学的传播，还能对于一些小道消息、假新闻进行解释辟谣，增强公众主动获取科学相关信息的意识。如地震、海啸、泥石流等自然灾害，新媒体如果做好了行之有效的科学传播，不仅加深了公众对地震自然灾害相关知识的了解，也能在此过程中逐步形成和建立其应对自然灾害的科学知识和科学态度。

科学知识传播和普及的一大障碍是理论抽象、艰涩深奥、专业性强，有些现象难以用文字描绘，视频拍摄难度也很大，缺少直观、易读的表现形式，在一定程度上阻碍了科学传播和普及。因此，在科学传播中，应尽量发挥互联网多媒体的技术，运用Flash动漫、3D动画、图形图表等手段，为科学传播插上翅膀，将抽象内容形象化、繁杂过程图形化、文字描述图像化、实景展示虚拟化，制作出通俗易懂、形象直观、一目了然的科学传播节目。

实时互动是新媒体的根本特性。新闻媒体要在日常的科学传播中，有意识地借助新媒体的互动工具分析受众的需求与期望、受众的认知与心理结构，注重受众在科学讯息接收过程中的主体性与能动性的发挥，以Web2.0、论坛、SNS、博客、微博等为基础，建立科学传播主体与科学受众之间的双向互动及反馈机制。受众作为科学传播实践的参与者、科学技术知识与信息的接受者，其主体性和能动性在很大程度上决定着科学传播实践的成效。

互联网媒体的发展已经给科学传播带来了很大变化，手机媒体传播速度更快，形态更新，将会给科学传播带来前所未有的剧变。手机媒体是“带着体温”的媒体，也是一种“零距离”的媒体，服务性更强，形式更多样，互动更为灵活。因此，要掌握好手机传播这两大特点，为用户提供更具实用性、生活类的科学内容，发挥手机报、手机上网和手机微视频的作用，针对不同的形态设计差异化的科学传播产品，同时，在手机媒体中加强互动板块的设计，让用户能在移动环境下也能享受互动的交流与沟通。

第五节 重塑科学传播新格局

随着计算机技术和网络技术的共同发展和相互作用，全球交互空间逐渐形成，正在极大地改变着人们的思维方式和生存空间，数字化生存和网络化生存共同构成了当代社会的主流和前景生活模式。“数字地球”与“智慧地球”正逐渐成为人类生存的全新空间。科学传播将在这个全新的空间中发生变革，科学传播将无处不在，科学传播自身也将催生出新理念，重塑科学传播新格局。

一、“数字地球”，人类生存环境的数字化描绘

1995 年，美国麻省理工学院（MIT）教授兼媒体实验室主任尼葛洛庞帝在其新作《数字化生存》中，将数字化的重要性提高到了空前未有的高度：“比特，作为信息时代新世界的 DNA 正迅速取代原子成为人类社会的基本要素。”他指出，计算不再只和计算机有关，它决定我们的生存，并预言在数字化世界里，距离的意义越来越少，而网络将成为生活的第三个处所[23]。1998 年 1 月 31 日，美国前副总统戈尔在题为《数字地球：对 21 世纪人类星球的认识》的演讲中更提出要建立“数字地球”，他说：“我相信我们需要一个‘数字地球’，一种可以嵌入海量地理数据的、多分辨率和三维的地球展示。”[24]

2009 年 2 月，谷歌地球与地图主管 John Hank 在博文中昭示谷歌地球 5.0 的问世。“当你读到这篇博文时，我正在美丽的加利福尼亚科学学院发布最新版本的谷歌地球。这次发布对我而言具有特殊意义，因为它标志着谷歌地球走向更加完美的时刻——最新版本增加了一个谷歌海洋。”从技术上讲，谷歌地球一直有大块蓝色的广阔区域代表海洋，还有一些低分辨率的阴影代表海水的深度。但从谷歌地球 5.0 开始，将拥有一个详细得多的海洋探测地图（海床），用户可以跃入海水，考察用 3D 图像模拟的

海底的角落和缝隙，还可以看到数以千计的关于海洋生物的视频和图片、最佳冲浪景点的详细资料、真实的航海探险的记录日志，以及更多的数据和资料。

谷歌地球的功能演进预示了人类生存环境的数字化描绘。谷歌地球构建了 6700 座古罗马建筑的数字模型；第一个数字化城市柏林拥有 4.4 万个 3D 建筑物，第二个 3D 数字化城市德累斯顿，拥有 15 万个建筑物的数字立体模型；美国本土大中城市的街景视图，以及欧洲、亚洲和澳洲部分城市的街景视图。

新版本中谷歌地球的“旅游”功能预示了人类社会活动的数字化记录。只需要点击“旅游”功能中的记录键，沿着用户的旅游路线一路漫游到目的地，就可以创建一个可轻松共享，包含旅游故事，而且具有飞越功能的旅游记录。此外，谷歌地球的“历史影像功能”将人类迄今所认识的自然界和人类社会运行的一切细节与时间结合起来，由此启动对人类文明进程镜像世界的建造。在谷歌地球 5.0 中，有了新的谷歌地球历史影像功能，可以来回切换时间，观看几年以前，甚至几个世纪之前的影像，比较随时间迁移而产生的改变。另外，谷歌地球也将人类生存空间与环境的数字化描绘延伸至外太空，例如，在谷歌地球的工具条上选择“火星”，就可以进入火星的 3D 地图，这张 3D 地图具备最新的高清晰度影像、3D 地形图、火星探测器着陆地点的详细注释，以及很多其他的有趣功能。

不论是谷歌海洋，还是三维火星，抑或是历史影像功能，随着技术的进步，谷歌地球或许可称为是“数字地球”的最佳形象代言人。它将人类生存的空间、人类认知的空间与事物，以及人类自身的社会活动与演进，都以数字化进行记录和呈现。

二、“智慧地球”，物联网构建人类与物质世界的智慧连接

当人们还在沉浸于博客、维基百科、Twitter 这些 Web2.0 技术应用的兴奋之际，物联网——一个更为深刻的 IT 革命已悄然而至。物联网不仅作为一个科学技术的概念，更是作为网络技术运用的一个全新景观呈现于人们面前。“智慧地球”概念的提出成为互联网浪潮后的又一次科技革命[25]。

物联网是人类与物质世界进行信息交互的新的形态，一方面推进了物体与物体之间的信息连接，另一方面推进了人类与物体之间的信息交互。2009 年 2 月 24 日，在以“点亮智慧的地球——新机遇 · 新智慧 · 新世界”为主题的 2009 年 IBM 论坛和中国策略发布会上，IBM 大中华区首席执行官钱大群讲述了“智慧地球”的理念，勾勒出世界智慧运转之道的三个重要维度：第一，我们需要也能够更透彻地感应和度量世界的本质和变化；第二，我们的世界正在更加全面地互联互通；第三，在此基础上所有的事物、流程、运行方式都具有更深入的智能化，我们也获得更智能的洞察。当这些智慧之道更普遍更广泛地应用到人、自然系统、社会体系、商业系统和各种组织，甚至是城市和国家中时，“智慧的地球”就将成为现实。这种应用将会带来新的节省和效率——但同样重要的是，提供了新的进步机会[26]。

“智慧的地球”掀起了互联网浪潮后的又一次科技革命。科技驱动力将推动这场革命的迅速发展——这就是人类历史上第一次出现了几乎任何系统都可以实现数字量化和互联的事实，这就是全面的“物联网”和“互联网”的融合。从 1999 年在美国召开的移动计算和网络国际会议上提出物联网的概念至今，物联网已经从一个近乎科学幻想的描述，演化为世界的前沿行动。

以互联网 IT 的发展为基本特征，观察互联网 IT 的社会应用，会发现技术革命与社会革命交叠发生的演进线路图[27]：Web1.0 时代是以信息总量剧增、全球信息互联、信息综合提供、网络数据检索为主要特征的网络泛传播时代；Web2.0 时代是以媒介形态多元、个体传播强化、网际协作普及为主要特征的网络社会形成的时代；Web3.0 时代将生成一个物质世界与人类社会全方位连接起来的信息交互网络，我们感受的是由此生成的超大尺度、无限扩张、层级丰富、和谐运行的复杂网络系统，呈现在我们面前的将是现实世界与数字世界聚融的全新的文明景观。

物联网建造的人类与世间万物全程信息交流的传播结构，将导致人类行为方式及社会运行方式的改变，也必将改变科学传播过程及模式，为科学传播带来巨大的潜力和无限可能。

三、确立科学传播的新理念

（一）面向未来：科学传播无处不在

面对信息通讯技术的突飞猛进和人类生存环境的数字化与网络化，科学传播面临变革的震荡。当人类生活在数字化描绘的环境中，人类社会活动均被数字化记录，世间万物在信息通讯技术的推动下日益拥有了主动表达的能力的未来，可以想象，人类借助物联网，可以通过物体自身发出的信息，准确了解物体方方面面的状态，并实现与世间万物的信息交流。

这种“物与物相连”、“人与物相连”的智慧网络，是互联网应用效能的极限延伸，当它通过智能感应设备把与人类相关的所有物体连接在信息网络之上的时候，就推动了人类更精确、更全面、更及时地了解客观世界万事万物的状态，更智慧地协调与环境之间的关系，更有效地达及科学设定的目标。[28] 这样的未来世界对于科学传播来说无疑充满巨大诱惑，科学传播将突破自身局限，在人类社会与物质世界智慧相连的信息交流与能量交互系统中，实现科学传播效果的最大化，并释放服务公众科学素养、推动社会变革的巨大潜力。

（二）前景传播：给科学传播戴上“后视镜”

中国科技大学教授汤书昆在科学传播理论研究中提出了“前景传播”的概念[29]。

汤书昆认为，前景传播“是基于当代日新月异而且趋势经常转向的文明特征”，是当前文明所需要的“一种动态化伸展向前景阶段的传播进程”。目的是为了培养有能力面向未来的新生代，“构造一个紧紧跟踪最新文明进展的信息传播系统，并且使这一传播机制能渗透到广大民众之中，形成以前景分析为轴心，有效把握科技文明前沿的素质构造”。汤书昆还提出了前景传播的理论基础、体系设计和实务运作，以使“沸腾的科学创新与有效的科学传播兼容”。

这一概念的可取之处在于，它针对过去科技传播重线性历史结构，“从科学与技术的过去开始，分析现在，预测未来”，大量的时间和精力花在传播已往的科技知识与理念之中的问题，面向飞速进展的科技文明使得新的科学与技术信息如雨后春笋般涌现，覆盖与淘汰新近产生的观念知识与技术，“地球村”内的人们信息爆炸，传播的不确定性更加突出的现实，从而提出“前景传播”的概念。如澳大利亚未来学会主席耶雅德揭示的：“如果你今天不能以未来的方式生活，那么明天你将活在过去的生活方式。”

然而，这一概念有着不能自我实现的难点，就是如何落实到科学传播的实践中去，尤其是如何在科学报道的实践中得到检验。

从其设计的概念解释中，可以这样认为，在传播实践中，需要使“沸腾的科学创新与有效的科学传播兼容”，有效把握科技文明前沿，紧紧跟踪最新文明进展，形成以前景分析为轴心，培养有能力面向未来的新生代，牢牢把握并形成“动态化伸展向前景阶段的传播进程”。这一科学传播的信息传播系统与进程，具有时间上的持续性、传播范围上的社会广阔性和传播视域上的前瞻性。前景传播是针对整个社会，以提升整体的新时代认同力为目的，作为一种有待验证与实践证明的科学传播新思想，需要进一步补充，使之具体化。

这里或许可以借用麦克卢汉的一个术语。麦克卢汉的“后视镜”概念是一个富有启发意义的思想工具，麦克卢汉说：“我们透过后视镜看现在。我们倒退走步入未来。”莱文森解释：“我们面对一种全新的情况，我们往往依恋……不久前的客体。”[30]后视镜传播可以给未来导航，用它可以看得清过去和未来，借以警惕错误和陷阱。作为思想方法的工具，在科学传播中的启示就是前瞻科学的未来，对当下的科学事件与活动，联系其过去、现在与未来以及社会生活中的影响，采用分析性报道和背景分析方法，由此建构动态的、向前延伸的科学传播进程。

（三）全球视角：强化科学传播的人类镜像

当今时代的基本特征是全球化。全球化是20世纪80年代以来在世界范围日益凸现的新现象，成为当今世界发展不可逆转的大趋势。科学传播乃至整个传媒体系随着传播科技的发展，也面临着全球化的冲击。

全球化（globalization）概念有着明显的政治学、经济学和传播学的印记。第一个提出全球化概念的，是美国卡特总统时期的国家安全顾问兹比格涅夫·布热津斯基。他在1969年出版的《两代人之间的美国》一书中首次使用了“全球化”一词。1980年，美国未来学家阿尔文·托夫勒在《第三次浪潮》一书中提出全球意识的概念。他说：“正像第二次浪潮造就一部分人拥有大于地方利益的国家主义意识形态的基础一样，第三次浪潮促使那些拥有比国家利益更大的利益集团的纷纷兴起。这些集团正在形成全球主义意识形态的基础，这种意识形态，有时叫做‘全球意识’。”[31]

在传播界，人们通常认为，第一个论及全球化概念的是加拿大学者马歇尔·麦克卢汉。他在1964年出版的著作《理解媒介：论人的延伸》中曾预言：随着电子媒介的发展，世界将日益成为一个地球村。他从媒介发展的角度得出这样的论断：印刷媒介使人类世界彼此疏远，电子媒介却使人们更加相互依赖；人类社会的发展经历了一个“部落化—非部落化—重新部落化”的过程，最终把整个世界塑造为“地球村”。但麦克卢汉的地球村概念不等于全球化，它只是全球化的起点。传播学者眼里的地球村概念，其重要标志是文化传播正变得越来越快捷方便，影响面涵盖社会中的政治、经济、文化等各方面。

传媒作为推动全球依赖性增强的重要动力，其所从事的传播行为，也不可避免地打上了全球化的烙印。传播全球化是正在形成中的一种传媒发展新趋势，“指的是传媒在全球化浪潮影响和推动下，凭借高新通讯技术，试图弥合地域和文化差异，在全球范围内向任何潜在目标受众所进行的超时空、跨国界的资讯传播理念和行为”[32]。值得注意的是，20世纪末，人类在传播新技术、新媒介方面取得的重大突破和迅猛发展，如卫星直播电视、互联网等，使一些发展中国家以较低成本和较少限制的可能性参与到跨国界、跨地域的传播格局中来，或多或少地改变了超级大国和少数发达国家垄断全球传播、全球舆论的局面。

作为传播领域的重要范畴——科学传播已成为人类社会传播不可或缺的组成部分，科学传播是与科学组织、国家经济、科技文化等有着密切关系的传播领域和文化现象；它与公众理解科学相关，这使得科学传播关注和研究的范围可以拓宽到政治、经济、社会、技术、文化以及军事等各个方面，成为国家文化软实力的重要组成部分。

在美国，科学传播早已成为一个重要学科，科学传播协会每年召开年会，涌现了大量研究成果。美国许多大学新闻院校把科学传播学列为一门必修课程。在我国，科学传播正成为一个充满活力、具有迫切现实性的新兴学科，对它的研究方兴未艾。

（四）面向公众：加强科学传播的接受力

科学传播的接受力指的是科学信息为受众所认可与理解的程度。由于科学技术的复杂性、科学领域的专业性，导致科学传播信息的艰涩与难懂，不少信息带有专业词汇、外文字母、复杂数据，因此，使得科学传播的受方往往抓耳挠腮，或望而兴叹。加强科学传播的接受力，就是要求科学传播重视受众对科学信息、专业科技知识的理解程度，摆脱科学工作者和传播者自身的喜好，时刻以受众为中心，在科学传播事件的选择、信息与材料的择取、科技知识表达与科学争论的报道上，做积极的解释，适应受众的接受，以减少“信息不对称”带来的传播障碍。

加强科学传播的接受力，首先在于科学传播媒体要分析科学传播对象在不同层次、不同阶层之间的文化差异，在选择传播内容时，体现出鲜明的对象化特性。如媒体主要面向高校、科研院所的高层次受众，则可以提供高端的前沿的科技信息，提供具有新发现的价值的事件，并可以把科学研究、思想交流中的争议，完整地提供给受众，从而给这些高层次科学公众一个全面的认知，使他们得出自己的认识，并由此可能使他们参与讨论。而对于初高中以下文化程度的受众，则主要选择与传播既成的科学信息，已经产生影响的科学成果。

其次，在于科学传播媒体要针对受众的认识水平与科学信息的理解程度，进行适当的背景介绍与信息诠释。科学信息接受的难度是客观的，而恰当的解释与背景介绍，可以较大地降低受众理解与接受的费力程度。例如美联社、路透社的科技类新闻报道，一般都在报道最新科技进展后，插入一段背景介绍，接着讲述科学原理或者技术程序，或者回顾一下以前的相关报道。这其实是科学普及阶段的做法，体现着对公众普及科学知识的细心与体贴。

再次，在于科学传播媒体要针对受众在接触科学知识与事件过程中的需求心理，对该知识或事件的意义和价值做出适当的评价。科学研究在公众眼里有时看起来具有偶然性与盲目性，对这一研究的过去的承续与未来可能的影响茫然无知，科学媒体对那些尚未有结果的研究事件的报道又具有不连续的特点。因此，当一件重大的科学事件爆发时，公众在了解信息之后，必然想了解这一事件的意义与价值，关心这一事件对于社会发展乃至与自身的关系。如一种基因组医学研究的重大进展，对于癌症患者是否意味着征服的可能；又或者某一国外的最新研究对于本国科学发展意味着什么。这些对于受众内心关切的意义与价值的分析与评价，科学传播媒体是必须要作出回应的。

加强科学传播的接受力，还应该照顾公众对于科学研究在国际间的比较心理。受众心理学研究表明，人们总是更关注发生在身边或附近地区的事，或者关切与自身利益相关的问题。但科学研究却不尽然。由于科学研究具有人类普遍的价值，尽管科学研究的最新进展、重大成就发生在异国他乡，也能引起本国公众的极大注意。因为这里面往往渗透着国家公民性的比较。如中国“神舟”飞船成功发射在日本就引起了巨大恐慌。因此，科学传播媒体如果能够经常性地报道其他国家的科学发展，报道不同国家公众对于其他国家科学重大进展的心理认识，可以沟通本国国民的视野与心理情感联系。这其中更有价值的是，对科学家和科学家群体的关注。因为人们对于作出突出贡献的科学家总是抱有极大的兴趣。问题往往在于，我们的媒体不太注意对于科学家个体或群体的关注。这样的科学传播，缺少了人的特性，某种程度上降低了科学传播的接受力。

新媒体给 21 世纪的科学传播带来了诸多机遇与挑战，展望未来，科学传播充满无限可能。

放眼未来，科学传播将无处不在。

四、建构传受互动的科学传播新模式

传统的单向科学传播方式越来越不能适应网络传播媒介带来的新变化，科学传播期待一种直接的互动传播方式。科学传播的双向互动成为科学传播自我价值的实现，也增进了科学传播超越现有需求的核心价值。

这里所说的“互动”，是指发生在两个或两个以上参与者之间的双向传播关系与模式。互动参与者可以是科学工作者与科学爱好者个人、科学组织或环境等，互动参与者是相互作用而非单向的行为。同时，互动参与者拥有对科学传播活动的主动控制权。

互动“还意味着双方对传播内容流程的共同控制”[33]。科学传播领域的“互动”，是指在共通的语义空间下，传者与受者通过双向渠道交换信息，互相传达对于科学信息的理解与回应，在共同控制中实现科学传播活动的行为。

互动状态下的科学传播，总是向着共同期望的方向发展。所谓“共同控制”，并非指双方对传播过程具有同等影响力，而是指不管所处信息位势的强弱，双方均在传播过程中发挥作用，对传播的内容、方式、方向等拥有主动权。当然，两者的控制力越接近，互动越充分。

人际传播是最具互动条件的传播类型，而专业化传媒组织在面向庞大的、不确定的、隐匿的大众进行传播时，尽管有着互动的愿望与机制，但由于媒体的控制权过多、反馈渠道过窄、媒体提供给公众回应反馈的手段单一滞后等因素，因此，媒体在双方关系中明显强势，单向传播的特点鲜明而突出，“大众传播者不知道受众在做什么、想什么或有什么感觉，受众成员无法表达他们的疑惑、遗憾、愤怒、激动，或任何其他对信息来源的反应”[34]。

科学传播中的“传者”与“受者”之间存在科学信息的发布与接收反馈行为，是互动发生的基础要件。科学传播的通道宽度、畅通程度、传受双方的传播能力等因素的制约，影响着科学传播的沟通与效果。在互动关系中，传受双方并不固定，而是根据信息交互的需要和对科学话题的讨论不断转换。科学工作者或科学爱好者个人、集团或更高级别的科学组织，都可以作为科学传播中互动的一方。一般而言，个人对信息的回应速度最快。而作为互动一方的组织，无论是传播信息、处理收到的信息，还是根据外界的信息做出行动决策，以及落实决策等，都带有集体行为，因此其内部的协调与合作往往需要一定的时间。科学传播中的主体构成人数越多、结构越复杂的组织，做出回应的速度越慢。当一方对从另一方接收到的信息搁置一段时间才做出反应，一般称为延时回应；而当一方接到另一方的信息后马上做出反应，称为即时回应。与延时回应相比，即时回应更直接，针对性更强，更容易实现互动的目的。当发出信息和接收反馈同步或几乎同步时，状态最佳。

报纸、杂志、广播、电视等传统大众媒体为适应新的科学传播环境和受众对于科学信息的新需求，不断探索传统媒体互动的新途径。

随着传播科技的增强，受众反馈渠道和便利性空前提升，受众的主动性和传播能力随之增强，他们不再满足于被动接收的状态，渴求更多的互动机会。

五、实现科学传播的全媒体转型

（一）建构新媒体科学传播的社区

互联网等新媒体的发明将传播的权利赋予互联网中的每一个人，任何人都可以传播信息，从事只有昔日媒体巨头才能进行的传播。麦克卢汉断言："目前我们正在很快地接近人的延伸的最后阶段——意识的技术模拟阶段。在这个阶段，知识的创造性过程将被集体地、共同地延伸至整个人类社会，如同我们已通过各种媒介延伸了我们的感官和神经一样。"[35]

Web2.0环境下，用户借助网络创建具有关注点的社会群体，并开展各类社会活动，使得现实社会与网络社会结合在一起，催生了科学的网络社区，科学爱好者、传播者、科技创新小组等在线创建自己的博客站点，发布自己的博客日志。

如维基百科的在线百科全书，可以让网络上的任何人添加条目，任何人编辑条目。其动态的和协作式的创作、传播、讨论，将原来分散的、很难聚合到一起的科学传播者很快聚集起来，围绕共同的科学项目、话题进行交流。中国的社交媒体人人网、微博等也在不断地向注册者推出科技进展的前沿信息。

（二）多元化媒介渠道营造科学传播新景观

新媒体环境提供了多元化的媒介渠道。在由科学塑造的未来社会，个人化信息采集传播终端将成为主流，传统媒介成为社会信息之网中的一环，科学传播的传统媒介应当按照用户需求重新组织用户团体，为特定的团体和个人受众提供特定的信息产品，这种产品不仅仅是内容，还应包括提供与科学家交互传播的服务功能在内。“正是借助于互联网，人的个性和魅力的释放成为真正的可能。”[36] 科学家需要向科学界以外的公众传播他的研究知识、心得与文化价值。

多元化的媒介渠道也在促进着大众媒体发生转型。早在2006年，BBC就提出“创造性的未来”（Creative Future）的新媒体计划，其中“马提尼媒介”（Martini Media）概念就旨在“让受众用最适合自己的方式来获得信息，并且要快、准、精”。BBC希望在任何时间、任何地点，公众都可以通过MP3播放器、3G视频移动电话、互动电视和网络等不同接收设备和平台方便地获取自己想要的内容。CNN按照互联网的特点推出了一系列产品，涵盖了所有的媒介平台、桌面、邮件、手机APP(第三方应用程序)、RSS、谷歌插件等，受众可以通过各种方式获取CNN的信息产品。CNN在提供自己的新型媒介产品的同时，还积极运用社交媒体Facebook和Twitter。

而以宽带IP为核心技术，以手机、上网本、手持电脑等为终端的移动互联网传播，使科学信息传播实现了“移动而互联”，使科学传播具备了时间与空间的高度灵活性。在科学信息交互与共享的平台上，搭建了视频通话、手机邮箱、移动搜索、手机即时通讯、移动博客、移动推客、移动SNS、移动论坛、手机报等，使得科学交流变得空前的视觉化、便捷化。

新媒体营造的科学传播新景观，将使得科学传播真正出现保罗·莱文森所设想的“处处皆中心，无处是边缘”的情景。

（三）建构自媒体科学传播的新平台

新媒体技术催生了个人传播的创新平台，打破了传统媒体对信息渠道的垄断，使人们可以跨越学科壁垒与信息传播的藩篱，丰富了公众对科学和科技的意见表达渠道，提高了公民参与科学的可能性。

1. 个人作为新媒体传播的主体。

新媒体使得科学传播行为从形式到内容都发生了变革，其中之一是传播主体的改变。在传统时代，科学传播主体是科学共同体、大众传播媒体、科学组织机构，他们对科学信息内容与信息源产生直接影响。随着新媒体时代的到来，科学传播主体从一元化向多元化过渡，个人以及社会组织也有了传播渠道，参与到科学传播的领域之中，个人正在成为影响科学传播的新因素。

首先，互联网的出现，打破了“传者中心”模式，使科学传播单向传受模式变革为双向互式传播。新媒体技术支持下的科学信息接收者同时也可以是科学信息传播者；新媒体的低成本和低难度降低了传播准入门槛，信息通过手机、微博等迅速发送到互联网与各个信息接收终端；过去需要经过多项程序、几重把关才能完成的信息传播，如今在手掌之间就能完成。这样，个人成为科学传播主体参与科学传播就有了便捷与可能。

其次，个人利用新媒体进行科学传播的形式多种多样。就目前来说，论坛、博客、微博客、播客、社交网站、网络视频和网络手机等都可以成为个人进行科学传播的手段。例如科学网有一个相当深厚的用户群，来自不同学科、背景的注册用户在这里与科学家、科学工作者、科学爱好者、科学共同体相互交流和传播信息。

有的自媒体用户采用个人博客、播客、个人视频站点来交流科技信息，视频网站如 YouTube、Hulu 等已经成为个人最常用的科学传播形式，借助视频分享，将复杂的科学信息化为生动形象，又极其迅速地传播开去。在视频网站上传播的视频课程，已经成为美国哈佛大学、耶鲁大学等世界知名学府的科学研究者，甚至获得诺贝尔奖的科学家面向普通大学生、科学爱好者的重要讲坛与通道。科学工作者本身就具备使用计算机、新媒体技术的能力，在大众媒体时代限于信息渠道狭窄、传播权单一与严格把关的制约而不能或甚少传播的信息内容，借助宽带与视频网站，就能轻松地加入到了科学信息传播的行列，直接面对科学传播的公众。还有很多草根阶层热衷于视频拍摄，很多专业的科学报道工作者，也因为个人自媒体的丰富与便捷，而利用其作为科学信息传播的平台，成为“独立记者”。

2. 自媒体传播的价值。

个人（公民、科学工作者、媒体人士等）成为科学传播的主体之一，具有重要意义。它丰富了科学信息的获知渠道；它使得科学工作者和科学政策制定者可以方便地听到来自公众而非传统媒体的声音；个人新媒体传播形成广泛的社会氛围，也增强了公民科学参与的主体意识。个人的科学传播力不可小觑，它甚至将成为影响科学界与科学普及的重要因素。在科学研究中常常发生的科学道德问题，自媒体传播与评论为科学道德的监督与遵守提供了极为重要的平台，使科学伦理与剽窃行为暴露于光天化日之下，制约了科研腐败，体现了中国公众对科学参与、提升科学研究质量的强烈愿望，也体现了公民个体在科学传播中的角色认识的增强。这绝不是单纯的科学普及能达到的社会效果。

自媒体传播和公民网络搜索的运用，使科学研究作伪者付出应有的代价。作为科学传播主体之一，公民个人传播的生动性和多样性极大地增强了科学传播的形态和内容，使科学传播与公众理解科学行为呈现出高度民主化、个性化的特征。

显然，当科学传播权不再属于特定范围和阶层，当科学爱好者与科学草根一族在推动科学传播、关注科学研究的发展，当跨界传播不再局限于科学研究共同体的行为，而因为更多公民个人的参与展现出生机勃勃的科学传播图景，科学传播就将推动科学研究繁荣与社会关心科学进入一个崭新的境界。

当然，大众媒体机构还可以对使用自媒体发布信息做些限制，防止信息被社交媒体平台首发。如美联社就对本部门的人利用 Facebook 首发信息做了限制。重要的是，大众媒体机构是否愿意展开调研，就组织内的人员在何种情况下和针对什么信息可以利用自媒体发布信息，建立规章，加强引导。

（四）大亚湾中微子实验成果的全媒体、多元化传播实例分析

2012 年入选“中国十大科技进展”的中国大亚湾中微子实验成果，其传播模式就体现出全媒体、多元化特征。2012 年 3 月，中国科学院高能物理研究所网站建立“大亚湾中微子实验发现新

的中微子振荡模式”专题，发布中国科学院高能物理研究所大亚湾中微子实验新闻发布会及学术报告会。通过网络直播，大亚湾中微子实验国际合作组发言人王贻芳向全世界的粒子物理学家报告他们的结果，称大亚湾中微子实验发现了一种新的中微子振荡，并测量到其振荡几率。介绍该结果的论文已于3月7日送交美国《物理评论快报》（PRL）发表，其预印本也已在网上发表。

《中国科学报》3月9日、《法制晚报》3月11日、《科技日报》3月13日分别予以报道。3月14日10时，科学网邀请参与此次项目的曹俊、邢志忠两位学者与广大网友在线交流，访谈内容共126个问题，得到116个回复。《北京日报》3月21日发表了曹俊的专文《大亚湾中微子振荡新发现（主）反物质消失之谜有望破解》。

博客和微博在这次科学发现的传播过程中发挥了重要作用。中国科学院高能物理研究所研究员邢志忠在3月8日的博客发表《大亚湾实验取得重要突破，温情献礼三八妇女节》一文；中国科学院高能物理研究所研究员曹俊3月11日在其科学博客上发表文章《大亚湾中微子实验结果的简单解释》。

果壳网官方微博（@果壳网）也在传递和解释大亚湾中微子研究中心宣布发现中微子振荡频率；网友（@火星蜥蜴－SYSU）说："大亚湾中微子实验室发现新的中微子振荡，祖国果然还是有正儿八经的高科技的。"大亚湾核电运营管理有限责任公司官方微博（@大亚湾核电）则转发新华网新闻《大亚湾中微子实验发现新的中微子振荡》，发布大亚湾中微子实验国际合作组发言人王贻芳的信息说："这一重要成果是对物质世界基本规律的一项新的认识，将有助于破解宇宙中‘反物质消失之谜’。"中国科学院理论物理研究所研究员李淼在其实名认证的微博（@李淼在微博）上，转述了高能所前所长陈和生在新闻发布会上的巧妙回答说："很多人都希望本土科学能获诺奖。"布鲁克海文国家实验室研究助理通过微博表达祝贺。主流媒体如香港《文汇报》也利用自己的微博（@香港文汇报）传播新信息。科学网及其官方微博（@科学网）通过直播实录和访谈实录，报道美国《科学》杂志关于此重大发现的文章，称此重大成果"标志着中国科研正在崛起"。

值得注意的是，在这次科学传播的专题案例中，互动特征明显，不仅新闻发布会表现出互动趋向，大亚湾官方微博、科学家微博以及媒体微博都在传播中体现出与公众的互动传播诉求。对于其中的不足，中微子实验新闻发布会召开后第二天，清华大学科学技术与社会研究所副教授刘立在其博客中指出："随着科学进入后学院科学（post-academic science）阶段，随着科研竞争竞赛的加剧，新闻发布先于论文发表的情况将更多地出现，科学家将更多地与媒体打交道。科学家与媒体打交道，水平和技能有待提高，比如如何用科普的语言解说清楚，如何表现得幽默一下？"[37]

第六节 培育全媒体型的科学传播人才

任何行业，任何领域，说到底是人才的竞争。因为人才战略是一切战略得以实现的保障和基础。科学传播当然也不例外。

一、大力提高科学传播工作者的综合素质

一切的竞争力最后都归结为人才的竞争。高素质的科学媒体传播工作者是媒体软实力的重要资源与独特优势。

科学媒体从业人员必须树立鲜明的品牌意识和品牌观念，具备较高的人文素质和强烈的信息意识，能够理性地对信息进行加工提炼，使无序信息变成有序信息，形成信息的有效传播。科学传播工作者也要不断加强自身的知识积累，对科学新闻事件和重要的科学最新信息的内在逻辑和客观规律，进行客观分析和理解，进而予以科学的判断，给以建设性的指导意见。

二、培育全媒体型科学传播人才是当务之急

（一）什么是全媒体型科学传播人才

全媒体、媒介融合已然是传统媒体面对传媒新生态、传播新格局的发展方向和必然选择，而打造一支全媒体新闻队伍则是实

现媒介转型与再造的重中之重，也是转型、再造能否成功的先决条件。

但是，无论是新闻业界的内部培训还是新闻院校的正规教育，重心与落点都偏向于掌握媒体运用的技能上，尤其是要求传统纸媒记者学会视频拍摄、编播和剪辑等技术环节，要求学生在校期间就能学会各种技能，集采、写、摄、录、编、网络技能运用，以及现代设备操作等多种能力于一身，全媒体人才简单被释义为“全能记者”、“背包记者”（指将所有摄像、摄影设备都放在一个大背包里，能够同时承担文字、图片、音频、视频等报道任务的记者）。

之所以出现对全媒体人才的片面理解，主要源于对全媒体的片面认识以及传统媒体应对全媒体时代的挑战而产生的被动反应。

一直以来，我们对于全媒体的认识局限于“全面的媒体”、“全能的媒体”，即横跨报刊、广播、电视、网络、手机，拥有全部的传媒报道形态，实现一次采集多重发布、多次销售的报道模式。因此，新闻媒体致力于跨媒体扩张，纸媒办网站、手机网，推出网络视频，网站则办报纸、办期刊、办网络电视台。业务的发展必然是要求编辑记者队伍一身多能，既能服务于报纸、网站，又能胜任音频、视频记者的角色，因而技能的要求被提到了首要位置，这样自然带来对全媒体人才的认识误区。

我们认为，跨媒体只是全媒体的外在体现，其表征为媒介形态全覆盖，技术手段全运用。但是，全媒体不是不同形态媒体的简单链接和组合，而是在拥有不同媒介载体的基础上针对用户个体的超细分服务，是根据用户需求和媒体传播规律来综合运用各种表现形式的一种传播方式。拥有不同媒介只是全媒体的基础设施建设，其核心在于掌握不同媒介的传播特点和规律，兼容并蓄，融会贯通地运用不同媒介，以最小的成本达到最大的传播效果。

（二）全媒体科学传播人才是复合型人才

在新媒体出现以前，科学文化传播就存在着专职从业人员数量少、专业教育缺乏的问题。根据科学技术部主编的《中国科普统计 2008》，截至 2006 年，全国共有各类科普人员 162.35 万人，全国每万人口中有科普人员12人。其中，科普专职人员19.99万人，占科普人员总数的12.3%；科普兼职人员142.35万人，占科普人员总数的87.7%；科普专职人员与科普兼职人员之比为1：7。全国共有注册科普志愿者35.74万人，占科普兼职人员总数的25.1%。全国共有中级职称以上或大学本科以上学历科普人员66.84万人，占科普人员总数的41.2%。全国科普兼职人员共投入工作量218.61万人/月[38]。

而科技部发布的2011年度全国科普统计数据表明：2011年，全国共有科普人员194.28万人，比2010年增加10.93%；每万人拥有科普人员14.42人，比2010年增加1.36人，增长10.41%。其中，县级科普人员151.37万人，占全国科普人员总数的77.91%。全国农村有科普人员71.12万人，占科普人员总数的36.61%，农村每万人拥有科普人员10.83人，比2010年增加1.16人，虽然增加数低于全国平均水平，但11.99%的增长速度快于全国。虽然科普队伍不断扩大，但人员构成不均衡，专职人员偏少，仅占科普人员总数的11.54%，科普创作人员更是极度缺乏。2011年，专职从事科普创作的人员比2010年仅增加210人，共计11191人，只占科普人员总数的0.58%。全国357家科技馆共有科普创作人员603人，平均每家科技馆只有1.7人，有269家科技馆甚至连一个创作人员都没有[39]。

新媒体出现后，又对从事科技新闻报道的新闻人员提出了更高的要求，不仅要掌握科技报道的专业知识，还要掌握新媒体传播规律、新技术的操作运用，以及全媒体的编辑思维。而当前，从事新媒体业务的编辑记者不熟悉科学专业知识和专业技能，传统媒体的科技记者和编辑还处在转型期，一时还难以适应新媒体的变化，真正进入全媒体的角色。在新媒体环境下进行科学传播所需要的复合型人才——既懂得尊重科学传播规律，又懂得尊重新闻传播规律，还懂得尊重网络传播规律——面临着很大的缺口。

三、怎么培养全媒体型科学传播人才

（一）熟悉全媒体特点

从事传统媒体的新闻人要转换思维，首先要熟悉网络媒体与新媒体的技术特征和传播特性，网络新媒体的人员要学习传统媒体新闻的报道规范、采编程序和基本新闻理念。

这是看似简单的一种表述，但实际运用起来非常复杂。

以传统媒体人熟悉网络新媒体为例，第一要培养技术感。强大的技术引领是网络新媒体发展的源头和动力，网络新闻业务在很大程度上需要计算机技术、数字技术和网络技术的支撑，只有了解、熟悉了新媒体技术，才能将技术优势融入新闻报道，发挥出全媒体报道特色。《新周刊》在微博出现之前市场知名度有限，但是他们抓住了微博新技术，利用微博的粉丝效应、转发特性，获得了用户群的极大关注。

第二要培养网络感。网络媒体的报道方式五花八门：滚动新闻、文字访谈、视频直播、论坛博客自发评论、网络专题、多媒体报道等，如果没有对网络报道方式和手段的全面掌握，很难做出网络报道的最佳效果。比如历史大事记，可以用文字表述，可以用图片呈现，可以制作出一个视频短片，但这些都不能给用户直观、形象的深刻记忆，而如果采用时间纵横轴并配以文字、图片、视频超链接的方式，用 FLASH 合成，则效果完全不同。

（二）具备全媒体思维

全媒体思维不能仅限于新闻报道层面，更在于媒体运营层面。从新闻传播的发展趋势看，未来新闻报道与媒体运营是一个事物的两面，报道好还需要传播好，传播力则构筑在好的新闻报道之上，优秀的全媒体人才应该既能“酿出好酒”，又能“卖出好酒”。而卖出好酒不仅要依靠自身媒体，更需要发挥社会化媒体的作用，将大众传播的效应与群体传播、人际传播的口碑效应结合，以最小的成本获得最大的传播价值。以网络贴吧为例，过去人们认为贴吧认为是网民个人兴趣爱好的体现，是类似专题性的小众论坛。但如果将贴吧置于媒体运营层面考虑，第一，每一个新闻贴吧都可以看作是一个主题集中的新闻话题；第二，每一个新闻贴吧的参与者都是精准度极高的新闻受众；第三，贴吧的高度参与性不仅能将之作为收集舆情、了解民意的场所，而且也是扩大新闻覆盖面，提高新闻传播力的重要平台。

（三）树立全媒体理念

思维转换的第三个方面在于建立以用户为中心的报道理念。过去报纸的读者、广播的听众、电视的观众被统称为“受众”，所谓受众，就是单向接收信息、被动接受意见的群体，并因此有了“枪弹论”、“议程设置”等传播理论，建立了以媒体为中心自上而下的报道模式。现在，我们更需要强调“用户”的观念，研究用户的兴趣爱好与阅读习惯，寻找新闻报道与用户贴近的结合点，学会运用新媒体的互动手段加强与用户的交流沟通，及时获得反馈来增强报道的针对性。

全媒体报道中有一类做法现在很流行：一个突发新闻事件发生后，先用手机媒体做短信报道，然后是网络媒体滚动播报，再跟上图片报道、视频报道，最后为报纸、刊物提供详细的深度报道。这种做法看似很合理，但却是站在以传播者为中心的一厢情愿的推送，在用户那里很容易形成信息轰炸，导致阅读疲劳。作为全媒体人才，有时需要杜绝这种“一鸡多吃”的做法，而应根据用户的特征做出“分割鸡”，切割出不同的部位对应给真正喜好的人。

注释：

[1] [美]罗兰·斯特龙伯格著，刘北成、赵国新译：《西方现代思想史》，中央编译出版社 2005 年版，第 629 页。

[2] 董光璧：《21 世纪的科学与中国》，《中国社会科学院研究生院学报》2001 年第 5 期。

[3] 蔡雯：《媒介融合视野下的报业转型——从西方著名报纸的变革谈起》，《新闻传播》2007 年第 11 期。

[4] 钱时惕：《斯诺问题及其克服——科学与人文漫话之九》，《物理通报》2010 年第 6 期。

[5] 邹德秀：《500 年科技文明与人文思潮》，科学出版社 2002 年版，第 120—121 页。

[6] 马克思、恩格斯：《马克思恩格斯全集》第 42 卷，人民出版社 1979 年版，第 128 页。

[7] 同注释 [2]。

[8] 王化君：《科学精神与科技新闻的编采》，见中国科技新闻学会编《科技传播与社会发展——中国科技新闻学会第七次学术年会暨第五届全国科技传播研讨会论文集》，经济科学出版社 2003 年版，第 161 页。

[9] 吴为：《国内科学精神与人文精神研究综述》，《内蒙古大学学报（哲学社会科学版）》2000 年第 S1 期。

[10] 夏基松：《现代西方哲学教程》，上海人民出版社 1985 年版，第 475 页。

[11] [美] 罗兰·斯特龙伯格著，刘北成、赵国新译：《西方现代思想史》，中央编译出版社 2005 年版，第 459 页。

[12] 常健、李国山编著：《欧美哲学通史（现代哲学卷）》，南开大学出版社 2003 年版，第 219 页。

[13] 邹德秀：《500 年科技文明与人文思潮》，科学出版社 2002 年版，第 67 页。

[14] 《胡锦涛在党的十七大上的报告》，人民网 2007 年 10 月 24 日，http://politics.people.com。

[15] 喻国明、焦中栋：《中国传媒软实力发展报告：传媒软实力的构建与评测方法》，同心出版社 2009 年版，第 37 页。

[16] 同上，第 38 页。

[17] 陈兵：《媒介品牌论：基于文化与商业契合的核心竞争力培育》，中国传媒大学出版社 2008 年版，第 58 ~ 59 页。

[18] 黄晓芳：《公信力与媒介的权威性》，《电视研究》1999 年第 11 期。

[19] 余文斌：《公信力——传媒竞争的重要砝码》，《新闻战线》2002 年第 5 期。

[20] 何国平：《论媒介公信力的生成与维系》，《新闻与传播研究》2004 年第 2 期。

[21] 陈心安：《媒体公信力的要素构成》，《新闻前哨》2004 年第 5 期。

[22] 李森、袁志勇：《网络时代，请别边缘了科普》，http://www.stdaily.com/oldweb/gb/stdaily/2008-11/18/content_879155.htm。

[23] [美] 尼葛洛庞帝：《数字化生存》，胡泳、范海燕译，海南出版社 1997 年版。

[24] Al Gore: The Digital Earth: Understanding our planet in the 21st Century, http://www.englishchina.com/aol.htm, 2009 年 11 月 4 日。
阿尔·戈尔:《数学地球: 21 世纪认识地球的方式》。
[25] 高钢:《物联网和 Web3.0: 技术革命与社会变革的交叠演进》,《国际新闻界》2010 年第 2 期, 第 68 页。
[26] 《IBM"智慧的地球"引领科技变革蓬勃兴起》, 赛迪网 2009 年 2 月 24 日, http://news.ccidnet.com/art/1032/20090224/1687105_1.html。
[27] 同注释 [25]。
[28] 同注释 [25]。
[29] 汤书昆:《当代科技传播的核心范畴——"前景传播"》,《科技传播与社会发展》, 经济科学出版社 2003 年版。
[30] [美]保罗·莱文森著, 何道宽译:《数字麦克卢汉——信息化新纪元指南》, 社会科学文献出版社 2001 年版。
[31] [美]阿尔文·托夫勒:《第三次浪潮》, 三联书店 1984 年版, 第 427 页。
[32] 孔祥军:《传媒全球化与中国新闻传播学发展》,《新闻与写作》2007 年第 12 期。
[33] [美]梅尔文·德弗勒、桑德拉·鲍尔—洛基奇著, 杜力平、柯雄译:《大众传播学诸论》, 新华出版社 1999 年版, 第 382 页。
[34] 同上。
[35] [加]马歇尔·麦克卢汉著, 何道宽译:《理解媒介》, 商务印书馆 2001 年版。
[36] 陈卫星:《互联网: 推进社会演进的沙盘》,《新京报》2008 年 4 月 20 日。
[37] 刘立:《中微子实验新闻发布会有感: 科学家跟媒体打交道水平有待提高》, http://blog.sciencenet.cn/blog-71079-545672.html, 2012-3-9。
[38] 《〈2008 中国科普报告〉综述》: 中国科学技术协会网站 2008 年 11 月 12 日, http://www.cast.org.cn/n35081/n35668/n35743/n36689/n39420/10961584_4.html。
[39] 陈海波:《科技部发布 2011 全国科普统计数据: 盘点多与少》, 光明网 2012 年 12 月 27 日, http://tech.gmw.cn/2012-12/27/content_6164449.htm。

第七章 国外新媒体科学传播理论与实践

他山之石，可以攻玉。发达国家的科学研究走在我国的前面，他们的大众媒体及其科学传播实践也非常发达，特别是关于新媒体的科学传播理论及实践，对我国的科学传播发展具有重要的启发意义。

第一节　国外新媒体科学传播理论

新媒体技术的发展对科学传播产生了革命性的影响。国外的相关研究也非常丰富，例如，影响较大的邮件和万维网的MIME(多用途互联网邮件扩展）科学传播机制，社交媒体的科学传播及科学博客的科学传播实践等。

一、新媒体变革影响科学传播的理论探讨

1983年，TCP（传输控制协议）/ IP（互联网协议）被电子计算机互联网络采纳为标准通信协议，这标志着全球互联网从此诞生。1993年4月30日，欧洲核子研究组织宣布万维网免费开放，全世界的人们前所未有地得以大规模相互交流。此后，互联网的发展与普及速度惊人，弹指间跻身于主流媒体。1998年5月，联合国新闻委员会在年会上宣布，互联网是继报刊、广播、电视传统媒体之后的第四媒体。根据美国学者的研究成果，只有当使用它的人数达到全国人口的20%时，一种媒体才能够被称为大众媒体。在美国达到这一标准，广播历时38年，电视历时13年，有线电视历时10年，而互联网只用了短短5年。

网络等新媒体是传统媒体的集大成者，它的传播手段具有极大的兼容性：不仅有报纸媒体的文字、图片，也有广播媒体的声音，还有电视媒体的图像，特别是具有交互性和虚拟性的特点。网络

系统大到可连接世界所有通信系统和计算机信息系统，融合现有的电话、传真、有线电视、无线通讯的所有功能，具有传送文字、声音、图像或三者结合的多媒体信息的作用，从而从根本上改变了传统的社会信息交流方式，形成了一个跨国界的全球性的新型媒体。

媒体的变革给科学传播带来了革命性的影响。因为从某种程度来说，科学传播在普及科学知识的作用方面甚至不亚于科学自身。在当今社会，科学信息的广泛传播离不开新媒体的发展。可以说互联网将科学传播带入了网络传播的时代，而科学传播在网络时代也凸现很多新的特征。从信息流向的角度分析，麻省理工学院教授尼葛洛庞帝指出现代科学传播的一个本质特点：即在信息时代，在先进的网络技术的支持下，科学传播的受众已不再被动地接受信息，而是“拿来主义”，不但主动索引自己所需要的信息，更会主动的参与创造信息。这表明，公众理解科学进入了一个新的阶段：科学传播，其实只是网络时代的公众理解科学。

在法国媒介和社会理论家鲍德里亚看来，高技术化的传播媒介给人类带来的是一个信息越多、意义越少的符号世界，他把这个世界看做是“仿真”构成的新社会，当代社会就是由大众媒介构建的仿真社会，特别是进入数字化生存的网络时代后，计算机及通讯技术构成的网络就是仿真构成的典型。通过构建虚拟空间，科学技术知识被仿真传播：在网络世界，受众的感知被全方位地调动起来了，受众可以在虚拟科学馆参观，甚至可以体会驾驶虚拟航天飞机或潜艇上天入海等，原本抽象的、高深莫测的科学技术知识被仿真传播，而使受众可以比较容易地体验和接受。

尼葛洛庞帝和鲍德里亚对新媒体进行科学传播的研究只是国外学者研究的一个缩影。随着近些年来新媒体的快速发展与科学传播的重要性日益提升，越来越多的国外学者开始涉足利用新媒体进行科学传播这个研究领域。他们通过国际论坛交流，学界内部小组讨论，学者的调查研究及论文的发表，不断探究新媒体科学传播的定义，分析其特点意义，对一些国际上的科学事件的传播进行阐述，并了解新媒体对科学传播所带来的挑战和机遇。尽管不同学者关注的角度不同，但其均是国外新媒体科学传播理论的重要组成部分。

二、国外学者对新媒体科学传播的研究

（一）新媒体作为科学传播媒介及其影响研究

英国学者亨利·S. 热帕（Henry S.Rzepa）对互联网作为科学传播的媒介进行了自己的分析，《互联网作为科学传播媒介的研究》(The Internet as a Medium for Science Communication)是他的研究论文。他认为在网络媒体中，电子信箱是一个很好的科学传播工具，而网页在科学传播中作用更是功不可没。他描述了电子邮件和万维网如何推出全球机制来连接不同的科学领域，并成为了现在很多现代科学传播活动的基础。

作者列举了一个互联网如何为科学传播提供可能的案例，即在化学领域，互联网技术如何将一篇学术论文变得更加生动和有说服力。这篇文章介绍了几个新的分子是如何生产出来的，它们的结构是如何被决定的，以及如何从仪器测量其光谱特性而获得关于它们的结构的信息。

文章的内容可能在书面表达上显得晦涩难懂，但通过网络的3D技术，读者可以很清楚地看到三个分子的透视图，并确定一些可能被其他原子掩盖了的原子。现代互联网最突出的特点就是可以让作者和读者之间进行多种形式的沟通，而超链接也让与文章有关的其他信息很容易地展示出来[1]。电子学术期刊的文章通常也会提供作者的电子邮箱（E-mail）地址链接，因此，学者之间、读者和作者之间都能够非常迅速地通过E-mail取得联系并进行科学研究方面的交流，使得科学知识广泛快速地传播。

亨利·S·热帕还提到了一个有趣的实验，即1997年年底开始的虚拟化学讲座。演讲者利用Web技术发表主旨演讲，演讲者的讲义也链接了很多网上的资料。讲座期间，350位虚拟的观众进行了小组讨论，并发表了他们的意见。几个星期后，作者又在现实中为一些听众进行了面对面的演讲，内容同虚拟化学讲座是一样的。作者说，这样的虚拟讲座看起来不会在不久的将来取代传统的与真正的观众交谈，但只有时间才能告诉我们这两种做

法哪个才会对科学传播产生更长远影响[2]。尽管作者认为利用互联网进行科学传播还是会存在各种各样的问题，如如何处理网上科学内容的版权等，但公平地说，互联网的确改变了一些科学传播的方式，有着难以估量的巨大潜力。

国外学者也在研究新媒体对科学传播有哪些影响。在2010年科普理论国际论坛暨第17届全国科普理论研讨会上，布鲁塞尔自由大学科学传播系教授米歇尔·克莱森斯发表了《科学传播：亦易亦难》的大会主题报告，报告中对“新技术：朋友还是敌人”进行了思考。米歇尔指出：“新技术和社会媒体正在改变科学传播的景象。它们会以很激进的方式影响科学传播吗？让我们拭目以待。Twitter这样的网站用来向公众传播科学是很好的。似乎把作者局限于140个单词的任何媒体都很难有益于科学传播工作，但是Twitter有两大优势可以做到：第一是及时性，第二就是普通博客无法提供的互联感受。当然，还有其他工具可以和在线公众进行交流互动，如Facebook，参与交流的人可以围绕感兴趣的话题展开讨论。一方面，科学家和公众之间互动的方式更加非结构化；另一方面，通常这种共同体的成员除阅读博文并反馈之外，还有着更多的责任，这样就好像是拥有了一个相对较小的观众群体。维基百科是科学家同公众开展交流的最有效的方式之一，它上面登载的科学文章通常撰写得相当完美而且精确。它的开放的文件格式可以提供更多的百科全书式的信息。然而，使用者无法反馈信息。使用博客是与特定观众交流的一个有效方式。在很多情况下，博客的受众比广播更狭窄，只有几十或者几百个读者；博主交流的群体也更加受限制。”[3]

（二）新媒体科学传播的目标和道德问题研究

在研究科学传播对人们的影响时，澳大利亚纽卡斯尔大学教授伯恩斯以A、E、I、O、U这5个英语元音字母来表示科学传播应该在个人身上激发出何种反应（图7-1）。而当网络等新媒体赋予科学传播以新的内涵和外延，科学传播的目标和作用也相应产生了新的诠释。

（1）A（awareness）：意识。网络科学传播的直接结果是公众科学意识的萌生。科学发展及其在日常生活中的渗透通过网络潜移默化的影响，使人们认识到科技从社会生产到生活无处不在，客观地看待科技对于社会的作用。

(2) E (enjoyment)：欣赏。同文学和艺术作品一样，科学是可以欣赏的。在内容呈现上，以往的平面式由与网络科学传播立体的感官同时作用所代替。公众可以更为直观地感受科学带来的愉悦。当然，如其他领域的欣赏一样，欣赏科学需要一个长期浸润的过程。

(3) I (interest)：兴趣。基于网络虚拟环境的科学实验、游戏以及科学实践的再现，对于激发公众尤其是青少年的科技兴趣和好奇心至关重要。

(4) O (opinion)：舆论。当今的公共决策大多含有科技要素，公众如果对科学不甚了解，不仅对这些公共政策问题说不上话，连知情权都会形同虚设。网络科学传播不仅是让公众知晓科学是什么，更要满足公众能够说出为什么、知道怎样做的要求和权利。

(5) U (understanding)：理解。网络使理解成为一个双向过程。即时、交互的传播特性能够实现公众理解科学、科学共同体理解公众的双赢[4]。

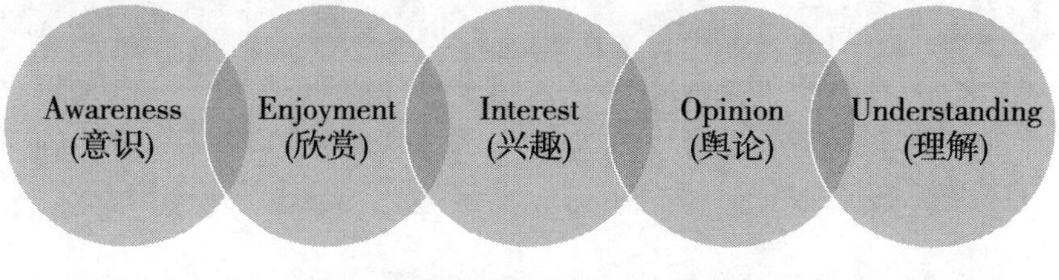

图 7-1 科学传播在个人身上的反应

众所周知，新媒体技术的发展为科学传播提供了很多便利和可能性，但同时也会引起一些负面问题。英国学者马克辛·克拉克（Maxine Clarke）就十分关注网络上科学传播的道德问题。他在《科学传播在网络中的伦理》(Ethics of science communication on the web) 的摘要中指出："科学家们已经逐渐形成了用同行评审的科学论文来阐述他们的研究成果和发现。互联网中有很多科学信息是充满错误，甚至是危险的。没有一个经过科学的教育或培训，并具有解释上下文科学信息的人，是很难辨别和理解一些科学方面的内容。而一些要向大众进行科学报道和解释的人，比如记者、教育工作者或其他传播者，都应该把同行评审基准作为选取和解读科学内容的标准，然后再去进行科学传播。”[5] 文章主要就是阐述了很多人（包括一些专家）在科学信息的发布上十分随便，将自己对于科学问题的个人意见（不一定正确）发布在网上，一些记者编辑由于自己科学素养不够或工作态度不认真，他们在进行选取新闻内容的工作时也十分随便，将在网上得到的片面的科学结论和错误的科学知识又通过媒体之口发布给大众，从而在社会上形成不良影响，而网络的传播速度之快和传播范围之广更加速了这些负面影响的扩大。结论中，作者着重强调了同行评审在科学信息的重要性，并希望科学工作者和记者编辑等科学传播主体要以严谨负责的态度来进行网上的科学传播活动。

（三）科学博客——国外新媒体科学传播实践层面研究

国外学者也注重从一些更具体的层面对新媒体科学传播进行研究。例如：爱尔兰都柏林城市大学传播系高级讲师布赖恩·特伦奇就研究了科学博客中会出现哪些形式的科学传播的问题。他在文章中回答了“科学家博主们是如何采用和适应这种媒介的呢？专业的博客和业余的博客之间又有什么本质性的区别呢？博客里的讨论对于科学研究的实施会有影响吗？”等问题，并特别寻找一些有关博客揭示科学的产生过程和“科学是如何工作的”的证据。

布赖恩认为科学博客一个十分重要的影响就是有助于科学家们掌握的专业知识和公众领域传播信息的融合，这极大地削弱了新闻记者和其他职业传播者的中介作用。

为了概括科学博客的一些特点，布赖恩检查了 20 个在科学博客评论中经常被提及的或在排行榜上“排名靠前的”科学博客，并检查了博客的更新频率、信息来源、科学内容或背景的关注点（如伦理、教育、政策等），以及引起热议的话题种类。他们力争去证实博客的一种理念，即博客是否使公众得以了解科学的过程。并总结了科学博客的一些共同的特点。

总而言之，布赖恩认为科学博客上发生的科学传播行为只是科学传播，甚至只是互联网科学传播的冰山一角。与制度化的策略相比，科学博客与科学家个人的性格联系更紧密。科学博客扩大社会参与科学对话的潜力在理论上是很清晰的，但是证据显示在现实中它的作用仍然较弱[6]。

（四）调查、讨论等手段推动国外新媒体科学传播的研究发展

在掌握公众运用网络参与科学传播的整体情况的研究方面，美国21世纪以来所做的一些科学传播的相关调查很有意义。比如南加利福尼亚大学安娜堡传播学院（USC Annenberg School for Communication and Journalism）的数字未来中心（Center for Future）在2004年进行了一项关于互联网发展的名为“数字未来”的调查，2009人参加，相关内容为公众对互联网和互联网使用的态度。此调查为全国性计算机辅助随机抽样访谈。2004年还有一项调研是面对面的访谈调查，877人参加，由芝加哥大学的国家民意研究中心主持，主题是公众对研究机构和政府资助的各种项目的信心[7]。

而通过美国的约翰·蒂梅尔（John Timmer）发表在美国知名科技博客媒体ars technica的文章《勇敢新媒体世界中的科学》（Science in the brave new media world），我们了解到在2008年1月末，由纽约一些从事学术研究的科学家组织的科学传播联盟（Science Communication Consortium），进行了名为“新兴媒体的作用”（The Roles of Emerging Media in Communicating Science）的小组讨论，就博客和播客等新媒体是如何给向公众传播科学这项工作带来各种机遇和挑战的，科学家们彼此交换了意见。

来自《科学美国人》的克里斯蒂·尼科尔森（Christie Nicholson）很关注使用在线音频和视频，描述了一些他们正在试验的新的内容形式，比如时长60秒的科学播客。这些音视频片段的形式都十分新颖，传达科学信息的过程看似随意却又通俗易懂，并充满流行文化气息。Christie认为这些都是在新媒体环境下，科学传播者在进行有意识的努力，想把科学内容以受众感兴趣的方式传达出来。但她同时认为音视频的内容没有她想象中那么有深度。

在该播客的“问题与回答”环节，科学工作者们讨论了两个不同的主题：如何吸引互联网受众的去看关于科学的内容，以及如何保证有质量的科学报告可以被更多的人获取。对于第一个问题，科学家普遍认为网友目前有视频博客等多种途径去主动获取科学信息；但在第二个问题上，科学工作者们还是存在较大的分歧[8]。

第二节　部分国家的新媒体科学传播实践

随着世界科学技术发展的日新月异，科学传播也面临着新的市场环境——新媒体环境。以互联网、移动技术为主导的新媒体，正以不可阻挡之势闯进我们的工作、学习和生活，为提高公众科学素质提供了重要的平台。这给科学传播的各个环节都带来了冲击，并产生很大影响。纵观国外新媒体科学传播的实践，会发现其集新颖性、科学性、知识性、趣味性等为一体，兼有新闻报道和科学普及的性质，可读性极强。

目前，就全球范围来看，一些发达国家运用网络传播科学的成功实践，为网络时代科学传播的发展做了可贵的探索。国外的科学传播以网站作为传播平台，不仅丰富了科学内容的传播形式，加快了传播速度，拓宽了科学传播的覆盖范围，更是在很大程度上打破了传统媒体在时间和地域方面的局限性。在如何利用网络媒体的特点，更好地进行科学传播活动，向公众进行科学普及工作，使网络成为提高全民科学素质主力军方面，国外的实践很有借鉴意义。我们这里以美国、澳大利亚、南非、加拿大等为例，介绍其在科学传播领域中的新媒体运用情况。

一、美国的科学组织与传播

1990 年，美国空间协会（Space Community）启动了促进科学传播（communication about science）的计划。经过 10 年的发展，美国国家研究委员会报告称，科学家在科学教育中起着至关重要的作用，科学传播在科学教育中扮演了很重要的角色。2003年10月，针对日益增长的对科学传播的需求，美国国家射电天文台（NRAO）和美国国家科学研究委员会（NRC）在华盛顿召开了天文学科学传播会议。会议的重要成果之一，就是任命一个任务小组探讨创建天文学信息资源电子档案的意义、可行性及其费用。有两种选项供任务小组参考：一是建立一个Web站点，提供链接到天文学公共站点和教育资源，这些链接是经过分类的，并且是可检索的；二是构建基于天文学信息和影像的可检索的数据库，其内容既有代表性又很全面。另外，美国国家航空航天局（NASA）专门成立了行星保护部门，致力于制定行星保护政策和公众对行星保护认知的研究，包括科学家的认知和一般公众的认知，并建立了三个对话（diaglogue）网站公布政策研究进展，与公众进行对话。美国的科学家们对自身的科学教育责任有充分的认识，并积极行动，推动科学传播的发展，构建统一的专题科学信息网站是他们采取的主要手段。

2013年，美国总统奥巴马提出一项新的重大研究课题，10年内每年耗资3亿美元，旨在揭示人类大脑活动图谱。对这一重大课题的推动与传播，美国政府、媒体、基金会、研究机构乃至总统本人，都投入了极大的热情。美国主流媒体如《纽约时报》、《科学》杂志等撰文，详尽解释了该项目的意义（可同人类基因组计划相媲美）、为何要投入数十亿美元等情况，力图让公众了解该项目的真正价值。而美国国立卫生研究院、国家科学基金会、国防部高级研究计划局、白宫科技政策办公室则参与该项目的提案并争取国会的通过；卡夫利基金会、艾伦脑科学研究所和霍华德·休斯医学研究所成为神经科学研究的积极支持者；微软、谷歌、高通参与探讨如何从该项目中分析数据。由于该项目的野心勃勃，引发了各种争议，众多科学家加入了社会媒体的评论和争论。4月2日，美国总统奥巴马正式宣布，将从2014财年的政府预算中拨出1亿美元，用于揭开人类大脑未解之谜的研究。由此可见，美国在重大科技项目的申报、宣布过程中，需要凝聚各类媒体、组织机构的力量，广泛开展讨论，以争取社会共识。

二、澳大利亚科学节

澳大利亚十分重视利用网络开展向公众的科普宣传，一些科学类机构还设有多个网站，并在网站设立和维护经费上给予重点支持。因为澳大利亚政府部门和非政府机构与公众沟通的主要渠道是网站，所以这些部门把网站信息编制和信息维护人员作为有限的工作人员中不可缺少的人员，相对固定，并要求定期更换内容，及时发布机构的活动信息，答复公众在网站中提出的各种科学问题。

澳大利亚科学节是每年 8 月中旬在各大城市都举办的全国性的科普活动，而澳大利亚公众了解科学节主要就是通过媒体。通过澳大利亚首都领地的新闻调查，2004 年关于澳大利亚科学节公众了解率达到 86.8%。澳大利亚科学节的影响之大，很大程度上是因为澳大利亚科学节网（http://www.asflimited.com.au 或 http://www.sciencefestival.com.au）等网站的存在。网站上不仅有很多关于科学节活动安排的宣传资料，而且用活泼丰富的形式向公众普及科学知识，并介绍一些科学研究机构等，形成了科学节与媒体良性互动的模式。

同时，澳大利亚其他网上的科普内容也非常丰富，如澳大利亚电视广播公司的实验室 The Lab 网站（http://lab.agencyaccess.com）是其国内知名的科普网站；澳大利亚博物馆协会的 AMOL 网站(Australia Museums on Line)(http://amol.info) 收藏了国内 1000 家博物馆的概况，可以直接链接到网民想去的任何一个博物馆网站主页；澳大利亚科学界也有自己的网站，通过网站的链接，还可以进入其他国家的科普网站。

三、南非的科学传播网

南非一直很重视网络等新媒体的发展。根据南非特恩斯市场研究咨询有限公司在 2010 年底发布的报告显示，过去 10 年由于互联网事业在南非取得突飞猛进的发展，互联网普及率大大提升，2010 年增长速度高达 15%，到 2011 年底南非互联网用户突破 600 万。

由于当代绝大多数的科学发现是通过期刊向公众传播的，南非在 2009 年推出了南非科技期刊在线电子图书馆（SciELOSA）计划，并得到了南非科技部资助。这个计划是一个包含一系列经过严格挑选的科技期刊的电子图书馆，读者可以通过索引或搜索引擎检索文章标题、阅读全文，而且是完全免费的。这也是第一个非洲版本的科技在线电子图书馆。

南非的科学传播网（SASCON）在科学传播上也功不可没。它的宗旨是：为那些对科学传播感兴趣的人们提供交流论坛，激起南非公众对科学传播的意识和兴趣，提高南非科学传播的影响，打造“科学家的媒体技能”工作空间，使科学家、工程师、技术人员具有沟通的技能，并且提高科学和技术在媒体中的可见度。SASCON 吸引了大量的科学家和普通公众参与，在促进南非的科学传播实践发展中起到了很好的作用。

四、加拿大的科技意识网络

加拿大的科技意识网络（STAN）是一个大规模的科普团体网络组织，2003 年正式开始运营，工作模式是在指导委员会的领导下，通过互联网开展工作。该组织以提高公众科学素养为目的，其基本目标是：提升科普领域的形象和会员的知名度；统一一个声音与政府和工业领域对话；促进公众加强科技意识；为网络成员提供论坛；开发测度科普领域的统一标准。目前这个组织已有 150 多个来自政府机构和民间的团体成员，许多十分活跃的科普组织都加入进来，如青少年网络组织、卡尔加里科学网络、加拿大创新基金行会等。科技意识网络形成了一个巨大的科普资源库，各个成员的科普项目通过登录该组织网站便可进行查询。

加拿大政府推出创新战略后，传播工作成为政府工作的一项重要内容，其中特别强调加强互联网建设。科技意识网络正是在这样的背景下出现的，因此得到了政府的支持。目前类似这样的网络还有爱德华岛省科学技术意识网站和新斯科舍省的科学技术意识网站。这两个网站的科普活动也很有影响力。

五、日本的科学技术振兴机构

日本利用网络进行传播最为突出的是科技馆和博物馆。在日本政府的主要科技传播机构——日本科学技术振兴机构（JST）网站，点击“加强理解科学技术事业”栏目，进入“日本科技馆”网页，可以搜索到日本全国630多个科技馆、博物馆的信息。在按内容检索方面，将日本所有科技馆分为基础自然科学、地球和宇宙、恐龙和生物学、生命和医疗、工学和农业技术、交通和交通工具、能源、环境、尖端科学、动物园水族馆和植物园。按照检索顺序，可以一次浏览到每个科技馆的简介，包括地点、联系方式、该馆网址、展示内容、开闭馆时间、门票、近期活动等。630多个科技馆都有自己独立的网页。

由JST组织建设的日本虚拟科技馆（http://jvsc.jst.go.jp）是一个通过多媒体形式传播专题科普内容的网站，曾获得2005年世界信息峰会（WSA2005）电子科学（E-science）奖。目前网站内容包括生存、发现、生活、地球、宇宙等五大部分，分阶段建设了46个人群定位明确的专题馆，其中面向小学高年级的27个，面向中学生的19个。其中“地球恐龙”专题馆制作精美，以历史时间为主线，介绍了当时的地球环境和具有代表性的恐龙，包括恐龙的相关数据以及三维图像、动画模拟场景，还有该恐龙化石的发现过程以及研究人员的访谈等内容。打开“地球恐龙”首页，10个各具特色的恐龙呈现在眼前，它们的肢体缓缓摆动，带给人强大的视觉冲击。

六、英国的科技传播社团网络

英国是一个极为重视科技、重视积累的国家，科普教育和科学传播活动背后不仅有巨大的政府投入，更重要的是依托一个成熟密集的科技传播社团网络。英国科学学习中心（National Science Learning Centre）是英国全国性的科学教育培训发展机构。在其官方网站（http://www.sciencelearningcentres.org.uk）上，各个中心通过网络共享了800多个教学课件，学员可以在网上自由选择感兴趣的课程，下载课程资料。英国科学学习中心在着力于从课程设置、时间安排、教学经费等各个方面创造条件，为更多的科学教师提供教育资源。它在官方网站上明确指出，自己的这一使命并不仅仅局限于英国科学教育职业人士，而是面向世界。为此，他们坚持不懈地拓展国际合作项目。英国科学教育协会(The Association for Science Education)成立于1963年，是科学教育的非政府专业协会，旨在促进、帮助和发展小学至大学的科学教育。在它的官方网站（http://www.ase.org.uk）上，学员可以在线选择所需课程，也可以在科学教育协会开辟的网络课堂进行在线学习。协会也可以根据学员的个性化要求专门设计个性化教学内容。

其他几个比较著名的通过网络进行科学传播的英国科技社团还有：英国科学促进会（the British Association for the Advancement of Science，http://www.britishscienceassociation.org）、英国皇家科学研究会（Royal Institution of Great Britain，http://www.rigb.org）等。它们的主要宗旨都是通过网络媒体推动科学发展，用各种通俗易懂的方式传播科学知识，引发公众对科学的兴趣。

七、欧盟的科学商店计划

2001年，欧盟开始启动科学和社会项目，旨在寻求更有效的科学和社会之间的互动项目，其中包括科学商店（science shop），并将该项目列入欧盟第五框架计划。为了推动科学商店的发展，欧盟于2003年2月拨款40万欧元，资助建立科学商店网站——Improving Science Shop Networking（ISSNET，http://www.scienceshops.org）。2005年，欧盟将科学商店的培训和指导项目（Training and Mentoring of Science Shop，TRAMS project）列入欧盟第六框架计划，以支持建立新的科学商店。科学商店不是传统意义上的商店，它出售的不是商品，而是一种科学传播的理念和服务，它将大学的三个使命——教育、科研和服务社会结合起来。

科学商店的一般运作程序是：接受和征求顾客的问题；提出并对问题的实质进行专业表述；初步研究或快速审阅；寻找合适

的指导老师；寻找合适的学生／研究者；保持沟通交流；形成报告和发表研究成果；支持研究成果实施和提出后续行动计划；进行后续研发项目开发；项目评估。这些活动过程由于网络的支持，人们之间关于科学信息的沟通交流也变得更加方便快捷，科学理念不断传播。而随着新媒体技术的发展，科学商店的网站在科学传播中开始发挥越来越重要的作用。

第三节　国外著名科学传播网站介绍

科学传播理论主张用“多元、平等、开放、互动”的传播理念来理解科学，以更好地实现科学知识、科学思想、科学方法、科学精神的有效传播。科学传播借重网络媒介，拓展自身研究视界，既可行又有着现实的必要性。网络作为大众传播媒介，其独特的优势和科学传播理论倡导的理念有很高的契合度。

利用新媒体进行科学传播的外国网站很多，毕竟网络仅仅是一个交流的媒介平台，只要传播的内容包含科学都可称为广义的新媒体环境下的科学传播。在国外，主要从事科学传播的网站主要有以下几种分类：综合性新闻网站的科技频道、科技专业网站、著名科技期刊的官方网站、科学博客等。

一、综合性网站的科技频道

综合性新闻网站包括美国在线（www.aol.com）、澳大利亚广播公司网（http://www.abc.net.au）、英国广播公司网（http://www.bbc.co.uk）、微软公司网（http://www.msn.com）、美国之音网（http://www.voa.com）等，其内容往往会涉及社会、文化、生活的方方面面，而科技内容在这些综合性网站中也占有一席之地。有的可以在主页上直接找到科技频道的链接，有的则是在新闻栏目下有关于科技的内容。这些科技新闻有的是记者的原创作品，有的则转自科技专业网站，无论何种来源，凭借综合性网站极高的点击率，科技新闻都得以高效地传播。

这些综合性网站在科学传播上都面临着一个基本的矛盾：一方面，传播对象是知识水平整体一般的普通大众；另一方面，传播的内容则是有着很强专业性的科技报道。首先，专业性之强，使得记者不容易做好深入报道，读者也难于理解其中的科学内容。其次，科技前沿和百姓生活之间天然存在着一定的距离，公众很难自发地对科技报道产生浓厚的兴趣，去主动关注这些报道。但国外的综合性新闻网站的科学频道在处理深奥的科学信息的传播与让受众感兴趣的主动接受方面，做得都相当出色。

在这里，以BBC的科学与环境专题（BBC News – Science & Environment）为例（图 7-2），它设置了科学与环境新闻、专题及分析、看与听、节目、特别报道、专家专栏等板块，不同

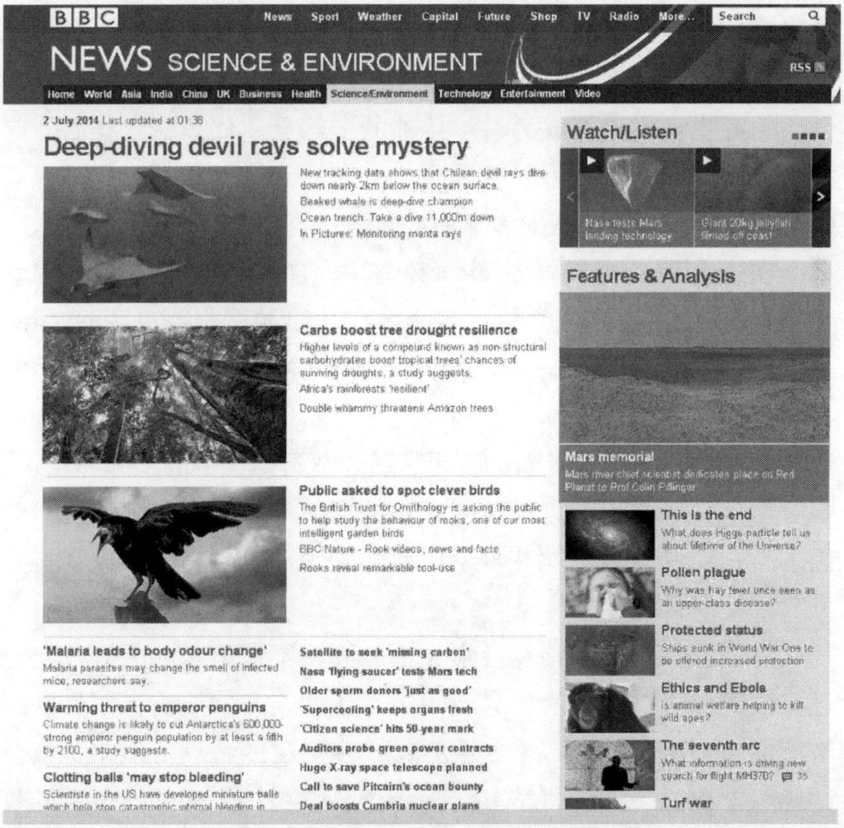

图 7-2　BBC 网站“科学与环境”的主页

（资料来源：http://www.bbc.co.uk/news/science_and_environment）

板块相互补充，共同促进科学信息的传播。首先，BBC 的科学与环境专题对重大科学事件、突发科学事件的新闻报道十分迅速，充分发挥了网络作为一种即时性媒体的快速传播优势。其次，对于一些重大科技事件、科技人物、民众关注热点科技问题，它多采用专题形式进行整合处理。比如在专题里都汇集了同一题材的新闻报道，有最新消息、专家分析、网友反馈等，作为永久性资料库和数据库进行保存，这充分反映了网络媒体容量大，信息丰富等优势。而且科学频道还有搜索引擎检索以及本网站关键词检索功能，这也方便了网友获取感兴趣的科学知识。通过“看与听”栏目，人们可以在观看视频中了解一些动物的科学知识，体现了网络能够整合多种媒体形式的优势，并用音视频加强人们对科学知识的理解，激发了他们的兴趣和好奇心。因为是面向大众传播科学知识，那么充分发挥网络与网友之间的互动就十分必要，如果网站的内容只是简单的图文展示，就无法激发公众探求科学的热情。在 BBC 的科学与环境专题上，网友通过留言、发帖发表自己的意见和观点都成为科学传播的一部分。比如在“我们的专家”栏目，网友除了可以阅读两位专家的专栏文章外，还可以通过 Twitter 或留言方式对专家进行提问。

在这些综合型网站的科学频道中，有一点值得注意，那就是图片的地位越来越重要。无论是在《纽约时报》（The New York Times）网站的科学频道，还是路透社（Reuters）网站的科学频道，先引人注意的往往就是科学新闻的配图。的确，读图时代对科学传播提出了新的要求，图片不再是文字的附属和点缀，也开始担负起传递信息、传播观点的职能，那一张张鲜活的科学图片也让受众更直观地获得不少科学知识和事实真相，提高科学素养。

总之，综合型网站在科学传播方面，不仅可以同时进行专业性很强的以及贴近生活的科技报道，让网友各取所需，而且网络专题性报道独有的大容量、全方位、多角度的特点可以让受众在明确科学概念、知悉科学方法、领悟科学精神方面都有很大的收获，最重要的是，网络媒体互动性的特点在很大程度上拉近了科技报道和科技传播对象的距离，使得公众能够真正地走近科学、了解科学、关注科学。

二、科技专业网站

科技专业网站一般由一些科学协会或科研机构开办，其中的新闻和其他内容几乎全部与科技相关，并且更新速度很快。科技专业网站包括一些非营利的科学组织的网站：美国科学促进会网（http://www.aaas.org）、英国皇家学会网（http://royalsociety.org）、纽约自然历史博物馆（http://www.amnh.org）、芝加哥科学与工业博物馆（http://msichicago.org）；还包括一些科研机构和部门的网站：美国国立卫生研究院网（http://www.nih.gov）、英国自然环境研究委员会网（http://www.nerc.ac.uk）、美国科学现场网（http://www.livescience.com）、美国太空网（http://www.space.com）、美国科学中心网（http://www.sciencentral.com）。国外的科技专业网站无论是在科学传播的内容选择，还是传播形式的变化方面，都已经比较成熟。

在科学传播的内容选择方面，以科技类博物馆的网站为例。美国最早开始进行博物馆数字化的探索，目前其科技类博物馆网站发展较为成熟，功能定位明确且内容丰富，发挥科学传播功能的优势明显。有学者对旧金山探索馆（The Exploratorium）、美国自然历史博物馆（American Museum of Natural History）、美国芝加哥科学与工业博物馆（Museumof Science and Industry）这三家官方网站进行分析，发现这些网站的科学传播内容信息量普遍较大，主要侧重的是与实体场馆无关的科学知识，并把科学事实作为科学信息的最主要部分。网站喜欢讲述科学研究过程、科学工作心得及科学研究的社会意义，并经常通过故事和历史来解释科学事实和科学理论、解决科学探索中的各种问题，从而加深观众对科学方法的认识。在科学事实的呈现方面，这几家科技类博物馆多采取直观的或者类比的方式。而且，网站中的科学事实也并不都以学科为线索组织，更多的科学事实是以生活经验为线索来呈现。例如，在芝加哥科学与工业博物馆网站上，就有以视频形式展示小鸡孵化的真实过程的内容，作为实体场馆展览“遗传学与小鸡孵化场”的知识补充。

在科学传播形式方面，国外的科技专业网站非常注重对科普游戏、虚拟现实、实时计算、远程观测、Web2.0技术等交互性技术的运用。在科普互动游戏的设计中，澳大利亚ABC广播公司网站的科学频道（http://www.abc.net.au/science）开设的游戏栏目很出色，游戏的选题主要从公众关心的科技热点问题出发，以自主研发和外包的形式制作。其中由ABC公司与澳大利亚联邦科学与工业研究组织（CSIRO）联合制作的Catchment Detox游戏，让游戏者不仅对种植庄稼、砍伐森林或国家公园等事务进行决策，更让公众了解全球气候变化下治理环境问题，以及如何合理利用宝贵的水资源等。虚拟现实技术则可带给人直观的体验感受。美国航空航天局网站在2009年推出了一个名为“地球卫星可视化”（Eyes on the Earth 3D）的交互体验（http://climate.jpl.nasa.gov/Eyes/eyes.html）（图7-3），通过一个制作精美的虚拟地球，它将全球气候、卫星的分布情况集为一体展现，地球可以自由旋转、缩放，并用不同颜色示意地球表面二氧

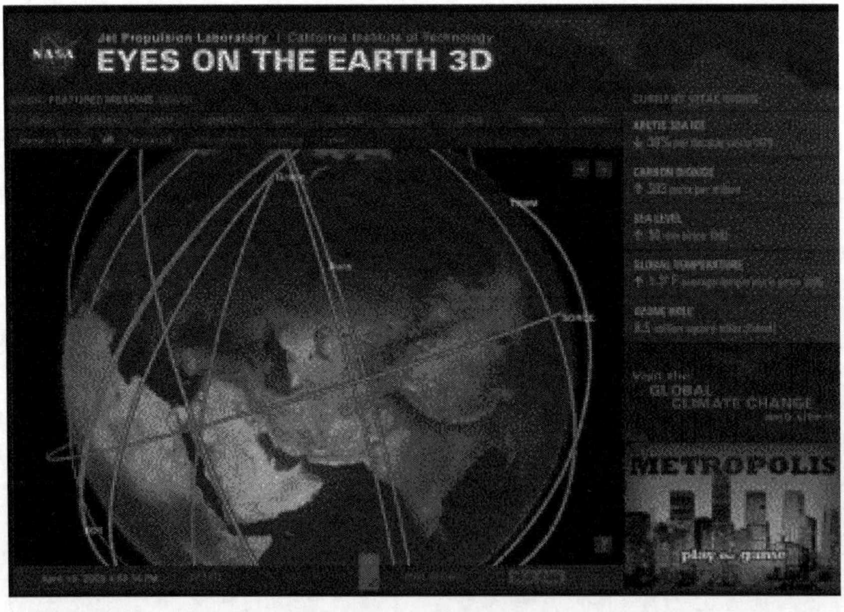

图7-3 NASA网站Eyes on the Earth 3D页面

（资料来源：http://climate.jpl.nasa.gov/Eyes/eyes.html）

化碳、一氧化碳、臭氧的指数及分布情况。这个虚拟地球的表面有15个大气、海洋、陆地卫星在不停地运动，以线条显示卫星运动的轨迹，调节卫星的运行速度参数后，可以看到卫星的运动明显有了相应的变化。点击正在运动的卫星，画面立刻切换到卫星的三维模型，能够自由旋转、缩放，卫星的主要部件用蓝色的方框标注，旁边附带上文字提示，介绍这个部件是什么，有什么作用。为了让人们对卫星的大小能够有比较直观的认识，该体验还提供了将卫星和人、汽车对比大小的功能，此项设计十分用心。

科技专业网站由于传播主体对公众了解科学的程度有所掌握，因此在科学传播中，它们十分注重对目标人群的类型划分，从而提高科学传播的效率。比如澳大利亚国家科技中心的网站有分别针对儿童、青少年、教师的入口，向这三类人群提供不同层次的内容和服务；日本虚拟科技馆中的部分专题馆将用户人群进一步细分，有的内容明确标明是适合5～7岁、10～12岁，其背后是工作人员针对不同年龄层知识背景、兴趣爱好的充分调研和分析。

三、科技期刊的网站

科技期刊的网站包括美国《科学》杂志（http://sciencemag.org）、美国《大众科学》杂志（http://www.popsci.com）、美国《科学美国人》杂志（http://www.sciam.com）、美国《发现》杂志（http://discovermagazine.com）、英国《自然》杂志（http://www.nature.com）等，这些科技期刊的网站除了发布相应期刊中的文章题目和内容摘要外，也经常发布一些科技新闻，他们也是国外新媒体科学传播的重要组成部分。

国外期刊网站在科学传播上有以下几个特色：首先，网站科学信息更新频率快，刊网结合好。有的网站不仅提供本杂志的信息，而且还做了一些超级链接，可链接到相关学科网站上，从而扩大了科学交流的范围，《合规性管理》（Compliance Magazine, http://www. compliancemag.com）最具代表性（图7-4）。它的网页内容不仅每天更新，而且系统功能齐全，数据库可提供界面友好、形象直观的交互环境，提供相关信息的快速检索与利用服务。其主页设置的栏目有：Current Issue（当前期刊）、Frontline Safety（前沿安全）、Contact（联系我们）、Subscribe（订阅）、Free Literature（免费文章）、Media Kit（媒体工具）、Continue Education（继续教育）、Job List（工作列表）等，展示了 Compliance Magazine 网站的全方位服务。例如通过 Continue Education 栏目，读者可以下载近期的学术会议内容，了解该学科的动态，随时更新自己的科学知识。

图 7-4　Compliance Magazine 网站主页

（资料来源：http://www.compliancemag.com/index.asp）

其次，多数国外期刊网站十分注重开放存取，从而扩大科学传播的范围。其方式就是期刊出版者通过 IT 向读者提供免费的、无障碍的科技信息服务，促进学术交流。研究表明，开放存取有利于提高科技期刊的影响力和引用率。比如期刊《新物理学》(New Journal of Physics) 的网站可以免费检索 50 多种物理学方面的期刊，并可以免费下载全文（PDF 格式），堪称科技期刊网站实行开放存取中的佼佼者。据 2005 年的统计数据表明，该网站每月下载的文章高达 2.7 万篇次。另外，其主页上还有 Top10 article downloads（文章下载前10名）链接，通过它可以了解当前大部分读者关注的问题，利于把握学术动态和读者需求，以改进服务质量，提供读者感兴趣的文章。

最后，有些国外期刊网站还设有专家答疑栏目，引导受众与专家之间进行科学信息的交流。其中比较有特色的是《微波》杂志（Microwave Journal，http://www.mwjournal.com）的网站。通过点击该网站主页上的Ask Harlan（向哈伦教授提问）栏目，即可进入在线答疑的界面给哈伦教授留言提问，一般情况下当天就可以得到答复。在此页面上还可以看到其他网友提出的问题及哈伦教授的答复，实现了信息资源的互动。

专业性强的科技期刊可以利用专业、权威的行业信息和丰富、快捷的信息渠道，创办专业性网站。这不仅扩大了专业期刊学科内涵，加快了纸载体期刊的传播速度，使科学思想和学术观点得到更快、更有效的传播，同时弥补了纸载体期刊无法实现的信息发布、交流讨论、交互功能和公共服务等方面的缺憾，也能够吸引更多的相关专业读者登录阅读。总之，科技期刊网站的建设是扩大期刊市场占有率、吸引国内外读者、提高科技期刊的竞争力、促进期刊发展的有效途径，同时也是国外新媒体科学传播的重要组成部分。

四、科学博客

国外比较有名的科学博客有：http://techcrunch.com、http://scienceblogs.com、http://www.ArsTechnica.com、http://www.realclimate.org、http://scienceblog.com、http://www.pandasthumb.org等。关于科学博客的概念，目前学术界尚无公认的一致的看法。但国外有学者将科学博客定义为“与科学知识相关的内容或者科学家（科学工作者）撰写的私人网络日志”，国外的科学博客有的是群体性质的，比如http://www.pandasthumb.org（熊猫的手指），它的主题是反对智能设计，反对创世论，讨论进化论问题。但多数科学博客还是个人性质的，除了在科学博客网站scienceblogs.com这样的公共网站上写，还有的科学家在自己的个人网站上写，比如气象学家斯台方·拉姆斯托夫（Stefan Rahmstorf）的博客（www.realclimate.org）。总之，科学博客主要就是指来自科学界内部的专业人士和由业余爱好者撰写的关于科学内容的博客，这些内容包括专业学术交流，对科学知识、科学事件、科技体制等方面的观点或者建议，或者就某一公共事件对公众进行科学解读。

与传统科学传播方式相比，博客具有即时性、互动性及受众面广等特点，是一种公众更容易接近和接受的方式，也是科学传播领域最值得应用的新手段之一。科学博客作为一种有效的传播科学的手段，其潜力巨大，然而这两种方式依然存在某种难题，比如访问者需要处理良莠不齐的海量信息，对内容的筛选和提炼是项繁琐的工程。针对这个问题，美国已出现了专门从事博客信息检索和信息整合的聚合网站，如博客搜索及排名网站 Technorati（http://teehnorati.com）、Feedster（http://feedster.com）和博客摘录网站（http://api.del.icio.us）等，它们在博客圈的宏观层面上，实现了博客信息的更大规模聚合。而科学博客也改变了传统的科学传播方式，使科学家进入科学传播的媒介系统，成为科学传播的主体，显示了“自媒体”越来越大的传播潜力。

Scienceblogs 是国外领先的科学博客门户网站（http://scienceblogs.com），也是国外致力于科学的最大网上社区之一（图7-5）。Scienceblogs 的主页栏目条上依次有以下栏目：最新 24 小时内、生命科学、物理科学、环境、人类学、教育学、政治学、医药学、大脑和行为、科技、信息科学、工作等，其科学传播的内容十分丰富。尽管也是主要通过科学博文的写作和网友评论来进行科学内容的传播和交流，但网站同样有极佳图片和视频，利用声音和影像的方式还可以使科学传播更加生动有趣。在科学博客文章的推荐方面，Scienceblogs 按照读者点击量、博主的活跃度、编辑的选择推荐分为三类。Scienceblogs 的科学博客写作有很大的自由，并可充分发挥自己的创意和洞察力。网站工作人员很少进行编辑工作，而是为完善 Scienceblogs 而努力，确保博主和网友沟通对话的畅通，并保持专业性科学知识和网友接受能力及兴趣的平衡。因为 Scienceblogs 具有内容多样、免费、方便订阅等

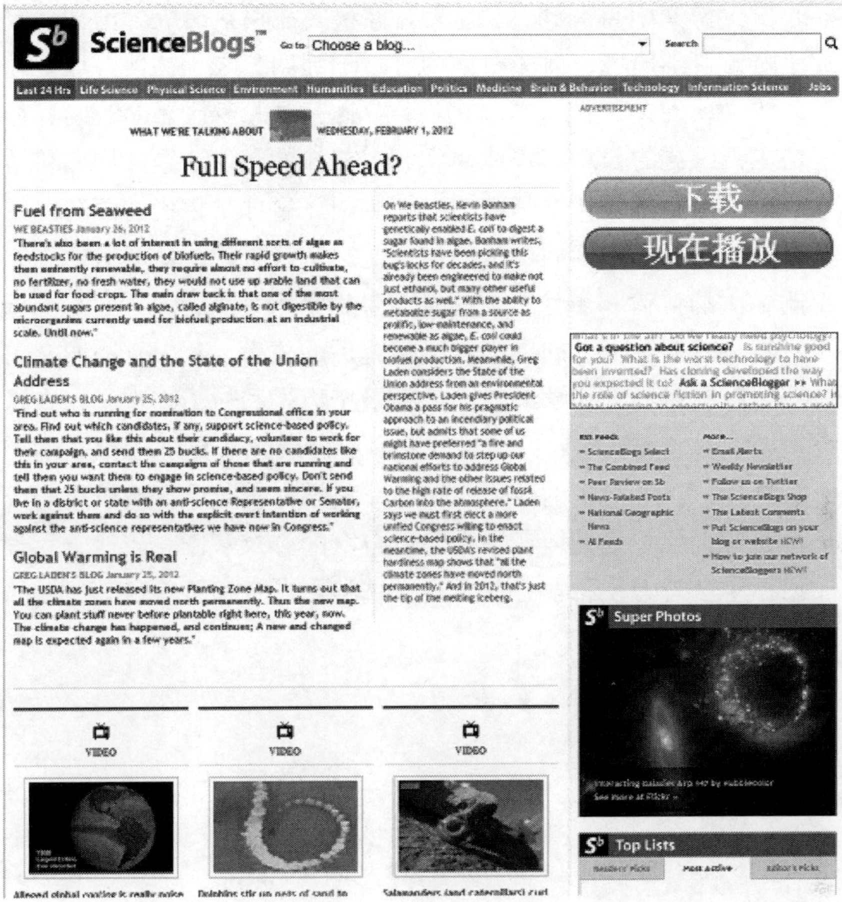

图 7-5　Scienceblogs 主页

（资料来源：http://scienceblogs.com）

特点，这种大众化的科学传播方式使得科学机构、科学工作者和对科普感兴趣的个人都可以成为科学传播的重要力量。

关于国外科学博客进行科学传播的特点，爱尔兰都柏林城市大学传播系的布赖恩·特伦奇做过相关研究。他在《科学博客中会出现哪些形式的科学传播》中指出：“即使在小的采样内，重复使用某些模式也给予我们充分的信心发现科学博客的一些共同的特点：①博客的更新频率是极其不稳定的，从每天几次到一个月不到一次。甚至有些博客的更新跨度长达数月，使人难以判断这些博客是否依然持续。②与科学期刊相比，一般的新闻媒体和（较小程度上的）其他博客更容易成为博主引文的来源；只有少量博客的较少博文引自期刊。③博文更喜欢关注包括出版、伦理和政策在内的科学语境，而非科学内容。不到四分之一的博客地址较为关注（或专门关注）科学内容。④能引起大多数评论的内容往往是在更广泛的公众和媒体空间为人熟知的热议话题，比如科学与宗教、截获气候科学邮件的'气候门'事件、替代性医药以及奥巴马政府对美国空间项目的政策等。一般来说，虽然对此会有较低层次的讨论和辩论，但是大多数都能较平和地对待。⑤少于四分之一的博客提供的内容是科学背后的故事。其中有些博文关注较为深奥难懂的科学领域，包括量子力学和粒子物理学，在这类领域中，想要获取研究信息的非专业公众尤其受到局限。"[9]

总之，科学博客的传播主体——科学家精英层、高校科研人员、科普工作者借助博客平台，以自身的方式解读和传递着科学知识、科学思想、科学方法及科学精神，自觉担负着科学传播的重任。

注释：

[1] Science Communication (Henry S. Rzepa: Department of Chemistry, Imperial College, London, SW7 2AY) , http://www.ch.ic.ac.uk/rzepa/ou/.
亨利·S·热帕：《科学传播》。
[2] 同上。
[3] 米歇尔·克莱森斯：《科学传播：亦易亦难》，中国科普研究网 2011 年 1 月 26 日，http://www.crsp.org.cn/show.php?id=2215。
[4] 李峥：《互联网与青少年科学传播》，《科普研究》2007 年第 3 期。
[5] Maxine Clarke: Ethics of science communication on the web, Nature, Nature Publishing Group, Macmillan Building, 4 Crinan Street, London N1 9XW, UK, http://www.int-res.com/articles/esep2009/9/journalism/e009pp2.pdf.
马克辛·克拉克：《科学传播在网络中的伦理》。
[6] 布赖恩·特伦奇：《科学博客中会出现哪些形式的科学传播》，中国科普研究网 2011 年 2 月 17 日，http://www.crsp.org.cn/show.php?id=2228&p=1。
[7] 黄时进：《网络时代促进科学传播事业发展的思考——基于上海地区的实证分析》，中国科普研究网 2010 年 5 月 21 日，http://www.crsp.org.cn/show.php?id=1870。
[8] 《勇敢的新媒体中的科学》(Science in the brave new media world)，http://arstechnica.com/science/news/2008/02/science-in-the-brave-new-media-world.ars。
[9] 同注释 [6]。

第八章　新媒体科学传播在中国的探索与实践
——来自《中国科学报》的样本

■第一节　传播内容的纵深拓展

一、抓住核心优势，增强报道权威性

二、坚持大科学传播概念

三、依托特色资源，加强深度报道

四、汲取网络特点，丰富报道方式

■第二节　传播渠道的全媒体转型

一、以内容传播定位为本，服务于专业科教信息传播

二、以实名互动为基础，打造学术交流平台和服务平台

三、以用户体验为中心，赢得专业用户关注率和忠诚度

四、走全媒体发展之路

■第三节　传播策略的融合营销

一、依靠优秀的内容打造品牌

二、依靠专业活动巩固品牌

■第四节　软环境相关配套

一、建立战略合作关系

二、打造优秀的人才队伍

三、布局全媒体优势

四、加强制度建设

互联网的发展、社会化媒体的兴起，极大地改变了科学传播格局，手机、移动电视、微博等新媒体在科学传播方面发挥着越来越大的作用，丰富了科学传播的内容，加快了科学传播的速度，扩大了科学传播的范围和影响。但在当下中国传播体系中，传统媒体在科学传播中的作用仍极为重要。第八次中国公民科学素养调查结果显示，2010 年，我国公民获取科技信息的渠道，由高到低依次为：电视（87.5%）、报纸(59.1%)、与人交谈(43.0%)、互联网(26.6%)、广播(24.6%)、一般杂志（12.2%）、图书（11.9%）和科学期刊（10.5%）[1]。这一结果显示，尽管互联网发展迅猛，报纸在我国科技传播中仍然占据重要地位，仍是中国公众获得科技信息的主要渠道之一。

近代自然科学产生于西方，中国科学的发展是“西学东渐”的结果，也即西方科学传播的结果，这其中报纸起了重要作用。中国科技新闻见诸报端始于 19 世纪，当时，西方传教士创办了最早的一批中文近代报刊，这些报刊在阐发宗教教义的同时，也介绍了一些科学知识。如第一家中文近代报纸《察世俗每月统计传》在其于 1815 年 9 月第一卷第 3 期上刊登的一条消息被认为是近代中文报刊第一条消息，这条名为《月食》的消息就是一则科技新闻，全文如下：

查照天文，推算今年十一月十六日晚，该有月食。始蚀于酉时约六刻，复原于亥时约初刻之间。若此晚天色清明，呷地诸人皆可见之[2]。

此后变法运动中改良派出版书籍、创办报刊，一方面鼓吹变法，一方面大量介绍包括自然科学知识在内的“西学”，甚至提倡办专门的报刊来传播科学技术，如近代著名报刊政论家郑观应以及梁启超都曾主张“有一学即有一报”。

科技新闻在中国开始有广大的受众，是在辛亥革命时期，“五四”运动以后，随着“德先生”和“赛先生”的深入人心，科技新闻逐渐形成了读者群，综合性报纸上的科技新闻明显增多。

真正属于专业性的现代科技新闻报刊的产生，则是新中国成立以后的事。“1953 年起，我国开始实行国民经济第一个五年计划。经济建设的迅速发展，向新闻事业提出了新的要求，缺乏专门报道科技新闻的报纸，显然不能满足经济建设发展的需求，这也为科技报事业的发展提供了得天独厚的条件。”[3]

在“向科学进军”的呐喊声中，1959 年 1 月 1 日，《科学报》创刊，成为中国最早的科技报纸之一。《科学报》源自中国科学院 1957 年创办的院报《风讯台》，1966 年“文革”中停刊。1979 年 11 月 2 日，停办 12 年之久的《科学报》复刊。1989 年 1 月，《科学报》更名为《中国科学报》，1999 年 1 月 1 日，《中国科学报》更名为《科学时报》，2012 年 1 月 1 日起恢复为《中国科学报》。（图 8-1）作为唯一依靠我国自然科学与工程科技领域最高学术群体创办的科学传播类大众媒体，中国科学报社旗下包括《中国科学报》、《网络报》、《科学新闻》杂志、《科学新生活》杂志，主办科学网，承担中国科学院网站的内容建设工作。50 余年来，中国科学报社一贯秉承“科学眼光看世界，世界眼光看科学”的办报宗旨，守“求真、求实、求精、求是”的办报原则，坚持“科学性、权威性、思想性”的办报特色，在中国科技界和教育界享有较高的声誉，为我国科技教育传播做出了应有的贡献。

科學報
科学报
中国科学报
科學時報
基础研究：
25 亿元如何花?
他们这样迎接2012

图 8-1　中国科学报社历程

第一节　传播内容的纵深拓展

一个优秀的科技类媒体，一定是坚守科技界主流价值的媒体，它能够将传播科学技术推动经济社会发展作为生命线。

作为中国科学院主管，中国科学院、中国工程院、国家自然科学基金委员会和中国科学技术协会主办的全国发行的主流科技媒体，实事求是、崇尚理性、追求真理、发扬学术民主、提倡学术争鸣，是《中国科学报》与生俱来的禀性，更是义不容辞的责任与义务。因此，科学传播就自然产生了影响力。

《科学报》在第一期刊登的发刊词中写道："科学报的任务就在于坚持党的路线，继续发动群众，总结群众经验，集中上来又贯彻下去，不断加以丰富，加以提高……科学报今后还将逐步作（做）到系统、及时、较为全面地报道院内外和国际上重要的科学研究成果，反映科学界各个方面的动态。"[4] 这也"反映了我国科技报纸传播者对科技报纸传播规律的认识"[5]。

《中国科学报》[6] 创刊后认真履行自己的办报宗旨，在见证并记录中国科学发展步伐的同时，始终注重弘扬科学精神，倡导科学方法，传播科学思想，普及科学知识。"即使是在'左'倾思潮占主导地位的时期，也能够明显地把科技信息的传播置于报纸的主导地位"[7]，先后发表了许多具有全局影响的重要科技新闻或独家新闻，不少独家报道引起社会强烈反响。1982 年 8 月，《中国科学报》刊发该报记者高景泰和宋世绵独家采写的中年知识分子蒋筑英事迹长篇通讯《献身祖国光学事业的忠诚战士》，在国内引起震动，引发各新闻媒体连续报道，引起中央领导关注并批示，蒋筑英成为新时期中年知识分子的一代楷模。1986 年 4 月，《中国科学报》围绕长江三峡工程是否上马开展讨论，刊登学部委员侯学煜、中国科学院环境科学委员会副主任郭方、四川省政协调查组等《三峡工程要考虑生态环境和资源问题》、《重视三峡工程对环境影响的研究》、《快上？缓上？关于三峡工程的考察报告》多篇文章，三峡工程讨论在国内外引起很大反响，为推进我国科学决策民主化的进程，调动和发挥科学家在国家建设中的咨询、参谋作用产生了积极效果。《中国科学报》率先开展的科技体制大改革、如何看待科技人员上山下海、基础研究与SCI（科学引文索引）和重建学术生态的大讨论等，迄今还是科技界的热点话题。

1987年，新华社记者李希光在北京对出席第三世界科学院大会的科学家的调查表明，80%的中国科学家认为在中国各家新闻媒介中，《中国科学报》的科技新闻报道最可信。1996年6月至9月，钱伟长等60余位大学校长向全国联名推荐《中国科学报》。推荐信说："在我国科技界，有一份在国内颇具影响但尚未被高校师生普遍认识的代表我国科技教育界水平的科技大报——《中国科学报》，她是我们担任校长工作的同志们最喜爱阅读的报纸之一。"

1999年5月6日，《中国科学报》1～3版以三个整版的篇幅刊登原中顾委常委、国务委员，中国科学院原党组书记兼副院长张劲夫的文章：《请历史记住他们——关于中国科学院与"两弹一星"的回忆》，将密封30余年的记忆郑重地公之于世(图8-2)。该文受到中央领导的重视，新华社向全国发通稿，在科技界引起很大反响。"两弹一星"宣传工作策划，引起党中央、国务院的高度重视，促成了"两弹一星"功勋的表彰，在全社会掀起了学科学、爱科学的热潮；9月18日，中共中央、国务院、中央军委在人民大会堂召开表彰颁奖大会，表彰为研制"两弹一星"做出突出贡献的23位科技专家并授予"两弹一星功勋奖章"。1999年8月31日，江泽民同志为由中国科学报社编写的《请历史记住他们》一书题写书名，该书荣获新闻出版总署颁发的第七届全国优秀青年读物一等奖。

2012年"两会"期间，百余名两会代表委员致信《中国科学报》，呼吁加大科普宣传力度提升科普工作地位，代表委员们认为："科普工作关系着我国社会的科学发展与和谐稳定，关系着全面建设小康社会的进程，也关系着中华民族的伟大复兴"，"要像重视科技创新那样重视科学普及"。3月12日，这封信以《关于加大科普宣传力度提升科普工作地位的呼吁》为题，在《中国科学报》头版刊发（图8-3)，科普工作"这个关乎民族兴旺发达的大问题"

由此再次引发公众关注[8]。中国科学技术协会和中国科学院等相关部门都做出了积极回应。《中国科学报》决定“把科普宣传工作作为本报工作的重中之重”，“把科普宣传放进全年报道选题中，做到每周有文章，每月有专题，每年有活动……发挥本报‘两报两刊两网’的集团优势，协同作战，集体科普”[9]。

科学时报

SCIENCE TIMES

社论

高扬爱国主义的旗帜

请历史记住他们

——关于中国科学院与“两弹一星”的回忆

中国科学院与原子弹

我国小麦育种取得新突破

最古老沉船可能在中国

图 8-2　1999 年 5 月 6 日第 1 版《请历史记住他们》

2012 年 3 月 23 日，科技部网站开始公示 2012 年度国家科学技术奖项目，国家烟草专卖局（即中国烟草总公司）推荐的“中式卷烟特征理论体系构建及应用”榜上有名，引发社会质疑。4 月 9 日，秦伯益、钟南山等 30 位院士联名致信《中国科学报》，对“中式卷烟”项目入选国家科学技术进步奖候选项目表示严重关切。院士们在信中指出，作为企业，追逐利润无可厚非，但上述入选项目的本质，就是通过技术手段提高卷烟吸引力，从而达到促进烟草消费的目的，这将导致更多人的健康问题，损害更多人的生命质量，有违基本的社会正义。4月10日，该信在《中国科学报》头版头条刊发（图8-4），数十家媒体、百余家网站纷纷转载转发、做后续报道，从多个侧面就公开信引发的社会反响作出解读。博客、微博、论坛上关于院士联名公开信、科技奖励、控烟的讨论不断，参与网友难以计数。科学网发起的抵制中式卷烟技术参评国家科技进步奖的签名征集活动，亦吸引大量网友关

中国科学报
CHINA SCIENCE DAILY
2012年3月12日 总第5466期

中科院与广东省举行院省合作座谈会

参加今年两会的百余名代表委员联名致信本报呼吁——
加大科普宣传力度 提升科普工作地位

关于加大科普宣传力度提升科普工作地位的呼吁

新型农业生产关系待破题

科学化就是制度化规范化程序化

战略性新兴产业“十二五”迎来发展新态势
——访国家发展和改革委员会副主任张晓强

图8-3　2012年3月12日第1版
《加大科普宣传力度，提升科普工作地位》

中国科學報
CHINA SCIENCE DAILY
2012年4月10日 总第5491期

我国首台南极巡天望远镜连续监测银河系

有关部门要严肃面对公众期待
——关于反对"中式卷烟"项目入围国家科技进步奖的呼吁

藏獒或从东亚迁徙入藏

高技术产业化重大专项成果斐然

1200多尾中华鲟在长江三峡放流

2012年国家工程研究中心评价结果公布

高速路暴利别只曝光不疗伤

地球系统模拟开启地学新纪元

图 8-4　2012 年 4 月 10 日第 1 版《有关部门要严肃面对公众期待——关于反对“中式卷烟”项目入围国家科技进步奖的呼吁》

注，先后参与签名、可验证真实身份的网友达数千之众，其中不乏知名学者、企业家、政界人士。科技部、卫生部、工信部等部委，中国疾病预防控制中心、中华预防医学会、中国控烟协会、中国抗癌协会、中国老年保健协会等机构作出了公开回应，或表关注，或予支持。

在基于网络技术的新媒体迅猛发展的背景下，纸媒在新闻传播领域中的地位遭遇极大挑战，科技类专业报纸遭遇的冲击尤为强劲。2009 年 1 月，美国亚裔社区发行量最大的英文报纸《亚裔周刊》步《基督教科学箴言报》后尘，仅以网络版的方式存在。当年由中国社会科学院发布的《2008年中国互联网舆情分析报告》指出，2.06亿中国人主要依靠网络获取新闻信息，占到网民总数的68.6%，互联网已成为社会舆论的重要发源地[10]。在此历史背景下，中国科学报社这个走过了50多年科学传播历程的科学传播媒体站在促进全民科学素养提升的战略高度，始终坚持科学内容第一，突出专业特色，不断创新传播方式，践行面向全民的科学传播的公益使命，在传媒业竞争格局中，坚持以服务科技界为首要目标，为科技界与高等教育界的专业人群提供宣传服务、信息服务和市场服务。

一、抓住核心优势，增强报道权威性

报纸应对新媒体的挑战，必须抓住自己的核心优势，依托专家等社会知识生产系统，提供权威的、前沿的知识和思想。《中国科学报》读者主要集中于科学教育界，尽管科学家普遍不愿意与媒体打交道，但《中国科学报》因报道严谨，坚持以科学的视角和冷静的心态策划新闻报道，在科技界享有良好声誉。1400余位两院院士，难以计数的自然科学基金项目负责人，既是其核心读者，也是其智慧之源，科研人员、科技政策制定者乐于通过《中国科学报》把自己的声音传递出去。例如，2005年10月27日，《中国科学报》报道了由徐光宪、王淀佐、赵忠贤等15位院士联合提交的《关于保护白云鄂博矿钍和稀土资源，避免黄河和包头受放射性污染的紧急呼吁》，引起了国务院领导的高度重视，专门批示要求有关部门处理。每年都有数百位院士在《中国科学报》发表真知灼见，关注点大多集中在重大问题上，体现了站位的高端和思考的深入，有力地弘扬了科学界的主流价值。

二、坚持大科学传播概念

科技是第一生产力，科技无所不在，科技新闻也无所不在。不断开拓和创新科技新闻信息源。随着科学技术的发展，科技的力量已经渗透到经济、政治、军事、教育、医疗卫生、文化、体育等各个领域，这大大地丰富了科技新闻的来源。《中国科学报》

在新闻报道中注意从社会热点中梳理出科技因素，通过采访有关专家，用科学加以解释、说明，同时设有创新、生物、能源、大学、思想等周刊，自2013年1月起，更在每周五推出20个版的“周末版”，内容涵盖人物、科普、文化、生活等，既拓展了自己的报道领域和生存空间，也满足读者多样化的信息需求，吸引更多读者的注意，取得了良好的传播效果。“热点事件在发生过程中，经过媒体的放大，往往能吸引公众较大的兴趣，公众对信息的需求量也较大。由于此时的信息通常是不充足和不确定的，公众和媒体都面临着信息源和信息质量问题。此时，科学家作为专业知识和科学话语的掌握者， 无论是媒体和公众都对其有着更强烈的需求。”[11]

“科技文明作为人类文明中越来越重要的强影响因素，正日趋深刻地影响着民众生存。但是，无论科技文明如何发达，都只能充当人类认识自然、改造自然、优化人生的一种工具，并不能完全代表人类所追求的美好生活本身。”[12] 在报道内容上，《中国科学报》树立大科学概念，在着力自然科学领域报道的同时，也把人文社会科学领域纳入报道范围，促进两种文化的交流。所设《思想周刊》立足于科学、人文领域内的思想性话题的探讨，以及对科学界、学术界代表性人物的解读。《思想周刊》始终贯穿的主题是：探讨科学精神与人文思想之间的影响与互动，追寻科学与社会进步、文化发展之间的深度关联。

三、依托特色资源，加强深度报道

在网络时代，办好报纸，做深新闻是关键。加强新闻策划，加强深度报道，善于挖掘新闻事件背后隐藏的深层次问题，如此报纸才能公信力更强、信息更全面、观点更独到。《中国科学报》在强调日常报道的深度的同时，十分重视以规模报道的方式关注热点事件，探讨科学话题，实施舆论监督。通过加强选题策划，新闻产品的深度和可读性得到一定程度的提高，社会影响力持续增强。2011年11月28日，网曝中国科学院采购一条“惠普128M内存条”,价格为6247元，高于市场价逾9倍，引发网友热议。由于此前中国科学院研究员段振豪利用科研经费包养情人丑闻引发公众对科研经费使用的关注，此事再次刺痛公众的敏感神经。

实际上，“天价内存条”并非滥用科研经费，公众的误解让科研人员很“受伤”。《中国科学报》“深度”版刊发记者的调查《垄断经营带来的价格水分应受质疑》，直接采访所涉及的科研单位和业内人士，并配发两位科研人员的博客文章《请不要抹黑中国科技界》和《内存条卡住中国科学》，一方面澄清了事情，同时也使公众由此对中国科研究的状况有所了解。

《中国科学报》强调在紧跟热点发出自己声音的同时，还应制造、形成新的热点，寻找独特（新）视角、独家线索，深度发掘、精细操作，体现独特（新）的声音，以调查报道为主要新闻样式，强化监督，从零敲碎打到重点、连续、系统的报道，发挥科技媒体对于社会经济活动的意见见解。

2012 年五六月份，小升初激战正酣。诸多家长向《中国科学报》反映：有个幽灵般的影子——“奥数”，在孩子们的命运中扮演了不可小视的角色。作为负责任的媒体，《中国科学报》高度重视家长们反映的问题，组织精干力量，深入调查“奥数”的前生今世，试图准确描述“奥数”现实，还原“奥数”异化过程，厘清“奥数”背后的产业链，探寻“奥数”热破解之道。7 月 18 日，系列报道首篇——《“该死的奥数”》刊发，描述了家长和孩子

中国科学報
CHINA SCIENCE DAILY
工程院国资委共推央企技术创新
“该死的奥数”
三十一个省级政府机关实现软件正版化
炒作不应成救命稻草
PM2.5 防治需多方位配合行动

中国科学報
CHINA SCIENCE DAILY
GATA-4 基因单倍缺失与先心病相关
走进奥数前生今世
智能玻璃离完美节能还很远
中国科考队进入北极圈开展考察
“出一原创，胜造七级浮屠”
媲招城责背后的利益魅影

图 8-5　“奥数”系列报道（一）

中国科学报 CHINA SCIENCE DAILY

第 30 次中国互联网发展报告发布

奥数之害猛于毒品

被忽视的儿童伤害

“金坑”仁华

大音希声

城市防洪应立足系统规划

教育事业“十二五”规划发布

奥数达人今何在

图 8-6 “奥数”系列报道（二）

在“奥数”热下“挣扎的惨状”，激起了广大读者的共鸣。随后，系列报道《走进奥数前生今世》、《奥数：利益滋养的产业怪胎》、《“金坑”仁华》、《奥数之害猛于毒品》、《奥数达人今何在》、《境外奥数面面观》、《选拔，不靠奥数靠什么》在《中国科学报》连续刊发，深度解析了“奥数”的方方面面（图 8-5，图 8-6）。

在这组系列报道刊发过程中，“奥数”话题激起了社会各界的强烈关注。人民网、光明网、腾讯网、新浪网、雅虎网、凤凰网、大公网等网站转发相关文章。网民也在微博等平台上热议“奥数”，腾讯微博还以“你会送孩子去奥数班吗”为主题进行网络调查，吸引了众多参与者。社会各界好评如潮，主管部门、院士专家、社会名人、媒体、家长等纷纷表示感谢、支持和敬佩。8 月 18 日，中央电视台就“奥数”现象进行了报道。8 月 21 日至 23 日，《人民日报》连发三篇“奥数”热反思评论。8 月 21 日，北京市政府召开新闻发布会，副市长洪峰表示将采取多项措施坚决治理“奥数”成绩与升学挂钩，同时对全市所有学校进行全面检查，集中查处与“奥数”竞赛和培训挂钩的入学行为。毫无疑问，这是对媒体“奥数”报道的正面回应（图 8-7，图 8-8）。

中国科学報
CHINA SCIENCE DAILY
国内年龄最小动静脉畸形患儿开颅手术完成
选拔，不靠奥数靠什么
公民意识培育要从文化交融入手
数字长城工程委员会在京成立
中医药学在转化医学中大有可为

中国科学報
CHINA SCIENCE DAILY
自然光下银离子可还原为纳米银
本报奥数报道引强烈社会反响
社会名人支持：奥数已走火入魔
家长共鸣：何时不为奥数纠结
媒体齐声赞同：报道代表良知
科技创新助农业转型跨越

图 8-7　“奥数”系列报道（三）

2012 年 12 月 14 日，中国报业协会在宁波举行“新闻社会活动精品案例颁奖典礼”。《中国科学报》“该死的奥数”系列报道获颁“十佳精品案例奖”。中国报业协会指出，这组关乎千百万孩子命运的报道，是对中国现行教育体制中存在的一些问题的深度剖析，也是新闻媒体严格落实中央领导“三贴近”指示精神，维护新时期公平正义，捍卫社会良知所作的一次努力。

图 8-8 “奥数”系列报道（四）

四、汲取网络特点，丰富报道方式

在保持原有优势的同时，《中国科学报》注意汲取网络的特点，不断丰富报道方式。为适应读图时代的需要，加大新闻图片数量，图幅加大，并开设“图片版”。编辑还把博客作为约稿、选稿的渠道之一，同时开设“博客版”，选载科学网博客文章。“博客版”总体定位为软阅读，选文在注重个性化表达的同时，也关注科教领域的公共话题和科学网博主对社会热点事件的评论。作为一种低成本、高效率的组稿方式，使编辑对所需稿件挑选余地更大，更为直接，保证了稿件质量。

第二节　传播渠道的全媒体转型

《中国报业发展报告（2005）》认为，资源中心观是对传统的媒体中心观的颠覆。在资源中心观的理念下，信息资源的呈现方式不只新闻纸一种，还有其他表现形态、传输渠道和显示终端，也就会产生相应不同的产业运营模式和盈利模式[13]，来自报纸的直接收入所占报社收入的比重将逐年下降，取代报纸而成为报业机构核心的，是可以承载各种内容产品的制作、生产、销售以及信息增值服务的行业信息资源平台[14]。简而言之，报业的核心业务既不是报纸，也不是印刷，而是基于信息资源的服务，其本质是产业链与产业链的竞争。自 1959 年 1 月 1 日《科学报》正式出版以来，中国科学报社始终跟随科学发展的脚步，坚定地站在普及科学知识、倡导科学方法前沿，不断加强战略研究，坚持改革创新，与时俱进，不断完善和调整报社的媒体布局，尤其是在新媒体战略方面，大胆谋划，精心推进，迅速形成了以科学网为龙头的新媒体布局，在传统报业领域形成了一定的领先优势。

早在上世纪 90 年代中期，《中国科学报·海外版》即发行有电子版，后调整为《中国科学报·电子版》。后来为了应对数字化生存的挑战，中国科学报社又推出了《科学时报》的信息网站，但是客观地说，其意义更多是在占位、布点上，随着 Web2.0 时代的到来，以报纸电子版为基底的网站不足日渐显露。

2006年，正是中国新媒体起飞之年，中国科学报社审时度势，把网站建设确立为新的战略发展领域，组建了科学网创业团队，密集调研科学网定位和架构，并集中进行了系统开发和早期的内容建设，目标为“第一时间内报道国内外科技新闻，为科研工作者提供数据资源服务的重要平台”；构建服务于中国科学界乃至全球华人科学圈的综合类网站，目标网民是以科学为职业、对科学感兴趣或者与科学有关联的人群，提供专业、有效、及时的科学新闻，内容涉及各学科，范围覆盖全球；构建服务于科学界的信息资源服务，围绕科学研究及相关活动，提供各种个性化服务的交流互动。建设全球华人科学社区的定位呼之欲出。

图 8-9　科学网首页（http://www.sciencenet.cn）

2007 年 1 月 18 日，科学网正式上线，下设新闻、论坛、博客、分类信息、资料贴吧、科学家、实名举报等频道，当年即跻身我国科技类网站前10名之列（图8-9）。其后，科学网坚持精英化、实名制、分众传播的发展模式，不断完善频道结构，优化人机界面，增强用户黏性，革新技术架构。经过7年的迅猛发展，科学网已成为具有垂直化、专业化特点的中等规模网站，在国内外科教类网络平台中独树一帜。在中文媒体上首创完全基于学术论文的科学进展报道模式，该模式目前已经被多家科技媒体竞相模仿。除了为广大科教人群提供快捷权威的科学新闻报道和丰富的实用资讯外，科学网致力于以SNS技术为核心，打造一个以个人用户中心为基础的虚拟科教社区。

科学网充分发挥互联网优势，5年内已成为全球最大的中文科教类新闻资讯集散中心，且拥有全球最大的中文科教虚拟社区，近百万海内外科技界专家用户正在使用科学网的博客、群组、人才、会议等相关服务。从布局上看，科学网业已成为中国科学报社在新媒体领域的旗帜（表8-1）。

表8-1　截至2013年1月科学网各项统计数据

统计项	用量
日均页面访问量（PV）	100万
Alexa全球网站排名	8000左右
Alexa中国网站排名	1000左右
科学网电子杂志实名订户	30万
科学网注册用户	100万

一、以内容传播定位为本，服务于专业科教信息传播

科学网甫一上线，即致力于形成服务华人科学家无障碍交流互动的网络社区平台，成为科研工作者交流学术思想的首选平台以及网络舆情监测分析的重要渠道，建立针对国家大型科研项目、科技热点的群组讨论，以及针对机构的封闭性群组讨论平台。本着“贡献—分享”原则，加工社区内学术资源，推进产品化，实现社区资料库滚动式发展。

网络化学术交流平台是对中国科学报社传统主流媒体单一形象的有机补充，其开放性和媒体性有助于促进中国科学院“创新

2020”四大目标中“扩大开放，创造一流社会效益”这一子目标的实现，实现科学院和大学等其他创新主体的合理连接，促进国家科学思想库的建设。

科学网信息发布服务主要由新闻、论文、专题、调查、电子杂志等几部分构成。

科学网新闻频道旨在为华人科学界提供全面、及时、准确的新闻资讯服务。根据新闻资讯的内容及定位，下设头条、要闻、科技评论、国际快讯、高校动态、项目基金和新闻专题等栏目。近年来，科学网新闻频道新闻点击量与新闻评论数大幅增长，并与人民网、腾讯网、网易、搜狐网等网络媒体保持良好的新闻协作关系。科学网的新闻头条选取当日最具话题性的科教界新闻，重要的人事变动、奖励公布，重大的科研突破等，及时为科教人群锁定当日新闻重点。要闻部分则选取当日重要的科教界新闻，内容或来源于权威媒体，如新华社、中新社、人民日报、光明日报、中国科学报、科技日报等，或来自各大重点高校、科研院所等，如北京大学、清华大学、中国科学院、中国工程院等。科学网拥有数十家部委网站、数十家权威新闻网站、100多家高校网站和100多家科研院所网站等丰富的信息来源。与此同时，科学网打造了一支高质量的国际新闻编译队伍，每日跟踪国际重要科教界动态，并编译成中文，为读者知晓最新的国际科技动态提供便利。科学网新闻频道荣获中国互联网协会授予的“中国互联网品牌栏目”称号。

科学网论文频道的设立，源于西方科学新闻界倡导的“No Paper, No News”（没有论文就没有新闻）理念。作为贯穿于整个科学新闻行业的操作规则，其主要内容是：所有的科学新闻报道，除了明确的事件新闻和观点新闻外，都必须严格依据于发表在同行评议刊物上的相关学术论文。科学网论文频道全面报道发表于国际顶级期刊的最新研究进展以及发表于优秀中文期刊上的高水平研究成果，希望通过发布这些建立于可靠科学基础之上的论文新闻资讯，一方面，向科学网的核心用户——科学界进行直接有效的传播，另一方面，把这些资讯有效传递给科学网的数百名科技记者注册用户，使得他们可以进行更为通俗和深入的二次创作，在大众媒体上产生更广泛的传播效果。科学网论文频道发布的每一条新闻报道都附有原始论文摘要链接，方便读者进一步的阅读。

科学网电子杂志的主要内容是选取科学网一周内发布的精华信息，集中起来发送给科教界网民。其主要目的是希望广大网民能在最短的时间内免费获取最有效的科教资讯，从而担当起科教信息员的角色。目前，科学网电子杂志用户数量近30万人，主要来源于国内各高校和科研院所，以及近5万名在海外有固定职位的华人科学家。

二、以实名互动为基础，打造学术交流平台和服务平台

网站流量分析显示，科学网流量的主体部分来自于科学网互动社区，科学网博客、群组已成为华人科学界讨论热点话题、进行学术交流和社交活动的重要平台。

科学网互动社区除了拥有以注重交互与分享、用户参与网站内容制造、信息源—关系—团体等以Web2.0和SNS为基础的社交网络特征外，为协助科研用户群提升科研效率，还在Science2.0的模式上进行了一些有益探索，如学术群组、文献管理与求助等。

科学网互动社区中的用户一旦经实名申请开通科学网博客后，将拥有一系列的科研社交功能。科学网互动社区以用户为中心，在用户完整填写自己的研究领域、专业方向和所在科研单位等信息后，即可很方便地在科学网社区中寻找到与自己具有相同专业方向的用户、同一科研单位的同事或同一高校的校友，并可以将目标用户加为好友，从而扩大人际交往和科研合作范围。

2012年，科学网新推出个人学术名片功能，用户可以添加个人基本资料、研究方向、论文论著、科研成果、科研基金、所获荣誉、课题组员、合作意向、招生招聘等信息，从而在科研人员相互了解和交流方面做了更有益的探索。

科研人员在科学网开通博客后，可以发表博文，建立或加入学术群组，与相同专业方向的研究人员进行学术探讨和交流，自由分享和收藏学术资源，进行文献求助和在线管理。Science2.0

的模式在科学网上进行了很好的探索，将成为科学网核心竞争力和未来的发展方向。

科研人员在科学网上发表的博文主要为科研政策和制度探讨、学术问题交流以及面向公众的科普内容等。一篇好的博文会得到其他用户或网站管理员的推荐，从而出现在科学网首页，引起网友们的重点关注，一篇有争议或能引发用户共鸣的博文更是会受到众多用户的评论。用户登录科学网社区后会自动收到好友动态和提醒，因此用户可以在登录的第一时间关注到其他用户新发表的博文，同时也可以在登录的第一时间看到其他用户对自己博文的评论和留言。一篇博文下方的用户评论中，观点的争论和碰撞会激发思想的火花，用户参与创造的内容（信息源）引发了人际（关系）的交互，人际（关系）的交互同时又加速并深化了信息的传播进程。

经过6年的发展，科学网博客的影响已经超越了科教圈和国界，它的博文不但得到科技部、教育部、卫生部、国家自然科学基金委员会、各重点高校领导层的关注，更受到海内外科教界广大草根的拥趸。科学网博客影响力进一步增强，不少科学网博主主导的问题讨论成为科学界乃至社会的关注热点，促成了一些非典型事件的典型解决，成为“学术版”网络反腐败的标杆：以博主程代展教授博文展开的关于“逃离科研”及“师生夜话”等相关讨论和在线访谈，受到Science（《科学》）网站、《人民日报》、凤凰卫视等主流媒体的的广泛报道，并引发了新浪微博等网络社区的热烈讨论；博主陈永江等6位老教授实名举报李连生造假，央视《焦点访谈》进行报道，当事人受到有关部门的严肃处理；针对博主沈阳关于买卖论文的博文，《自然》发表社论《中国科研，发表还是灭亡》予以回应；基于博主饶毅、施一公等博客中发表的观点，《纽约时报》报道了华人科学家的“海归”现象；张月红在科学网博客发表关于“31%的投稿存在剽窃”的声明，引发了海内外媒体的关注。

同时，科学网博客平台已经成为很多媒体，特别是国内权威媒体和境外主流媒体的新闻源泉。这些媒体的加入使得相关讨论进一步放大和扩展，大大促进了科学传播效果，这些媒体包括《人民日报》、《中国青年报》、《南方周末》、《中国科学报》、《科技日报》、人民网、新浪网、搜狐网、腾讯网等国内媒体以及New York Times（《纽约时报》）、Science（《科学》）、Nature（《自然》）等境外媒体。

搜索引擎对科学网信息的传播也起到不可忽视的作用。科学网PR(网页级别)值为9,成为科学网具有重要影响力的客观衡量。谷歌和搜搜对科学网的博文非常重视，搜索排名位置显著，搜索结果也比较稳定。

科学网互动社区除加强科研人员的人际联系及科研信息传播外，也在努力扩大在普通公众中的影响力。其中值得一提的是，基于科学网拥有的庞大的海内外华人科学家用户资源，2011年6月开始，科学网互动社区针对热点科教事件、科普话题进行第一时间的捕捉和策划，组织“从SARS到H7N9”、“2013基金申请冲刺”、“关注‘雾霾’天气”、“逃离科研”、“专家解读温州动车追尾事故”、“关注南方科大教改”、“空气污染和PM2.5”等多期在线访谈，促使科学网在线访谈栏目迅速发展成为一个关注热点科教话题、传播科普知识的全新平台。

科学网在线访谈栏目采用“微访谈”产品模式，与Web1.0模式下的在图文直播、视频直播基础上的网上发布模式不同，在线访谈的所有问题均来自于普通网友，并由访谈嘉宾直接进行回答，真正实现了嘉宾与网友之间的零距离交流。2011年科学网策划的在线访谈话题迅速引起了国内主流媒体的关注，《新京报》、《法制晚报》、《京华时报》等媒体多次进行专题报道，科学网分别与新浪网、搜狐网、腾讯网建立新的合作模式，共同策划并同步在线访谈。科学网在线访谈通过和主流平面媒体、门户网站的合作，构建了多种媒体立体传播的新模式，加强了科学传播的效果，扩大了科学网的影响范围。

另一个值得一提的尝试是，2012年科学网开始筹建科普频道。目前我国虽然有一些专门进行科普创作的作家及一些科普志愿者，但他们的科普活动以二手资料为主，作品质量与完全原创性的科普有很大差别。这些科普作家及相应的传播机构，为尽力扩大传播效果，追求语言表达或形式上的新奇，可能会出现一些不顾科学事实、违反科学基本原理的问题，难以保证科普作品质量。部分质量堪忧的科普作品传播给公众后，往往会对公众造成误导，导致公众对于一些科学知识无法获得正确的认知，长此以往，随着其传播的广度和深度的发展，将会给我国的科普事业造成相当不利的影响。

对此，科学网于2013年开始启动“科学网大讲堂”，该讲座平台基于一套在线视频交流系统，主讲人通过一台笔记本电脑，在家或办公室即可在预告的时间内直播讲座内容，讲座界面包括主讲人实时音视频、PPT、听众的文字提问交流窗口三部分，可支持网友在线收看直播并进行互动交流。大讲堂首期讲座《饶毅谈色》由北京大学生命与科学学院院长饶毅教授讲授，吸引千余名网友同时在线收听讲座，并与主讲人互动交流。

国内目前尚缺真正出自职业科学家之手的、货真价实的原创性科普作品，这不能不说是科普工作的一个盲区。科学网将以数万名海内外实名科学家博主为科普创作人才基础，以目前科学家博主发布的数千篇高质量科普博文作品为内容基础，并加入专家访谈活动、专家视频讲座等新颖的传播交互模块，建立起国内最专业、创作人员素质最高、最负责任的科普频道，有效覆盖这一盲区，在向公众传播正确的、专业的科普知识方面发挥不可替代的作用。

科学网科普频道项目将以互联网海量信息、丰富的表现形式和即时互动为传播特色，以科学网已有的100万注册用户为基础，预期至少吸引1000万公众的访问和参与。

三、以用户体验为中心，赢得专业用户关注率和忠诚度

科学网博客频道中，6万名实名博主学历层次均达到研究生以上，其中包括院士，长江学者奖励计划、千人计划和百人计划入选者，国家杰出青年科学基金获得者等高层次人才。知名博主包括：哈佛大学终身教授、美国工程院院士、中国科学院及中国工程院外籍院士何毓琦，中国科学院院士张存浩、陈晓亚、李小文、陈君石、方滨兴、孙燕、张炳炎等数十位院士，还包括北京大学生命科学学院院长饶毅、清华大学科学学院院长施一公，以及鲁白、武夷山等知名学者。

在网站应用方面，考虑到资金预算、平台稳定性等相关因素，科学网网站互动部分采用了业界流行的开源系统，通过二次开发，不断改进用户体验。针对用户不同需求，开设会议、人才、基金等栏目，全面覆盖科学群体各方面需求。在科学网各频道基础上，将网站内容细分到生命科学、医学科学、化学科学、工程材料、信息科学、地球科学、数理科学、管理综合等八大领域，服务专业人群阅读需要。

据统计，科学网拥有30多万科教人群专家库，涵盖国内各知名高校、科研院所人群，包括5万名在海外有固定职位的华人科学家。

用户调查显示：科学网实名用户受教育程度很高，50.4%用户拥有博士学历，27.33%用户有博士后工作经历，大多数有海外学习或工作经历。

贴心的设计赢得了很高的用户忠诚度。科学网在2010年做过一次针对用户群体的网络调研，发现80%受访用户至少每周访问科学网一次，用户群稳定，黏性极高。

四、走全媒体发展之路

回顾中国科学报社54年的发展脉络，从单一的四开周报《科学报》开始，发展到对开八版日报《中国科学报》；同时，逐步创办、整合、发展了《网络报》、《科学新闻》、《科学新生活》，以及《中国科学报》所下设的一系列周刊，中国科学报社形成了比较完备的平面媒体平台，初具现代传媒集团的雏形（图8-10）。

科学网于2007年初创办，并迅速在网络界占据独特的地位。中国科学报社还承担了中国科学院网站（http://www.cas.cn）的内容运维职能。

图8-10　中国科学报社旗下产品系列

中国科学院网站是中国科学院发布各类重要信息的专设网站，以“发布信息，传播知识，服务公众”为宗旨，是介绍、宣传、展示中国科学院整体形象的重要窗口。中国科学院历任领导都十分重视网站建设，认为“院网站是中国科学院面向世界的窗口”。

互联网是传播科学、影响公众的最直接、有效的形式之一。中国科学院网站希望运用先进的网络技术和优质资源，营造创新“2020”工作的良好氛围，服务公众，回报社会。

为了充分发挥中国科学院科研、人才和思想库方面的优势，对院属单位的信息内容和资源进行整合，全面、准确、及时反映中国科学院改革、创新、发展动态，提升面向全社会的知识传播与信息服务效率，2009 年，中国科学院启动实施了“网络化信息发布平台”（简称网站群）项目。通过集中建站、分级管理、制度约束和服务保障，形成了“主站 + 子站”，即“院门户网站 + 院属单位网站”的体系模式。内容上，充分发挥中国科学院科学资源、科技成果和科技人才的优势，突出科学特色，实现资源整合，提供丰富的信息服务。

中国科学院网站群包括中国科学院中英文版门户网站、院领导网站、院机关各部门网站、院属各单位中英文版网站共 400 余个独立网站。在中国科学院网站群中，还包括院机关各部门主办的专业性服务网站、院属各单位主管的下属机构专业性服务网站约 200 余个。

院网站内容丰富，信息来源为媒体公开报道、新闻办提供信息、机关各部门和院属各单位子站同步推送信息，以及院主站编辑部自采信息。频道、栏目设置精细，包括头条、要闻、科研进展、科技动态、综合报道、院士动态、专家视点、传媒扫描、人才教育、国际交流、院地合作、学术活动、科学传播等。2012 年中英网站全年发布稿件大约为 20000 条（中文）和 2000 条（英文）。

中国科学院网站在 2009 年至 2012 年连续四年荣获工信部电子科学技术情报研究所评估发布的“中国政府网站优秀奖”；2011 年还获得“2011 年度中国快速发展型政府网站”称号；2012 年获得“中国政府网站英文版优秀奖”。据此，中国科学报社在多媒体平台建设上，逐渐依托网络平台积累了较为丰富的音视频新闻采集制作和发布、Web2.0及SNS技术开发、在线活动的策划与组织等方面工作的经验，并拥有了一定的深化发展实力。“两报两刊两网”的多媒体布局，通过“十一五”时期的不懈奋斗，渐显规模。

2011年，“十二五”启动之际，发展中的中国科学报社进一步明晰了走全媒体发展之路，实现覆盖各种媒介业态的传播能力突破的思想。报社坚持顺应时代发展，利用文字、声音、图像的传播手段和表达形式，打通报纸、杂志、网络、音视频的媒体传播链。2011年，在网站音视频节目制作的基础上，中国科学报社组建了影视中心，启动了科学纪录片和科学传播影视剧的探索；《中国科学报》、科学网同时推出了手机阅读终端。

微博作为一种社会化媒体，其传播速度和范围具有传统媒体无法比拟的优势，2011年，微博已超越传统媒体成为社会第一信息源。有研究显示，截至2012年11月18日，共有2379家纸媒在新浪微博上开通了官方微博，其中报纸747家[15]。运营好官方微博不仅代表着媒体形象，而且也具有重要的战略意义。《中国科学报》在新浪和腾讯开设了官方微博，以该报最擅长的科技领域为主线，保持该类话题的高比重，用尽可能快的速度传播科学、教育、文化新闻，推广报社产品。以客观、中立、理性的方式参与交流讨论，力求把微博建设成为全新的媒体平台。2014年，报社开通了官方微信平台。微信平台将充分发挥手机微信覆盖面广、交互性强、方便快捷等优势，向公众传播科学讯息，普及科学知识，更好地利用科技新媒体服务用户的科技需求。

2013年5月30日，中关村科学城特色产业园建设合作项目签约大会在北京会议中心召开。在北京市委书记刘淇、市长郭金龙等有关领导的见证下，51个中关村科学城特色产业园建设合作项目在会上集中签约。中国科学报社作为中关村科学城科学传媒产业创新园的建设单位，与浙江横店影视制作有限公司签署战略合作协议。根据协议，中国科学报社将与浙江横店影视公司整合资源、优势互补，积极致力于促进科技题材影视作品的创作；待科学传媒产业创新园项目完工后，中国科学报社将优先安排浙江横店影视公司北京总部入驻园区。此次与浙江横店影视公司结为战略合作伙伴，标志着中国科学报社在开拓影视制作业务，构建全媒体集团的发展道路上迈出了坚实的一步。

中国科学报人对自身发展的蓝图是这样描绘的：中国科学院是代表中国最高科技水平的“国家队”，在中央和全国人民心中享有崇高的地位；中国科学院同时也应该是中国科学传播的“国家队”。中国科学报社是中国科学院唯一的新闻媒体，拥有50余年历史，通过几代人坚持不懈的努力已经形成独特风格和品格，自然应该在其中发挥独特的作用。中国科学报社提出了以“打造名副其实的中国第一科学传媒”为愿景的“一二三四”战略规划，对一个目标、两个定位、三个能力突破和四个业务方向做了精准的描述。通过一系列的前期布局，中国科学报社坚持资源中心观，依托独特而权威的科教信息资源，打造中国第一家科学传媒产业集团的全媒体构架呼之欲出。

第三节　传播策略的融合营销

“报业锤炼品牌的意义在于提高报纸的知名度和美誉度。这由其一贯的办报理念和办报风格所形成，非一日之功。积极的新闻策划、举办有意义的活动、参与社会公益活动和展开事件营销等，也有利于强化报纸的品牌运作。”[16]

一、依靠优秀的内容打造品牌

中国科学报社的发展历史，在一定程度上是中国科技事业发展的历史见证。中国科学院原党组副书记郭传杰曾表示：“如果有人连续收藏从1959年《科学报》创刊号到今天出版的《中国科学报》，那将是一笔难以估计的财富，因为再没有任何一个报刊、出版物对新中国的科技发展有如此长时期、大范围的全面覆盖。”中国科学报社50余年来所采写和发表的新闻与文章，伴着时而凝重、时而激越的历史回音，记载了共和国科技事业发展的脚印。讲理性，讲科学，求真务实，这既是科学的风格，也是科学报刊应有的品格。从《科学报》诞生之日起，中国科学报社即以此为立足之本，并赢得了广泛的社会赞誉。中国科学报社始终高扬科学文化的旗帜，传承科学特色，融会人文精神，以优秀的内容打造优质的品牌。

2004年，中国科学报社成立45周年之际，中国科学报社曾组织编辑出版了一本名为《史笔记科学》的新闻作品集。当我们浏览它的全部目录时，我们就会深深了解中国科学报社当前的影响力、覆盖面和美誉度的根源，恰恰在于其对内容的精雕细琢和对“求真、求实、求精、求是”的不懈追求。

——从记录历史的角度：《我国第一座实验水电站建成》、《我国第一台太阳望远镜诞生》、《我国第一台大型电子模拟计算机研制成功》、《我国人工合成酵母丙氨酸转移核糖核酸成功》、《我国授予第一批博士学位》等大量的文章，翔实细致而又无比忠实地记载了新中国科技事业的每一件历史事件。

——从弘扬科技界主流价值角度：《科学家严肃批评所谓“人体特异功能”的研究和宣传》、《邱氏鼠药案终审判决，五专家胜诉》、《中国科学家和中国科学界与伪科学作斗争》、《义不容辞地维护科学尊严》、《反对新的封建迷信，反对新的有神论》等大量文章，旗帜鲜明而又气势磅礴地彰显着科技界的精神气度和责任担当，有力地引领着中国科技的舆论氛围。

——从作者队伍的角度：看看这些熟悉的名字吧——华罗庚、宋健、竺可桢、于光远、邹承鲁、李政道、杨振宁、彭桓武、师昌绪、龚育之、钱伟长、张劲夫、吴良镛、黄昆、柳传志……这些科技界的明星们，亲切地关爱着中国科学报社；这些曾经影响和正在影响中国科技发展的大家，曾多次执笔为中国科学报社贡献高屋建瓴的智慧。

中国科学报社的科学传播策略的核心，凝聚在对内容的不懈追求。不唯报纸出版如此，中国科学报社还曾先后组织出版多种科学传播类图书，与报刊网等协同地发挥着积极的影响。

——1999年2月10日，由科学时报社策划并与中国科学院、中国工程院两院学部共同组织两院院士撰写，清华大学出版社、暨南大学出版社联合出版的跨世纪科普出版工程——“院士科普书系”新闻发布会在京召开。“院士科普书系”荣获2005年度国家科学技术进步奖二等奖，开科普著作获得国家科技奖之先河（图8-11）。

图8-11　院士科普书系

——从2003年8月6日开始，《科学时报》开辟“院士治学格言”专栏，每天刊登4～6位院士亲笔题写的治学格言手迹，在社会上引起广泛关注并受到读者的普遍欢迎。2004年3月，由科学时报社征集、整理、编辑的《中国院士治学格言手迹》在京出版，是迄今为止最全面记载和反映中国院士治学心得和人文风范的图书。

——2008年起，中国科学报社尝试在科学传播和国家创新研究方面做出应有的努力，先后组织专业科研团队，立足于国家权威的统计数据和严格科学的社会调查，对由各级政府部门、科学家以及大众媒体等主体所参与和主导的科学传播情况进行全景式扫描，先后出版《科学传播蓝皮书：中国科学传播报告》和《创新蓝皮书：创新型国家建设报告》等研究成果，对有关公共政策提高科学性给出了对策建议。

——2008年起，科学网博客在中国科教界已形成巨大的影响力，中国科学报社充分发挥网上网下资源的集成优势，相继推出《智者不惑》、《流动的科学》等专家博文集粹，成为公众领略“科学人”原生态的一个全新窗口；充分发挥报刊网联动的集成优势，相继推出《争议中的科学》、《科学在线》等图书，成为公众理解科学的一个全新视野。

二、依靠专业活动巩固品牌

依托优质内容资源，中国科学报社在专业活动品牌上持续发力，已经形成了具有鲜明科学特征的一系列活动品牌，以期提供专业性的、深度性的内容，实现多元覆盖，扩大报社科学传播方向上的影响力。

党的十八大报告提出：“要把生态文明建设放在突出地位，融入经济建设、政治建设、文化建设、社会建设各方面和全过程，努力建设美丽中国，实现中华民族永续发展。”在此之后，“美丽中国”成为社会各界持续关注的新词、热词。2013 年 2 月，中国科学报社、科学网联合人民网、腾讯网、四川大学共同主办了“我心中的美丽中国”调查，调查活动旨在挖掘百姓心目中的“美丽中国”应具有的要素，鼓励民众共同参与、合力推进“美丽中国”的建设。该网络调查活动在为期一周的时间内收到总投票数 14800 多条。3 月 2 日调查结果公布后，主流媒体纷纷转发，获得良好的社会效果。

2013 年 1 月 19 日，“科学之夜——2012 中国科学报社年度盛典”隆重举行。“瀚霖杯两院院士评选 2012 年中国 / 世界十大科技进展新闻”、“第四届青年科学之星”、“2012 中国科学年度新闻人物”三项品牌活动评选结果发布和颁奖仪式同时举行。《人民日报》在头版显要位置刊发了“双十”评选结果，中央电视台新闻 30 分节目对活动进行了介绍，人民网、新浪网等各大媒体纷纷转载，社会效益明显。

“两院院士评选中国 / 世界十大科技进展新闻”是中国科技界一项重要的科学传播活动，得到两院院士的长期支持，广受国内各大媒体的关注。1994 年正式举办以来，已经连续举办了 18 年，每年都会由近千名两院院士投票选出当年中国和国际重大科技进展新闻各 10 条，其新闻发布会已成为中国科学院、中国工程院重要领导、知名院士与新闻界会面的重要仪式。活动，为社会公众更加了解国内外科技发展动向、宣传普及科学技术起到了积极的作用。

除此之外，一批各领域顶尖学者受聘成为报社的科学大使和首席科学家，为报社发展提供了智力保障；入选中关村科学城项目，也为报社发展提供了政策支持。

2012年1月22日，辛卯年除夕夜，中国科学院、中国工程院、共青团中央、中央电视台联合推出名为“科学之夜”的年度科技盛典，对2011年度科技大事进行盘点。所盘点的内容，正是由中国科学报社联合中国科学院、中国工程院有关部门组织的“两院院士评选2011年中国/世界十大科技进展新闻”活动的评选结果。

2011年12月17日，以“大学新使命：文化传承与创新”为主题的第二届创新中国论坛在南京理工大学举行，全国政协副主席、中国科学院院士王志珍，中国高等教育学会会长、教育部原副部长周远清，以及知名院士叶铭汉、秦伯益等100多人出席论坛。“创新中国论坛”是由中国高等科学技术中心、中国科学报社联手打造的一项旨在为创新型国家建设提供理性、建设性声音的高端论坛，论坛每年确定一个议题、遴选一座城市，依托地方政府和高校，广邀国内专家学者参与研讨。论坛逐渐形成了开放度高、影响力大以及务实性强的特征，已成为对创新型国家建设相关问题进行系统性研讨的重要平台。

2010年，中国科学报社启动了“寻找青年科学之星”活动。活动从“代表作相对引用水平”、“个人H指数”、“代表作国际影响力”三个指标同时着手，对不满40岁的青年科学家进行评价，以期为青年科研人才提供交流的平台，唤起科研机构和社会对青年科研人才的重视，为中国科技发展的有生力量提供良好的工作环境和学术氛围。前两届评选出的90名青年科学家中，15人已获“国家杰出青年科学基金”奖励，1人入选国家“千人计划”，1人当选IEEE Fellow国际电气工程师学会会士。

中国科学报社承办的“中国青年科学博客大赛”已经相继举办了三届，活动以科学网为平台，高度聚焦“博客”、“科学”和“创新”三个关键词，覆盖了全球200余所高校和研究机构，先后共有超过1200位选手参赛，上传博文逾万篇，吸引点击量超过千万次。活动受到科技界青年研究人员、学生的高度认可，对开阔青年科学精英的眼界、丰富青年科学精英的文化生活、促进我国科技事业健康发展起到了积极的作用。

此外，中国大学生书评大赛、网友走进科学院、显微摄影大赛等以科学为主旨的活动，从前期的效果看，虽然在一定范围内起到了科学传播的作用，但总体上还很弱小，离品牌要求还有很大的距离。这些活动与上述“两院院士评选中国／世界十大科技进展新闻”、“创新中国论坛”等，均已纳入中国科学报社的战略部署，相关品牌正在培育的过程之中；而已有品牌，亦将有一个不断深化，渐上水平的过程。

2013 年 1 月 8 日，由中国品牌传播联盟发起主办，中国国际问题研究基金会和平发展基金与中央电视台证券资讯频道联合举办的“2012 中国品牌年会暨品牌金博奖颁奖盛典”在京举行，《中国科学报》在该年会发布的传媒品牌榜中，获得“品牌影响力专业媒体”称号。在历时数月的传媒品牌影响力监测评比中，《中国科学报》以专业化的新闻传播、大众化的科学精神普及、多业态的全媒体发展格局、良好的读者评价和市场反馈等优质品牌形象，在众多专业类媒体中脱颖而出，与其他 5 家媒体一道获得“品牌影响力专业媒体”称号。

第四节　软环境相关配套

一、建立战略合作关系

在我国转变经济发展模式，调整产业结构的理论研究和实践大潮中，专业类报纸转变发展模式，整体提升水平已是必然趋势，新媒体冲击、报业改革时间表发布和金融危机不期而至，为此提供了强大的内外部驱动力。中国科学报社与中国科学院、中国工程院、国家自然科学基金委员会血脉相连，1400 余位两院院士、难以计数的自然科学基金项目负责人，既是报社的核心读者，也是报社的智慧之源；中国科学报社与《科学》、《自然》等国际一流科学期刊以及爱思唯尔、汤森路透等世界一流出版集团建立了战略合作伙伴关系，长期频繁互动；在全国100余所高校设有大学工作站，与高等教育界关系密切。中国科学报社在中国科教界已经形成了独特的品牌形象，形成了“科学性、权威性、思想性”的鲜明特色和“真、实、精、是”的核心竞争力。

二、打造优秀的人才队伍

在人才队伍建设上，中国科学报社坚定不移地推进并不断优化调整全员岗位聘任制和“三元工资制度”。通过定期开展全员岗位聘任工作，中国科学报社人员结构不断完善，年龄和性别的比例进一步优化；与此同时，加强对关键岗位关键人才的引进力度，不断加强高校优秀毕业生的招聘培养工作。设立社长特别奖和总编辑特别奖，对优秀员工给予高额奖励。目前，报社已初步打造了一支懂新闻、熟网络，作风硬朗、梯队合理的人才队伍。

结合全员岗位聘任制的实施，中国科学报社建立了“三元结构，绩效考核，多劳多得”的分配机制，对编采人员严格实行定量考核、按劳分配、多劳多得。同时，为鼓励编采人员提升业务素质，多出好作品，中国科学报社在绩效发放、稿件评价、奖励等方面制定了若干措施，用制度保证了优秀的新闻作品可以得到更高的报酬。对稿件的评价和新闻采访投入也不再仅依据稿件类型、稿件长短等进行简单评价，而是更加重视稿件的新闻性和思想内涵，报社还引用社会评价体系作为对稿件奖励的参考，对社会影响力大的稿件给予更多的奖励。通过上述双管齐下，收到了较好的激励效果。

采编业务是中国科学报社的核心业务，报社核心采编业务团队坚持创新发展，狠抓选题策划能力建设和新闻专业性建设，以期促进采编核心业务能力的提升和新闻精品的涌现。近年来，中国科学报社新闻作品未出现重大失误，在高层次学术群体中的影响力进一步上升，公众认知度也有一定提高，其背后重要的一项举措就是《中国科学报社采编条例》的制定和实施。该条例是中国科学报社采编业务的“根本大法”，以1.6万余字的篇幅对采编系统结构与职责、采编系统会议制度、采访任务分类与采编工作流程、采编业务规范、采编工作考核、编辑记者奖惩等做了较为完备的约定。

三、布局全媒体优势

为配合全媒体布局，中国科学报社尝试充分发挥不同媒介形态的优势，力图做到各子媒体在内容和发展路径上“和而不同”。例如，《中国科学报》与科学网彼此合作，《中国科学报》的原创内容构成了科学网的一个频道，而科学网的在线访谈和实名博客则为《中国科学报》提供了采访线索和时评内容。同时，二者又总是呈现不同的内容，科学网实时、互动、非线性的特点得以淋漓尽致地发挥，在形成中国科学报社另一媒体品牌形象的同时，又为报社其他媒体提供了编读交流、简讯播报和立体信息专题等服务。再如，《中国科学报》和《科学新闻》杂志，同样服务科教界主流人群，但二者刻意就目标读者和客户做了区隔，报纸突出短平快的优势，更多地提供即时信息；杂志则日渐向深度解读倾斜，等等。

四、加强制度建设

在组织建设上，中国科学报社致力于推进管理结构的扁平化。根据报社的客观实际，中国科学报社各采编业务单元、职能处室、广告经营发行及新增业务单位均直接对社务会负责，形成了一个简单的二级管理结构；平行的二级单位之间，严格分工但频繁协作，独立工作但共享资源。

制度建设是事业成败的基本保障，中国科学报社建立了完备的规章制度，对财务、人事、采编业务、危机应对等领域加强规范管理，逐渐形成“事事有制度、人人守制度”的氛围。

中国科学报社始终将信息化工作作为提高管理效率，降低管理成本的重要举措，建设有完备的报社官方网站和内部网站，持续建设科技专家信息库，基本满足了报社业务对信息共建共享的需求。

注释：

[1] 王以芳、房瑞标：《第八次中国公民科学素养调查结果发布》，中国科学技术协会，http://www.cast.org.cn/n35081/n35473/n35518/12451858.html。

[2] 刘建明、胡钰著：《科技新闻传播理论》，科学出版社2001年版，第19页。

[3] 司有和主编：《中华人民共和国科技传播史》，重庆出版社2005年版，第3页。

[4] 《发刊词》，《科学报》1959年1月1日第一版。

[5] 司有和主编：《中华人民共和国科技传播史》，重庆出版社2005年版，第548页。

[6] 含《科学报》、《科学时报》，下同。

[7] 同注释 [3]。

[8] 《关于加大科普宣传力度 提升科普工作地位的呼吁》，《中国科学报》2012年3月12日。

[9] 《把科普宣传作为本报工作重中之重》，《中国科学报》2012年3月13日。

[10] 徐雁龙：《专业类报纸的重围与突围》，《科技传播》2010年第4期。

[11] 詹正茂、靳一著：《中国科学传播报告（2009）》，社会科学文献出版社2009年版，第9页。

[12] 汤书昆、刘为民等著：《科技传播与当代社会》，科学出版社2001年版，第8页。

[13] 郑强：《从传统报业到全媒体的探索之路》，《传媒》2008年第10期。

[14] 林江：《从行业报向行业信息服务提供商转变——对行业报转型问题的几点思考》，《传媒》2007年第4期。

[15] 中国人民大学舆论研究所、灵思营销联合发布《2011—2012年媒体微博运维白皮书》

[16] 刘文平：《新传媒时代报业发展的几个焦点话题》，《新闻战线 》2009年第8期，http://paper.people.com.cn/xwzx/html/2009-08/01/content_501040.htm?div=-1。

附　　录

- 中华人民共和国科学技术普及法
- 全民科学素质行动计划纲要
- 互联网出版管理暂行规定
- 互联网新闻信息服务管理规定
- 互联网著作权行政保护办法
- 关于对出版物使用互联网信息加强管理的通知

中华人民共和国科学技术普及法

2002年6月29日第九届全国人民代表大会常务委员会

第二十八次会议通过

第一章　总　　则

第一条　为了实施科教兴国战略和可持续发展战略，加强科学技术普及工作，提高公民的科学文化素质，推动经济发展和社会进步，根据宪法和有关法律，制定本法。

第二条　本法适用于国家和社会普及科学技术知识、倡导科学方法、传播科学思想、弘扬科学精神的活动。

开展科学技术普及（以下称科普），应当采取公众易于理解、接受、参与的方式。

第三条　国家机关、武装力量、社会团体、企业事业单位、农村基层组织及其他组织应当开展科普工作。

公民有参与科普活动的权利。

第四条　科普是公益事业，是社会主义物质文明和精神文明建设的重要内容。发展科普事业是国家的长期任务。

国家扶持少数民族地区、边远贫困地区的科普工作。

第五条　国家保护科普组织和科普工作者的合法权益，鼓励科普组织和科普工作者自主开展科普活动，依法兴办科普事业。

第六条　国家支持社会力量兴办科普事业。社会力量兴办科普事业可以按照市场机制运行。

第七条　科普工作应当坚持群众性、社会性和经常性，结合实际，因地制宜，采取多种形式。

第八条　科普工作应当坚持科学精神，反对和抵制伪科学。任何单位和个人不得以科普为名从事有损社会公共利益的活动。

第九条　国家支持和促进科普工作对外合作与交流。

第二章 组织管理

第十条 各级人民政府领导科普工作，应将科普工作纳入国民经济和社会发展计划，为开展科普工作创造良好的环境和条件。

县级以上人民政府应当建立科普工作协调制度。

第十一条 国务院科学技术行政部门负责制定全国科普工作规划，实行政策引导，进行督促检查，推动科普工作发展。

国务院其他行政部门按照各自的职责范围，负责有关的科普工作。

县级以上地方人民政府科学技术行政部门及其他行政部门在同级人民政府领导下按照各自的职责范围，负责本地区有关的科普工作。

第十二条 科学技术协会是科普工作的主要社会力量。科学技术协会组织开展群众性、社会性、经常性的科普活动，支持有关社会组织和企业事业单位开展科普活动，协助政府制定科普工作规划，为政府科普工作决策提供建议。

第三章 社会责任

第十三条 科普是全社会的共同任务。社会各界都应当组织参加各类科普活动。

第十四条 各类学校及其他教育机构，应当把科普作为素质教育的重要内容，组织学生开展多种形式的科普活动。

科技馆（站）、科技活动中心和其他科普教育基地，应当组织开展青少年校外科普教育活动。

第十五条 科学研究和技术开发机构、高等院校、自然科学和社会科学类社会团体，应当组织和支持科学技术工作者和教师开展科普活动，鼓励其结合本职工作进行科普宣传；有条件的，应当向公众开放实验室、陈列室和其他场地、设施，举办讲座和提供咨询。

科学技术工作者和教师应当发挥自身优势和专长，积极参与和支持科普活动。

第十六条 新闻出版、广播影视、文化等机构和团体应当发挥各自优势做好科普宣传工作。

综合类报纸、期刊应当开设科普专栏、专版；广播电台、电视台应当开设科普栏目或者转播科普节目；影视生产、发行和放映机构应当加强科普影视作品的制作、发行和放映；书刊出版、发行机构应当扶持科普书刊的出版、发行；综合性互联网站应当开设科普网页；科技馆（站）、图书馆、博物馆、文化馆等文化场所应当发挥科普教育的作用。

第十七条　医疗卫生、计划生育、环境保护、国土资源、体育、气象、地震、文物、旅游等国家机关、事业单位，应当结合各自的工作开展科普活动。

第十八条　工会、共产主义青年团、妇女联合会等社会团体应当结合各自工作对象的特点组织开展科普活动。

第十九条　企业应当结合技术创新和职工技能培训开展科普活动，有条件的可以设立向公众开放的科普场馆和设施。

第二十条　国家加强农村的科普工作。农村基层组织应当根据当地经济与社会发展的需要，围绕科学生产、文明生活，发挥乡镇科普组织、农村学校的作用，开展科普工作。

各类农村经济组织、农业技术推广机构和农村专业技术协会，应当结合推广先进适用技术向农民普及科学技术知识。

第二十一条　城镇基层组织及社区应当利用所在地的科技、教育、文化、卫生、旅游等资源，结合居民的生活、学习、健康娱乐等需要开展科普活动。

第二十二条　公园、商场、机场、车站、码头等各类公共场所的经营管理单位，应当在所辖范围内加强科普宣传。

第四章　保障措施

第二十三条　各级人民政府应当将科普经费列入同级财政预算，逐步提高科普投入水平，保障科普工作顺利开展。

各级人民政府有关部门应当安排一定的经费用于科普工作。

第二十四条　省、自治区、直辖市人民政府和其他有条件的地方人民政府，应当将科普场馆、设施建设纳入城乡建设规划和基本建设计划；对现有科普场馆、设施应当加强利用、维修和改造。

以政府财政投资建设的科普场馆，应当配备必要的专职人员，常年向公众开放，对青少年实行优惠，并不得擅自改作他用；经费困难的，同级财政应当予以补贴，使其正常运行。

尚无条件建立科普场馆的地方，可以利用现有的科技、教育、文化等设施开展科普活动，并设立科普画廊、橱窗等。

第二十五条　国家支持科普工作，依法对科普事业实行税收优惠。

科普组织开展科普活动、兴办科普事业，可以依法获得资助和捐赠。

第二十六条　国家鼓励境内外的社会组织和个人设立科普基金，用于资助科普事业。

第二十七条　国家鼓励境内外的社会组织和个人捐赠财产资助科普事业；对捐赠财产用于科普事业或者投资建设科普场馆、设施的，依法给予优惠。

第二十八条　科普经费和社会组织、个人资助科普事业的财产，必须用于科普事业，任何单位或者个人不得克扣、截留、挪用。

第二十九条　各级人民政府、科学技术协会和有关单位都应当支持科普工作者开展科普工作，对在科普工作中做出重要贡献的组织和个人，予以表彰和奖励。

第五章　法 律 责 任

第三十条　以科普为名进行有损社会公共利益的活动，扰乱社会秩序或者骗取财物，由有关主管部门给予批评教育，并予以制止；违反治安管理规定的，由公安机关依法给予治安管理处罚；构成犯罪的，依法追究刑事责任。

第三十一条　违反本法规定，克扣、截留、挪用科普财政经费或者贪污、挪用捐赠款物的，由有关主管部门责令限期归还；对负有责任的主管人员和其他直接责任人员依法给予行政处分；构成犯罪的，依法追究刑事责任。

第三十二条　擅自将政府财政投资建设的科普场馆改为他用的，由有关主管部门责令限期改正；情节严重的，对负有责任的主管人员和其他直接责任人员依法给予行政处分。

扰乱科普场馆秩序或者毁损科普场馆、设施的，依法责令其停止侵害、恢复原状或者赔偿损失；构成犯罪的，依法追究刑事责任。

第三十三条　国家工作人员在科普工作中滥用职权、玩忽职守、徇私舞弊的，依法给予行政处分；构成犯罪的，依法追究刑事责任。

第六章　附　　则

第三十四条　本法自公布之日起施行。

全民科学素质行动计划纲要

(2006—2010—2020 年)

根据党的十六大和十六届三中、四中、五中全会精神，依照《中华人民共和国科学技术普及法》和《国家中长期科学和技术发展规划纲要（2006－2020 年）》（国发［2005］44 号），制定并实施《全民科学素质行动计划纲要（2006－2010－2020 年）》（以下简称《科学素质纲要》）。

一、前言

科学素质是公民素质的重要组成部分。公民具备基本科学素质一般指了解必要的科学技术知识，掌握基本的科学方法，树立科学思想，崇尚科学精神，并具有一定的应用它们处理实际问题、参与公共事务的能力。提高公民科学素质，对于增强公民获取和运用科技知识的能力、改善生活质量、实现全面发展，对于提高国家自主创新能力、建设创新型国家、实现经济社会全面协调可持续发展、构建社会主义和谐社会，都具有十分重要的意义。

根据有关调查，我国公民科学素质水平与发达国家相比差距甚大。公民科学素质的城乡差距十分明显，劳动适龄人口科学素质不高；大多数公民对基本科学知识了解程度较低，在科学精神、科学思想和科学方法等方面更为欠缺，一些不科学的观念和行为普遍存在，愚昧迷信在某些地区较为盛行。公民科学素质水平低下，已成为制约我国经济发展和社会进步的瓶颈之一。

公民科学素质建设是坚持走中国特色的自主创新道路，建设创新型国家的一项基础性社会工程，是政府引导实施、全民广泛参与的社会行动。改革开放以来，特别是实施科教兴国战略以来，我国公民科学素质建设有了较大的发展，但仍存在许多问题。人均接受正规教育年限低于世界平均水平；因长期受应试教育影响，学生科学素质结构存在明显缺陷；社会教育、成人教育的发展尚不全面和深入，公民缺少接受终身教育的机会。科普长效运行机制尚未形成；科普设施、队伍、经费等资源不足；大众传媒科技传播力度不够、质量不高。公民科学素质建设的公共服务未能有效满足社会需求，公民提升自身科学素质的主动性尚未充分调动。

全民科学素质行动计划旨在全面推动我国公民科学素质建设，通过发展科学技术教育、传播与普及，尽快使全民科学素质在整体上有大幅度的提高，实现到本世纪中叶我国成年公民具备基本科学素质的长远目标。本《科学素质纲要》提出了全民科学素质行动计划在“十一五”期间的主要目标、任务与措施和到2020年的阶段性目标。

二、方针和目标

指导方针：

以邓小平理论和“三个代表”重要思想为指导，坚持科学发展观，发挥政府主导作用，充分调动全社会力量共同参与，大力加强公民科学素质建设，促进经济社会和人的全面发展，为提升自主创新能力和综合国力、全面建设小康社会和实现现代化建设第三步战略目标打下雄厚的人力资源基础。

今后15年，实施全民科学素质行动计划的方针是“政府推动，全民参与，提升素质，促进和谐”。

政府推动——各级政府将公民科学素质建设作为全面建设小康社会的重要工作，加强领导。各级政府将《科学素质纲要》纳入有关规划计划，制定政策法规，加大公共投入，推动《科学素质纲要》的实施。社会各界各负其责，加强协作。

全民参与——公民是科学素质建设的参与主体和受益者，要充分调动全体公民参与实施《科学素质纲要》的积极性和主动性，在全社会形成崇尚科学、鼓励创新、尊重知识、尊重人才的良好风尚。

提升素质——提高公民科学素质是《科学素质纲要》的出发点和落脚点。通过实施《科学素质纲要》，推动形成全民学习、终身学习的学习型社会，促进人的全面发展。

促进和谐——认真落实科学发展观，以人为本，实现科学技术教育、传播与普及等公共服务的公平普惠，促进社会主义物质文明、政治文明、精神文明建设与和谐社会建设全面发展。

目标：

到2020年，科学技术教育、传播与普及有长足发展，形成比较完善的公民科学素质建设的组织实施、基础设施、条件保障、监测评估等体系，公民科学素质在整体上有大幅度的提高，达到世界主要发达国家21世纪初的水平。

到2010年，科学技术教育、传播与普及有较大发展，公民科学素质明显提高，达到世界主要发达国家20世纪80年代末的水平。围绕公民科学素质建设最关键、最具基础性的问题，实现以下目标：

——促进科学发展观在全社会的树立和落实。重点宣传普及节约资源、保护生态、改善环境、安全生产、应急避险、健康生活、合理消费、循环经济等观念和知识，倡导建立资源节约型、环境友好型社会，形成科学、文明、健康的生活方式和工作方式。

——以重点人群科学素质行动带动全民科学素质的整体提高。未成年人对科学的兴趣明显提高，创新意识和实践能力有较大增强；农民和城镇劳动人口的科学素质有显著提高，城乡居民科学素质水平差距逐步缩小；领导干部和公务员的科学素质在各类职业人群中位居前列。

——科学教育与培训、科普资源开发与共享、大众传媒科技传播能力、科普基础设施等公民科学素质建设的基础得到加强，公民提高自身科学素质的机会与途径明显增多。

三、主要行动

根据指导方针和目标，在“十一五”期间实施以下主要行动：

（一）未成年人科学素质行动。

任务：

——宣传科学发展观，重点宣传我国人口众多、资源有限、人均占有资源远低于世界平均水平的基本国情，使未成年人从小树立人与自然和谐相处和可持续发展的意识。

——完善基础教育阶段的科学教育，提高学校科学教育质量，使中小学生掌握必要和基本的科学知识与技能，体验科学探究活动的过程与方法，培养良好的科学态度、情感与价值观，发展初步的科学探究能力，增强创新意识和实践能力。

——普及农村义务教育，切实提高农村中小学科学教育质量。为农村未成年人提供更多参与科普活动的机会，培养改善生存状况、提高生活质量和自我发展的能力。

——开展多种形式的科普活动和社会实践，增强未成年人对科学技术的兴趣和爱好，初步认识科学的本质以及科学技术与社会的关系，培养社会责任感以及交流合作、综合运用知识解决问题的能力。

措施：

——通过实施新世纪素质教育工程，推进新科学课程的全面实施。针对不同年龄段学生特点，注重课程的综合性与连贯性；开展学龄前科学启蒙教育，采取有效措施，积极推广义务教育阶段综合性科学课程，逐步推进高中科学课程改革；深化中小学科学课程教材、教学内容和教学方法改革，充分发挥现代教育技术的作用，改革科学教育评价制度，定期监测科学教育质量。

——提高农村未成年人科学教育水平和质量。结合农村实际，加强农村中小学现代远程教育的科学教育资源建设，发展针对农村校外未成年人的非正规教育，开展生活能力和生产技能培训等科普活动。

——开展课外科技活动，引导未成年人增强创新意识和实践能力。普及保护生态环境、节约资源能源、心理生理健康、安全避险等知识。加强“珍爱生命、远离毒品”和崇尚科学文明、反对愚昧迷信的宣传教育。发挥未成年人在家庭和社区科普宣传中对成年人的独特影响作用。

——通过“大手拉小手科技传播行动”、科技专家进校园（社区、科普基地）、中学生进科研院所（实验室）等活动，组织科技工作者与未成年人开展面对面的科普活动。

——提高母亲的科学素质，重视家庭教育在提高未成年人科学素质中的重要作用。

——新闻出版、广播电视、文化等机构和团体加大面向未成年人的科技传播力度，用优秀、有益、生动的科普作品吸引未成年人，为未成年人的健康成长营造良好的舆论环境。

——整合校外科学教育资源，建立校外科技活动场所与学校科学课程相衔接的有效机制。利用科技类博物馆、科研院所等科普教育基地和青少年科技教育基地的教育资源，为提高未成年人科学素质服务；加强现有青少年宫、儿童活动中心等综合性未成年人校外活动场所的科普教育功能，在有条件的地区建设青少年科技活动中心等专门的科普活动场所。发挥社区教育在未成年人校外教育中的作用。

（二）农民科学素质行动。

任务：

——面向农民宣传科学发展观，重点开展保护生态环境、节约水资源、保护耕地、防灾减灾，倡导健康卫生、移风易俗和反对愚昧迷信、陈规陋习等内容的宣传教育，促进在广大农村形成讲科学、爱科学、学科学、用科学的良好风尚，促进社会主义新农村建设。

——围绕科学生产和增效增收，激发广大农民参与科学素质建设的积极性，增强科技意识，提高获取科技知识和依靠科技脱贫致富、发展生产和改善生活质量的能力，并将推广实用技术与提高农民科学素质结合起来，着力培养有文化、懂技术、会经营的新型农民。

——提高农村富余劳动力向非农产业和城镇转移就业的能力。

——提高农村妇女及西部欠发达地区、民族地区、贫困地区、革命老区农民的科学文化素质。

措施：

——逐步建立内容丰富、形式多样、适应需求的农村科学教育、宣传和培训体系。制定《农民科技教育培训体系建设规划》和《中国农民科学素质教育大纲》，指导面向农民的各类科学教育活动。

——大力开展农民科技培训。结合实施全国农村党员干部现代远程教育、农村党员基层干部适用技术和市场经济知识培训计划、绿色证书工程、星火科技培训专项行动、双学双比、巾帼科技致富工程等，开展针对性强、务实有效、通俗易懂的农业科技培训，多渠道加大培训力度。使参加绿色证书培训达1000万人；重点培育100万个科技示范户，辐射带动2000万个农户。发挥好农业广播电视学校、农村成人文化技术学校、农村致富技术函授大学、农业科教与网络联盟、有关大中专院校和其他农村成人教育机构在农村科技培训中的作用。

——广泛开展各种形式的科技下乡和群众性、社会性、经常性科普活动。深入开展文化科技卫生“三下乡”、科技活动周、全国科普日等活动，总结推广科技特派员、科技入户、科技110、科普之冬（春）、科普大集、专家大院、科技咨询服务站、科技大王下乡、科教兴村等行之有效的做法，探索科技人员与农民互动的科技咨询服务长效机制。

——开展农村科技、科普示范活动，建立和完善示范体系。深入开展全国科技进步示范市（县、区）和全国科普示范县（市、区）、乡（镇）、村、户等建设活动，大力发展科技、科普示范基地，发挥好它们的示范作用。

——开展农村富余劳动力转移就业科技培训。建立健全农村劳动力转移培训机制，按照《2003－2010年全国农民工培训规划》要求，积极开展农民工的引导性培训、职业技能培训和岗位培训。

——建立健全农村科技教育、传播与普及服务组织网络和人才队伍。发展农业技术推广机构、农村基层科普组织和农民合作经济组织，重点扶持1万个农村专业技术协会。组织专家咨询服务和志愿者队伍，形成动员科技人员为“三农”服务的有效机制；培养农民技术员队伍，提高农村实用人才的学习能力、实践能力和传播能力。

——加强农村基层科普能力建设。依托农村中小学、村党员活动室、农村成人文化技术学校、文化站和有条件的乡镇企业、农村专业技术协会等农民合作组织，发展乡村科普活动场所。推动乡村科普橱窗、宣传栏等建设，开发和充实适应需求、富有特色的展示教育内容。加强民族地区科普工作队建设，提高西部地区特别是边疆民族地区基层的科普能力。

（三）城镇劳动人口科学素质行动。

任务：

——在广大城镇宣传科学发展观，重点倡导和普及节约资源、保护环境、节能降耗、安全生产、健康生活等观念和知识，促进经济增长方式的转变和科学文明健康生活方式的形成。

——围绕走新型工业化道路和发展现代服务业的需求，以学习能力、职业技能和技术创新能力为重点，提高第二、第三产业从业人员科学素质，更好地适应经济社会和自身发展的要求。

——围绕城镇化进程的要求，提高进城务工人员的职业技能水平和适应城市生活的能力。

——提高失业人员的就业能力、创业能力和适应职业变化的能力。

措施：

——加强对劳动者科技教育培训的宏观管理，进行专门的规划、组织和监督实施。统筹协调各相关部门的关系，合理分工、加强合作。

——将劳动人口应具备的基本科学素质内容纳入各级各类职业教育和成人教育的课程内容和培训教材，将有关科学素质的要求纳入国家职业标准，作为各类职业培训、考核和鉴定的内容。

——开展各种形式的劳动预备制培训、再就业培训、创业培训、农民工培训和各类从业人员的在岗培训和继续教育。城镇职工在职培训达到 2.5 亿人次，失业人员再就业培训 1500 万人，农民工培训 2 亿人。使新增劳动力接受劳动预备制培训的比例由目前的 70%提高到 90%。

——在企业广泛开展科普宣传、技能培训和创建学习型组织、争做知识型职工等活动，着力加强科学方法、科学思想和科学精神教育，提高职工的科学文化素质。鼓励群众性技术创新和发明活动。充分发挥企业科学技术协会、职工技协、研发中心等组织和机构的作用。

——建立企业事业单位从业人员带薪学习制度，鼓励职工在职学习，形成用人单位和从业人员共同投资职业培训的机制。在职业培训中，加大有关科学知识的内容。

——优化整合各种教育培训资源，实现资源共享，形成广覆盖、多层次的教育培训网络，为劳动者提高科学素质提供更多机会和途径。

——以城镇社区为依托，通过社区科普活动室、科普学校、科普画廊等机构和设施，开展多种形式的科普宣传，建设学习型社区，发挥社区在提高劳动者科学素质方面的作用。

（四）领导干部和公务员科学素质行动。

任务：

——在面向领导干部普及科学技术知识的同时，突出弘扬科学精神，提倡科学态度，讲究科学方法，增强领导干部贯彻落实科学发展观的自觉性和科学决策的能力。

——围绕贯彻落实科学发展观和建设学习型机关，调动公务员提高自身科学素质的积极性和主动性，增强终身学习和科学管理的能力。

措施：

——将提高科学素质列为公务员和事业单位、国有企业负责人培训教育规划和相关计划的重要内容。

——各级机关在创建学习型机关中，其学习培训制度应体现提高领导干部和公务员科学素质的要求。

——各级行政院校和干部学院将提高学员科学素质列入教学计划，采取切实措施加以落实。

——举办讲座、报告会等科普活动，编辑出版相关的科普读物，向领导干部和公务员介绍现代科技知识及发展趋势，传播科学思想、科学方法、科学精神。组织公务员参与科普活动。

——报刊、电台、电视台和各级政府网站创办有关提高领导干部和公务员科学素质的栏目和节目。

——在公务员录用考试大纲及题库中，列入与科学素质要求有关的具体内容。

四、基础工程

配合上述行动计划，“十一五”期间重点实施以下基础工程：

（一）科学教育与培训基础工程。

任务：

——加强教师队伍建设，培养一支专兼结合、结构合理、素质优良、胜任各类科学教育与培训的教师队伍。

——加强教材建设，改革教学方法，形成适应不同对象需求、满足科学教育与培训要求的教材教法。

——加强教学基础设施建设，充分利用现有的教育培训场所、基地，配备必要的教学仪器和设备，为开展科学教育与培训提供基础条件支持。

措施：

——加强中小学科学教育教师队伍建设。采取多种途径，开展中小学和农村成人文化技术学校科学教育教师培训工作，尤其重视县以下中小学科学教育教师的培训，提高学历层次和实施科学教育的能力和水平。鼓励师范院校设置科学教育专业，培养具有较高专业水平和职业能力的科学教育教师。

——建立科技界和教育界合作推动科学教育发展的有效机制。动员组织高等院校、科研院所的科技专家参与中小学科学课程教材建设、教学方法改革和科学教师培训。

——加强科学教育与培训志愿者队伍建设。发挥老科技工作者协会、老教授协会的作用，动员组织离退休科技工作者、教育工作者、公务员和企业事业单位管理者参与科学教育与培训。发展青少年科技辅导员队伍，提高辅导员的素质和能力。

——加强科学教育研究，按照普及性、基础性、发展性的要求，促进科学课程的完善与发展，更新课程内容，提高中小学科学课程的教材质量，改进教学方法。以创新意识和实践能力的培养为重点，促进学习方式的变革。

——加强职业教育、成人教育和各类培训中科学教育的教材建设。根据农民、城镇劳动人口、领导干部和公务员的特点和需求，以科学发展观、先进适用技术、职业技能、现代科技知识为主要内容编写教材。重视少数民族文字的教材编写和音像类教材的开发制作。

——加强中小学特别是农村中小学科学教育基础设施建设。根据科学课程的需要，建立健全实验室、图书室，充实实验仪器、教具、音像设备、计算机等教学器材，并面向社会提供服务。

——增强行政院校和干部学院，高等院校、科研院所，职业学校、函授学校、广播电视学校等机构的科学教育和培训功能。

——利用社会资源开展科学教育和培训。鼓励和支持科技馆等科普场馆、社区学校、成人文化技术学校等开展科学教育与培训。构建不同职业、不同工种、布局合理的职业技能培训基地。

（二）科普资源开发与共享工程。

任务：

——引导、鼓励和支持科普产品和信息资源的开发，繁荣科普创作。围绕宣传落实科学发展观，创作出一批紧扣时代发展脉搏、适应市场需求、公众喜闻乐见的优秀作品，并推向国际市场，改变目前科普作品“单向引进”的局面。

——集成国内外科普信息资源，建立全国科普信息资源共享和交流平台，为社会和公众提供资源支持和公共科普服务。

措施：

——建立有效激励机制，促进原创性科普作品的创作。以评奖、作品征集等方式，加大对优秀原创科普作品的扶持、奖励力度，吸引和鼓励社会各界参与科普作品创作；调动科技工作者科普创作的积极性，把科普作品纳入业绩考核范围；建立将科学技术研究开发的新成果及时转化为科学教育、传播与普及资源的机制；鼓励和支持科普创作、科技传播专业团体发挥作用；制定优惠政策和相关规范，鼓励和吸引更多社会力量参与科普资源开发。

——加强合作与交流。推动科普、科技、教育、传媒界的有效合作，引进国外优秀作品，借鉴国际先进创作理念和方法，促进我国科普创作整体水平的提高。

——集成国内外现有科普图书、期刊、挂图、音像制品、展教品、文艺作品以及图片、科普志愿者等各类科普信息，建成数字化科普信息资源库和共享交流平台，通过互联网为社会和公众提供资源支持和公共科普服务。

——开展优秀科普作品的推介、展演、展映、展播和展示活动，扩大科普信息资源的共享范围。针对公众生产生活的实际需求，组织编制简明生动的科普资料，以公众易于获得的方式送达基层。

——制定相关法规、规章和标准，充分保护知识产权，创造公共科普信息资源公平使用的法制环境。

（三）大众传媒科技传播能力建设工程。

任务：

——加大各类媒体的科技传播力度。电视台、广播电台科技节目的播出时间，各类科普出版物的品种和发行量，综合性报纸科技专栏的数目和版面，科普网站和门户网站的科技专栏等大幅度增加。

——打造科技传播媒体品牌。提高科技频道、专栏制作传播质量，培育一批读者量大、知名度高的综合性报纸科技专栏、专版和科普图书、报刊、音像制品、电子出版物，形成一批在业内有一定规模和影响力的科普出版机构。

——发挥互联网等新型媒体的科技传播功能，培育、扶持若干对网民有较强吸引力的品牌科普网站和虚拟博物馆、科技馆。

措施：

——鼓励、支持“科技博览”、“科技之光”、“科普大篷车”等电视科技栏目进一步提高质量，使其成为有广泛影响的媒体精品。择优扶持若干有特色、覆盖率高的知名科普网站。

——制定优惠政策和相关规范，积极培育市场，推动科普文化产业发展。

——建立与市场、公众需求相适应的管理体制与运行机制，树立以消费者为中心的经营理念。引进现代营销模式与先进编创技术，注重市场调研，提高播出和编辑出版质量。

——建立与市场经济相适应的科普出版物发行渠道，加强网点建设，大力扶持科普出版物在农村和边远地区、民族地区的发行工作。

——提高各类媒体对公共卫生事件和重大自然灾害等突发事件的反应能力，指导公众以科学的行为和方式应对突发事件。

——研究开发网络科普的新技术和新形式。开辟具有实时、动态、交互等特点的网络科普新途径，开发一批内容健康、形式活泼的科普教育、游戏软件。

（四）科普基础设施工程。

任务：

——拓展和完善现有基础设施的科普教育功能。对现有科普设施进行机制改革和更新改造，充实内容、改进服务、激发活力，满足公众参与科普活动的需求。整合利用社会相关资源，充分发挥科研基础设施的资源优势，发展青少年科技教育基地和科普教育基地。

——多渠道筹集资金，在充分研究论证的前提下，新建一批科技馆、自然博物馆等科技类博物馆。各直辖市和省会城市、自治区首府至少拥有 1 座大中型科技馆，城区常住人口 100 万人以上的大城市至少拥有 1 座科技类博物馆，全国科技类博物馆的接待能力有显著增长。

——发展基层科普设施。在城乡社区建设科普画廊、科普活动室、运用网络进行远程科普宣传教育的终端设备等设施；增强综合性未成年人校外活动场所的科普教育功能，有条件的市（地）和县（市、区）可建设科技馆等专门科普场馆；在一些市（州、盟和县）配备科普大篷车，以“流动科技馆”的形式为城乡社区、学校特别是贫困、边远地区提供科普服务。

措施：

——突出社会公益性，加强对科普基础设施建设的宏观指导。制定科普设施的发展规划、建设标准、认定办法和管理条例，规范科普设施的建设与管理。

——科普基础设施建设纳入国民经济和社会事业发展总体规划及基本建设计划，加大对公益性科普设施建设和运行经费的公共投入。

——对科普教育功能薄弱的设施进行更新改造，完善基层科普设施的功能；引进和开发适应公众需求的活动项目，创新活动方式，增强吸引力，提高管理水平和服务质量。增强社区科普设施为老年人服务的功能，为他们老有所学、老有所乐、老有所为提供条件和机会。落实科普场馆对未成年人和老年人的优惠措施。

——鼓励社会力量参与科普基础设施建设。落实有关优惠政策，鼓励社会各界对公益性科普设施建设提供捐赠、资助；吸引境内外资本投资兴建和参与经营科普场馆；鼓励有条件的企业事业单位根据自身特点建立专业科普场馆；落实有关鼓励科普事业发展的税收优惠政策，鼓励社会力量参与科普基础设施建设。

——国家级青少年科技教育基地和科普教育基地总数由目前的300余座增加至500座，省部级青少年科技教育基地和科普教育基地总数由目前的1000余座增加至2000座，定期对公众免费或优惠开放。有条件的科研院所、高等院校、自然科学和社会科学类团体向公众开放实验室、陈列室和其他场地设施；鼓励高新技术企业对公众开放研发机构和生产车间。

——培育科普展览、展品市场，推动设计制作社会化；制定技术规范和设计制作机构的资质认定办法；择优扶持一批设计制作机构，提高设计制作水平。

五、保障条件

（一）政策法规。

完善有关公民科学素质建设的政策法规，明确政府、社会组织、企业及公民个人在公民科学素质建设中的责任、权利和义务。根据形势发展需要，对现有政策法规进行修订、补充和调整。

——在国民经济和社会发展计划和有关科学技术教育、传播与普及的法律法规中，体现公民科学素质建设的目标和要求。

——制定《中华人民共和国科学技术普及法》实施细则。

——制定鼓励和吸引境内外机构、个人独资或合作兴办科学技术教育、传播与普及机构的政策。

——制定表彰和奖励政策。

（二）经费投入。

采取多种措施，加大政府和社会投入，形成多渠道投入机制，为《科学素质纲要》的实施提供资金保障。

——加大财政保障力度。切实执行《中华人民共和国教育法》和《中华人民共和国科学技术普及法》的有关规定，各级政府根据财力情况和公民科学素质建设发展的实际需要，逐步提高教育、科普经费的增长速度，并将科普经费列入同级财政预算，保障《科学素质纲要》的顺利实施。中央财政根据财力状况，逐步加大对地方的转移支付力度。各级政府要从中央财政的财力性转移支付资金中安排一定的经费用于公民科学素质建设。

——落实各相关部门实施经费。各有关部门、事业单位和人民团体根据承担的《科学素质纲要》实施任务，按照国家预算管理的规定和现行资金渠道，统筹考虑和落实所需经费。

——鼓励捐赠，广辟社会资金投入渠道。进一步完善捐赠公益性科普事业个人所得税减免政策和相关实施办法，广泛吸纳境内外机构、个人的资金支持公民科学素质建设。

（三）队伍建设。

培养专业化人才，发掘兼职人才，建立志愿者队伍，加强理论研究，为公民科学素质建设提供人才保障和智力支撑。

——开展多种形式的培训和进修活动，加强业务学习，全面提升在职科学技术教育、传播与普及人员的科学素质和业务水平。

——通过高等院校和有关研究机构培养大批科学技术传播与普及专门人才；改革文博专业课程内容，为不同类型科普场馆培养适应性广泛的专业人才。

——建立有效机制和相应激励措施，充分调动在职科技工作者、大学生、研究生和离退休科技、教育、传媒工作者等各界人士参加公民科学素质建设的积极性，发挥他们的专业和技术特长，形成一支规模宏大、素质较高的兼职人才队伍和志愿者队伍。对在公民科学素质建设中作出重要贡献的个人和组织予以表彰和奖励。

——增强科技界的责任感，支持科技专家主动参与科学教育、传播与普及，促进科学前沿知识的传播。

——开展公民科学素质建设理论研究，加强国内外学术交流，把握基本规律和国际发展趋势，为公民科学素质建设的实践提供指导。

六、组织实施

（一）组织领导。

——国务院负责领导《科学素质纲要》的实施工作，成立《科学素质纲要》实施领导小组，进行统一动员部署和检查监督。各有关部门、事业单位和人民团体按照《科学素质纲要》的要求，将有关任务纳入相应工作规划和计划，充分履行相关工作职责，发挥各自优势，密切配合，形成合力，切实推进公民科学素质建设。

——地方各级政府将公民科学素质建设纳入当地国民经济和社会发展的总体计划，将《科学素质纲要》的实施纳入政府的议事日程，纳入业绩考核。

——建立和完善实施《科学素质纲要》的工作机制。《科学素质纲要》实施领导小组办公室设在中国科学技术协会，承担领导小组的日常工作，并定期向领导小组汇报。

（二）监测评估。

——制定《中国公民科学素质基准》。根据社会主义现代化建设的战略目标，结合我国国情，借鉴国外相关经验和成果，围绕公民生活和工作的实际需求，提出公民应具备的基本科学素质内容，为公民提高自身科学素质提供衡量尺度和指导，并为《科学素质纲要》的实施和监测评估提供依据。

——建立公民科学素质状况和《科学素质纲要》实施的监测指标体系，并纳入国家社会发展指标体系。

——委托有关监测评估机构对公民科学素质状况和《科学素质纲要》实施情况进行监测评估，并提出相应对策和建议。

互联网出版管理暂行规定

第一章　总　则

第一条　为了加强对互联网出版活动的管理，保障互联网出版机构的合法权益，促进我国互联网出版事业健康、有序地发展，根据《出版管理条例》和《互联网信息服务管理办法》，制定本规定。

第二条　从事互联网出版活动应当遵守宪法和有关法律、法规，坚持为人民服务、为社会主义服务的方向，传播和积累一切有益于提高民族素质、推动经济发展、促进社会进步的思想道德、科学技术和文化知识，丰富人民的精神生活。

第三条　在中华人民共和国境内从事互联网出版活动，适用本规定。

第四条　新闻出版总署负责监督管理全国互联网出版工作，其主要职责是：

（一）制定全国互联网出版规划，并组织实施；

（二）制定互联网出版管理的方针、政策和规章；

（三）制定全国互联网出版机构总量、结构和布局的规划，并组织实施；

（四）对互联网出版机构实行前置审批；

（五）依据有关法律、法规和规章，对互联网出版内容实施监管，对违反国家出版法规的行为实施处罚。

省、自治区、直辖市新闻出版行政部门负责本行政区域内互联网出版的日常管理工作，对本行政区域内申请从事互联网出版业务者进行审核，对本行政区域内违反国家出版法规的行为实施处罚。

第五条　本规定所称互联网出版，是指互联网信息服务提供者将自己创作或他人创作的作品经过选择和编辑加工，登载在互联网上或者通过互联网发送到用户端，供公众浏览、阅读、使用或者下载的在线传播行为。其作品主要包括：

（一）已正式出版的图书、报纸、期刊、音像制品、电子出版物等出版物内容或者在其他媒体上公开发表的作品；

（二）经过编辑加工的文学、艺术和自然科学、社会科学、工程技术等方面的作品。

本规定所称互联网出版机构，是指经新闻出版行政部门和电信管理机构批准，从事互联网出版业务的互联网信息服务提供者。

第二章 行政审批与监督管理

第六条 从事互联网出版活动，必须经过批准。未经批准，任何单位或个人不得开展互联网出版活动。

互联网出版机构依法从事互联网出版活动，任何组织和个人不得干扰、阻止和破坏。

第七条 从事互联网出版业务，除符合《互联网信息服务管理办法》规定的条件以外，还应当具备以下条件：

（一）有确定的出版范围；

（二）有符合法律、法规规定的章程；

（三）有必要的编辑出版机构和专业人员；

（四）有适应出版业务需要的资金、设备和场所。

第八条 申请从事互联网出版业务，应当由主办者向所在地省、自治区、直辖市新闻出版行政部门提出申请，经省、自治区、直辖市新闻出版行政部门审核同意后，报新闻出版总署审批。

第九条 申请从事互联网出版业务，应提交以下材料：

（一）新闻出版总署统一制发的《互联网出版业务申请表》；

（二）机构章程；

（三）资金来源、数额及其信用证明；

（四）主要负责人或者法定代表人及主要编辑、技术人员的专业职称证明和身份证明；

（五）工作场所使用证明。

第十条 新闻出版行政部门应当自受理申请之日起60日内，做出批准或者不批准的决定，并由所在地省、自治区、直辖市新闻出版行政部门书面通知主办者；不批准的，应当说明理由。

第十一条　互联网出版业务经批准后，主办者应当持新闻出版行政部门的批准文件到省、自治区、直辖市电信管理机构办理相关手续。

第三章　互联网出版机构的权利和义务

第十二条　互联网出版机构，应当在其网站主页上标明新闻出版行政部门批准文号。

第十三条　互联网出版机构改变名称、主办者，合并或者分立，应当依据本规定第八条、第九条的规定办理变更手续，并应持新闻出版行政部门的批准文件到省、自治区、直辖市电信管理机构办理相应的手续。

第十四条　互联网出版机构终止互联网出版业务，主办者应当自终止互联网出版业务之日起30日内到所在地省、自治区、直辖市新闻出版行政部门办理注销手续，并报新闻出版总署备案。同时，到相关省、自治区、直辖市电信管理机构办理互联网信息服务业务经营许可证的变更或注销手续。

第十五条　互联网出版机构自登记之日起满180日未开展互联网出版活动的，由原登记的新闻出版行政部门注销登记，并向新闻出版总署备案。同时，向相关省、自治区、直辖市电信管理机构通报。

第十六条　互联网出版机构出版涉及国家安全、社会安定等方面的重大选题，应当依照重大选题备案的规定，报新闻出版总署备案。未经备案的重大选题，不得出版。

第十七条　互联网出版不得载有以下内容：

（一）反对宪法确定的基本原则的；

（二）危害国家统一、主权和领土完整的；

（三）泄露国家秘密、危害国家安全或者损害国家荣誉和利益的；

（四）煽动民族仇恨、民族歧视，破坏民族团结，或者侵害民族风俗、习惯的；

（五）宣扬邪教、迷信的；

（六）散布谣言，扰乱社会秩序，破坏社会稳定的；

（七）宣扬淫秽、赌博、暴力或者教唆犯罪的；

（八）侮辱或者诽谤他人，侵害他人合法权益的；

（九）危害社会公德或者民族优秀文化传统的；

（十）有法律、行政法规和国家规定禁止的其他内容的。

第十八条 以未成年人为对象的互联网出版内容不得含有诱发未成年人模仿违反社会公德的行为和违法犯罪的行为的内容，以及恐怖、残酷等妨害未成年人身心健康的内容。

第十九条 互联网出版的内容不真实或不公正，致使公民、法人或者其他组织合法利益受到侵害的，互联网出版机构应当公开更正，消除影响，并依法承担民事责任。

第二十条 互联网出版机构发现所登载或者发送的作品含有本规定第十七条、第十八条所列内容之一的，应当立即停止登载或者发送，保存有关记录，并向所在地省、自治区、直辖市新闻出版行政部门报告并同时抄报新闻出版总署。

第二十一条 互联网出版机构应当实行编辑责任制度，必须有专门的编辑人员对出版内容进行审查，保障互联网出版内容的合法性。互联网出版机构的编辑人员应当接受上岗前的培训。

第二十二条 互联网出版机构应当记录备份所登载或者发送的作品内容及其时间、互联网地址或者域名，记录备份应当保存60 日，并在国家有关部门依法查询时，予以提供。

第二十三条 从事互联网出版活动，应当遵守国家有关著作权的法律、法规，应当标明与所登载或者发送作品相关的著作权记录。

第四章　罚　　则

第二十四条 未经批准，擅自从事互联网出版活动的，由省、自治区、直辖市新闻出版行政部门或者新闻出版总署予以取缔，没收从事非法出版活动的主要设备、专用工具及违法所得，违法经营额 1 万元以上的，并处违法经营额 5 倍以上 10 倍以下罚款；违法经营额不足 1 万元的，并处 1 万元以上 5 万元以下罚款。

第二十五条 违反本规定第十二条的，由省、自治区、直辖市新闻出版行政部门或者新闻出版总署予以警告，并处 5000 元以上 5 万元以下罚款。

第二十六条　违反本规定第十六条的，责令停止登载或者发送未经备案的重大选题作品，由省、自治区、直辖市新闻出版行政部门或者新闻出版总署予以警告，并处1万元以上5万元以下罚款；情节严重的，责令限期停业整顿或者撤销批准。

第二十七条　互联网出版机构登载或者发送本规定第十七条、第十八条禁止内容的，由省、自治区、直辖市新闻出版行政部门或者新闻出版总署没收违法所得，违法经营额1万元以上的，并处违法经营额5倍以上10倍以下罚款；违法经营额不足1万元的，并处1万元以上5万元以下罚款；情节严重的，责令限期停业整顿或者撤销批准。

第二十八条　违反本规定第二十二条的，由省、自治区、直辖市电信管理机构责令改正；情节严重的，责令停业整顿或者暂时关闭网站。

第五章　附　则

第二十九条　本规定施行前按照国家有关规定已经从事互联网出版活动的，应当自本规定施行之日起60日内依据本规定第八条、第九条的规定办理审批手续。

第三十条　本规定自2002年8月1日起施行。

互联网新闻信息服务管理规定

（2005年9月25日）

第一章　总　　则

第一条　为了规范互联网新闻信息服务，满足公众对互联网新闻信息的需求，维护国家安全和公共利益，保护互联网新闻信息服务单位的合法权益，促进互联网新闻信息服务健康、有序发展，制定本规定。

第二条　在中华人民共和国境内从事互联网新闻信息服务，应当遵守本规定。

本规定所称新闻信息，是指时政类新闻信息，包括有关政治、经济、军事、外交等社会公共事务的报道、评论，以及有关社会突发事件的报道、评论。

本规定所称互联网新闻信息服务，包括通过互联网登载新闻信息、提供时政类电子公告服务和向公众发送时政类通讯信息。

第三条　互联网新闻信息服务单位从事互联网新闻信息服务，应当遵守宪法、法律和法规，坚持为人民服务、为社会主义服务的方向，坚持正确的舆论导向，维护国家利益和公共利益。

国家鼓励互联网新闻信息服务单位传播有益于提高民族素质、推动经济发展、促进社会进步的健康、文明的新闻信息。

第四条　国务院新闻办公室主管全国的互联网新闻信息服务监督管理工作。省、自治区、直辖市人民政府新闻办公室负责本行政区域内的互联网新闻信息服务监督管理工作。

第二章　互联网新闻信息服务单位的设立

第五条　互联网新闻信息服务单位分为以下三类：

（一）新闻单位设立的登载超出本单位已刊登播发的新闻信息、提供时政类电子公告服务、向公众发送时政类通讯信息的互联网新闻信息服务单位；

（二）非新闻单位设立的转载新闻信息、提供时政类电子公告服务、向公众发送时政类通讯信息的互联网新闻信息服务单位；

（三）新闻单位设立的登载本单位已刊登播发的新闻信息的互联网新闻信息服务单位。

根据《国务院对确需保留的行政审批项目设定行政许可的决定》和有关行政法规，设立前款第（一）项、第（二）项规定的互联网新闻信息服务单位，应当经国务院新闻办公室审批。

设立本条第一款第（三）项规定的互联网新闻信息服务单位，应当向国务院新闻办公室或者省、自治区、直辖市人民政府新闻办公室备案。

第六条　新闻单位与非新闻单位合作设立互联网新闻信息服务单位，新闻单位拥有的股权不低于51%的，视为新闻单位设立互联网新闻信息服务单位；新闻单位拥有的股权低于51%的，视为非新闻单位设立互联网新闻信息服务单位。

第七条　设立本规定第五条第一款第（一）项规定的互联网新闻信息服务单位，应当具备下列条件：

（一）有健全的互联网新闻信息服务管理规章制度；

（二）有5名以上在新闻单位从事新闻工作3年以上的专职新闻编辑人员；

（三）有必要的场所、设备和资金，资金来源应当合法。

可以申请设立前款规定的互联网新闻信息服务单位的机构，应当是中央新闻单位，省、自治区、直辖市直属新闻单位，以及省、自治区人民政府所在地的市直属新闻单位。

审批设立本条第一款规定的互联网新闻信息服务单位，除应当依照本条规定条件外，还应当符合国务院新闻办公室关于互联网新闻信息服务行业发展的总量、结构、布局的要求。

第八条　设立本规定第五条第一款第（二）项规定的互联网新闻信息服务单位，除应当具备本规定第七条第一款第（一）项、第（三）项规定条件外，还应当有10名以上专职新闻编辑人员；其中，在新闻单位从事新闻工作3年以上的新闻编辑人员不少于5名。

可以申请设立前款规定的互联网新闻信息服务单位的组织，

应当是依法设立2年以上的从事互联网信息服务的法人，并在最近2年内没有因违反有关互联网信息服务管理的法律、法规、规章的规定受到行政处罚；申请组织为企业法人的，注册资本应当不低于1000万元人民币。

审批设立本条第一款规定的互联网新闻信息服务单位，除应当依照本条规定条件外，还应当符合国务院新闻办公室关于互联网新闻信息服务行业发展的总量、结构、布局的要求。

第九条 任何组织不得设立中外合资经营、中外合作经营和外资经营的互联网新闻信息服务单位。

互联网新闻信息服务单位与境内外中外合资经营、中外合作经营和外资经营的企业进行涉及互联网新闻信息服务业务的合作，应当报经国务院新闻办公室进行安全评估。

第十条 申请设立本规定第五条第一款第（一）项、第（二）项规定的互联网新闻信息服务单位，应当填写申请登记表，并提交下列材料：

（一）互联网新闻信息服务管理规章制度；

（二）场所的产权证明或者使用权证明和资金的来源、数额证明；

（三）新闻编辑人员的从业资格证明。

申请设立本规定第五条第一款第（一）项规定的互联网新闻信息服务单位的机构，还应当提交新闻单位资质证明；申请设立本规定第五条第一款第（二）项规定的互联网新闻信息服务单位的组织，还应当提交法人资格证明。

第十一条 申请设立本规定第五条第一款第（一）项、第（二）项规定的互联网新闻信息服务单位，中央新闻单位应当向国务院新闻办公室提出申请；省、自治区、直辖市直属新闻单位和省、自治区人民政府所在地的市直属新闻单位以及非新闻单位应当通过所在地省、自治区、直辖市人民政府新闻办公室向国务院新闻办公室提出申请。

通过省、自治区、直辖市人民政府新闻办公室提出申请的，省、自治区、直辖市人民政府新闻办公室应当自收到申请之日起20日内进行实地检查，提出初审意见报国务院新闻办公室；国务院新闻办公室应当自收到初审意见之日起 40 日内作出决定。向国务院新闻办公室提出申请的，国务院新闻办公室应当自收到申请之日起 40 日内进行实地检查，作出决定。批准的，发给互联网新闻信息服务许可证；不批准的，应当书面通知申请人并说明理由。

第十二条 本规定第五条第一款第（三）项规定的互联网新闻信息服务单位，属于中央新闻单位设立的，应当自从事互联网新闻信息服务之日起 1 个月内向国务院新闻办公室备案；属于其他新闻单位设立的，应当自从事互联网新闻信息服务之日起 1 个月内向所在地省、自治区、直辖市人民政府新闻办公室备案。

办理备案时，应当填写备案登记表，并提交互联网新闻信息服务管理规章制度和新闻单位资质证明。

第十三条 互联网新闻信息服务单位依照本规定设立后，应当依照有关互联网信息服务管理的行政法规向电信主管部门办理有关手续。

第十四条 本规定第五条第一款第（一）项、第（二）项规定的互联网新闻信息服务单位变更名称、住所、法定代表人或者主要负责人、股权构成、服务项目、网站网址等事项的，应当向国务院新闻办公室申请换发互联网新闻信息服务许可证。根据电信管理的有关规定，需报电信主管部门批准或者需要电信主管部门办理许可证或者备案变更手续的，依照有关规定办理。

本规定第五条第一款第（三）项规定的互联网新闻信息服务单位变更名称、住所、法定代表人或者主要负责人、股权构成、网站网址等事项的，应当向原备案机关重新备案；但是，股权构成变更后，新闻单位拥有的股权低于 51% 的，应当依照本规定办理许可手续。根据电信管理的有关规定，需报电信主管部门批准或者需要电信主管部门办理许可证或者备案变更手续的，依照有关规定办理。

第三章 互联网新闻信息服务规范

第十五条 互联网新闻信息服务单位应当按照核定的服务项目提供互联网新闻信息服务。

第十六条 本规定第五条第一款第（一）项、第（二）项规定的互联网新闻信息服务单位，转载新闻信息或者向公众发送时政类通讯信息，应当转载、发送中央新闻单位或者省、自治区、直辖市直属新闻单位发布的新闻信息，并应当注明新闻信息来源，不得歪曲原新闻信息的内容。

本规定第五条第一款第（二）项规定的互联网新闻信息服务单位，不得登载自行采编的新闻信息。

第十七条 本规定第五条第一款第（一）项、第（二）项规定的互联网新闻信息服务单位转载新闻信息，应当与中央新闻单位或者省、自治区、直辖市直属新闻单位签订书面协议。中央新闻单位设立的互联网新闻信息服务单位，应当将协议副本报国务院新闻办公室备案；其他互联网新闻信息服务单位，应当将协议副本报所在地省、自治区、直辖市人民政府新闻办公室备案。

中央新闻单位或者省、自治区、直辖市直属新闻单位签订前款规定的协议，应当核验对方的互联网新闻信息服务许可证，不得向没有互联网新闻信息服务许可证的单位提供新闻信息。

第十八条 中央新闻单位与本规定第五条第一款第（二）项规定的互联网新闻信息服务单位开展除供稿之外的互联网新闻业务合作，应当在开展合作业务 10 日前向国务院新闻办公室报告；其他新闻单位与本规定第五条第一款第（二）项规定的互联网新闻信息服务单位开展除供稿之外的互联网新闻业务合作，应当在开展合作业务 10 日前向所在地省、自治区、直辖市人民政府新闻办公室报告。

第十九条 互联网新闻信息服务单位登载、发送的新闻信息或者提供的时政类电子公告服务，不得含有下列内容：

（一）违反宪法确定的基本原则的；

（二）危害国家安全，泄露国家秘密，颠覆国家政权，破坏国家统一的；

（三）损害国家荣誉和利益的；

（四）煽动民族仇恨、民族歧视，破坏民族团结的；

（五）破坏国家宗教政策，宣扬邪教和封建迷信的；

（六）散布谣言，扰乱社会秩序，破坏社会稳定的；

（七）散布淫秽、色情、赌博、暴力、恐怖或者教唆犯罪的；

（八）侮辱或者诽谤他人，侵害他人合法权益的；

（九）煽动非法集会、结社、游行、示威、聚众扰乱社会秩序的；

（十）以非法民间组织名义活动的；

（十一）含有法律、行政法规禁止的其他内容的。

第二十条　互联网新闻信息服务单位应当建立新闻信息内容管理责任制度。不得登载、发送含有违反本规定第三条第一款、第十九条规定内容的新闻信息；发现提供的时政类电子公告服务中含有违反本规定第三条第一款、第十九条规定内容的，应当立即删除，保存有关记录，并在有关部门依法查询时予以提供。

第二十一条　互联网新闻信息服务单位应当记录所登载、发送的新闻信息内容及其时间、互联网地址，记录备份应当至少保存60日，并在有关部门依法查询时予以提供。

第四章　监督管理

第二十二条　国务院新闻办公室和省、自治区、直辖市人民政府新闻办公室，依法对互联网新闻信息服务单位进行监督检查，有关单位、个人应当予以配合。

国务院新闻办公室和省、自治区、直辖市人民政府新闻办公室的工作人员依法进行实地检查时，应当出示执法证件。

第二十三条　国务院新闻办公室和省、自治区、直辖市人民政府新闻办公室，应当对互联网新闻信息服务进行监督；发现互联网新闻信息服务单位登载、发送的新闻信息或者提供的时政类电子公告服务中含有违反本规定第三条第一款、第十九条规定内容的，应当通知其删除。互联网新闻信息服务单位应当立即删除，保存有关记录，并在有关部门依法查询时予以提供。

第二十四条　本规定第五条第一款第（一）项、第（二）项规定的互联网新闻信息服务单位，属于中央新闻单位设立的，应当每年在规定期限内向国务院新闻办公室提交年度业务报告；属于其他新闻单位或者非新闻单位设立的，应当每年在规定期限内通过所在地省、自治区、直辖市人民政府新闻办公室向国务院新闻办公室提交年度业务报告。

国务院新闻办公室根据报告情况，可以对互联网新闻信息服务单位的管理制度、人员资质、服务内容等进行检查。

第二十五条 互联网新闻信息服务单位应当接受公众监督。

国务院新闻办公室应当公布举报网站网址、电话，接受公众举报并依法处理；属于其他部门职责范围的举报，应当移交有关部门处理。

第五章 法律责任

第二十六条 违反本规定第五条第二款规定，擅自从事互联网新闻信息服务，或者违反本规定第十五条规定，超出核定的服务项目从事互联网新闻信息服务的，由国务院新闻办公室或者省、自治区、直辖市人民政府新闻办公室依据各自职权责令停止违法活动，并处1万元以上3万元以下的罚款；情节严重的，由电信主管部门根据国务院新闻办公室或者省、自治区、直辖市人民政府新闻办公室的书面认定意见，按照有关互联网信息服务管理的行政法规的规定停止其互联网信息服务或者责令互联网接入服务者停止接入服务。

第二十七条 互联网新闻信息服务单位登载、发送的新闻信息含有本规定第十九条禁止内容，或者拒不履行删除义务的，由国务院新闻办公室或者省、自治区、直辖市人民政府新闻办公室给予警告，可以并处1万元以上3万元以下的罚款；情节严重的，由电信主管部门根据有关主管部门的书面认定意见，按照有关互联网信息服务管理的行政法规的规定停止其互联网信息服务或者责令互联网接入服务者停止接入服务。

互联网新闻信息服务单位登载、发送的新闻信息含有违反本规定第三条第一款规定内容的，由国务院新闻办公室或者省、自治区、直辖市人民政府新闻办公室依据各自职权依照前款规定的处罚种类、幅度予以处罚。

第二十八条 违反本规定第十六条规定，转载来源不合法的新闻信息、登载自行采编的新闻信息或者歪曲原新闻信息内容的，由国务院新闻办公室或者省、自治区、直辖市人民政府新闻办公室依据各自职权责令改正，给予警告，并处5000元以上3万元以下的罚款。

违反本规定第十六条规定，未注明新闻信息来源的，由国务院新闻办公室或者省、自治区、直辖市人民政府新闻办公室依据各自职权责令改正，给予警告，可以并处5000元以上2万元以下的罚款。

第二十九条 违反本规定有下列行为之一的，由国务院新闻办公室或者省、自治区、直辖市人民政府新闻办公室依据各自职权责令改正，给予警告，可以并处3万元以下的罚款：

（一）未履行备案义务的；

（二）未履行报告义务的；

（三）未履行记录、记录备份保存或者提供义务的。

第三十条 违反本规定第十七条第二款规定，向没有互联网新闻信息服务许可证的单位提供新闻信息的，对负有责任的主管人员和其他直接责任人员依法给予行政处分。

第三十一条 国务院新闻办公室和省、自治区、直辖市人民政府新闻办公室以及电信主管部门的工作人员，玩忽职守、滥用职权、徇私舞弊，造成严重后果，构成犯罪的，依法追究刑事责任；尚不构成犯罪的，对负有责任的主管人员和其他直接责任人员依法给予行政处分。

第六章 附 则

第三十二条 本规定所称新闻单位是指依法设立的报社、广播电台、电视台和通讯社；其中，中央新闻单位包括中央国家机关各部门设立的新闻单位。

第三十三条 本规定自公布之日起施行。

互联网著作权行政保护办法

第一条 为了加强互联网信息服务活动中信息网络传播权的行政保护，规范行政执法行为，根据《中华人民共和国著作权法》及有关法律、行政法规，制定本办法。

第二条 本办法适用于互联网信息服务活动中根据互联网内容提供者的指令，通过互联网自动提供作品、录音录像制品等内容的上载、存储、链接或搜索等功能，且对存储或传输的内容不进行任何编辑、修改或选择的行为。

互联网信息服务活动中直接提供互联网内容的行为，适用著作权法。

本办法所称“互联网内容提供者”是指在互联网上发布相关内容的上网用户。

第三条 各级著作权行政管理部门依照法律、行政法规和本办法对互联网信息服务活动中的信息网络传播权实施行政保护。国务院信息产业主管部门和各省、自治区、直辖市电信管理机构依法配合相关工作。

第四条 著作权行政管理部门对侵犯互联网信息服务活动中的信息网络传播权的行为实施行政处罚，适用《著作权行政处罚实施办法》。

侵犯互联网信息服务活动中的信息网络传播权的行为由侵权行为实施地的著作权行政管理部门管辖。侵权行为实施地包括提供本办法第二条所列的互联网信息服务活动的服务器等设备所在地。

第五条 著作权人发现互联网传播的内容侵犯其著作权，向互联网信息服务提供者或者其委托的其他机构（以下统称“互联网信息服务提供者”）发出通知后，互联网信息服务提供者应当立即采取措施移除相关内容，并保留著作权人的通知 6 个月。

第六条 互联网信息服务提供者收到著作权人的通知后，应当记录提供的信息内容及其发布的时间、互联网地址或者域名。

互联网接入服务提供者应当记录互联网内容提供者的接入时间、用户账号、互联网地址或者域名、主叫电话号码等信息。

前款所称记录应当保存60日，并在著作权行政管理部门查询时予以提供。

第七条　互联网信息服务提供者根据著作权人的通知移除相关内容的，互联网内容提供者可以向互联网信息服务提供者和著作权人一并发出说明被移除内容不侵犯著作权的反通知。反通知发出后，互联网信息服务提供者即可恢复被移除的内容，且对该恢复行为不承担行政法律责任。

第八条　著作权人的通知应当包含以下内容：

（一）涉嫌侵权内容所侵犯的著作权权属证明；

（二）明确的身份证明、住址、联系方式；

（三）涉嫌侵权内容在信息网络上的位置；

（四）侵犯著作权的相关证据；

（五）通知内容的真实性声明。

第九条　互联网内容提供者的反通知应当包含以下内容：

（一）明确的身份证明、住址、联系方式；

（二）被移除内容的合法性证明；

（三）被移除内容在互联网上的位置；

（四）反通知内容的真实性声明。

第十条　著作权人的通知和互联网内容提供者的反通知应当采取书面形式。

著作权人的通知和互联网内容提供者的反通知不具备本办法第八条、第九条所规定内容的，视为未发出。

第十一条　互联网信息服务提供者明知互联网内容提供者通过互联网实施侵犯他人著作权的行为，或者虽不明知，但接到著作权人通知后未采取措施移除相关内容，同时损害社会公共利益的，著作权行政管理部门可以根据《中华人民共和国著作权法》第四十七条的规定责令停止侵权行为，并给予下列行政处罚：

（一）没收违法所得；

（二）处以非法经营额3倍以下的罚款；非法经营额难以计算的，可以处10万元以下的罚款。

第十二条　没有证据表明互联网信息服务提供者明知侵权事

实存在的，或者互联网信息服务提供者接到著作权人通知后，采取措施移除相关内容的，不承担行政法律责任。

第十三条 著作权行政管理部门在查处侵犯互联网信息服务活动中的信息网络传播权案件时，可以按照《著作权行政处罚实施办法》第十二条规定要求著作权人提交必备材料，以及向互联网信息服务提供者发出的通知和该互联网信息服务提供者未采取措施移除相关内容的证明。

第十四条 互联网信息服务提供者有本办法第十一条规定的情形，且经著作权行政管理部门依法认定专门从事盗版活动，或有其他严重情节的，国务院信息产业主管部门或者省、自治区、直辖市电信管理机构依据相关法律、行政法规的规定处理；互联网接入服务提供者应当依据国务院信息产业主管部门或者省、自治区、直辖市电信管理机构的通知，配合实施相应的处理措施。

第十五条 互联网信息服务提供者未履行本办法第六条规定的义务，由国务院信息产业主管部门或者省、自治区、直辖市电信管理机构予以警告，可以并处三万元以下罚款。

第十六条 著作权行政管理部门在查处侵犯互联网信息服务活动中的信息网络传播权案件过程中，发现互联网信息服务提供者的行为涉嫌构成犯罪的，应当依照国务院《行政执法机关移送涉嫌犯罪案件的规定》将案件移送司法部门，依法追究刑事责任。

第十七条 表演者、录音录像制作者等与著作权有关的权利人通过互联网向公众传播其表演或者录音录像制品的权利的行政保护适用本办法。

第十八条 本办法由国家版权局和信息产业部负责解释。

第十九条 本办法自 2005 年 5 月 30 日起施行。

关于对出版物使用互联网信息加强管理的通知

新闻出版总署　新出报刊[2001]1107号

各省、自治区、直辖市新闻出版局，中央国家机关报刊管理部门，解放军总政宣传新闻出版局：

随着网络技术的快速发展，互联网已经成为信息传播的一个重要渠道，对出版传媒产生着广泛而深刻的影响。报纸、期刊、图书、音像制品和电子出版物使用互联网信息的情况日益增多，越来越受到出版单位的重视。另一方面，出版物在使用互联网信息的过程中，也出现了不少问题，诸如：有些出版物未经核实转载网上虚假新闻；有的不能严格认真地审核把关，出现了严重政治错误；有的内容格调低下，有害青少年的身心健康等。这些情况，直接影响了报刊、图书等出版物的质量，造成不好的社会影响。为了加强和规范对出版单位使用互联网信息的管理，使之健康发展，根据《出版管理条例》的有关规定，现将有关事项通知如下：

一、各类出版物在出版过程中使用互联网信息，必须坚持社会主义出版方针，保证正确的政治方向，遵守国家的相关法律、法规，所使用的互联网信息不得含有法律、法规禁止的内容。使用互联网信息出版涉及国家重大方针、政策以及民族、宗教、军事、外交、保密等方面的内容，应严格遵守有关规定，把握不准的要征询有关部门的意见。出版物在使用互联网信息时，应遵循和坚持社会效益第一的原则，不得使用色情暴力、封建迷信、格调低下的信息内容。出版单位的出版物使用违法违规的互联网信息，必须承担由此产生的一切法律责任和行政责任。

二、出版物使用互联网上的新闻报道或纪实作品，应坚持真实性原则，发稿前要与原发稿单位取得联系，认真核实。出版物使用互联网信息造成内容失实的，应及时公开更正，并采取有效措施消除影响。报刊不得转载互联网上未经核实的新闻信息。

三、报纸、期刊使用互联网信息，必须有明显的下载标识，并注明下载文件网址，下载日期等；图书、音像制品、电子出版物使用互联网信息，必须附有下载信息的目录，下载文件网址，下载日期和其他事项。

四、出版物使用互联网信息，属于《图书、期刊、音像制品、电子出版物重大选题备案办法》规定范围的，必须依照规定履行选题备案手续，未经备案不得出版。

五、出版物使用互联网信息中的作品，应遵守著作权法律、法规和《最高人民法院关于审理涉及计算机网络著作权纠纷案件适用法律若干法律问题的解释》中的有关规定。

六、出版单位的上级主管部门和主办单位，对所属出版单位的出版物使用互联网信息的情况，要加强监督检查，认真履行管理职责，对使用互联网信息当中涉及重要事件的内容，要严格把关。因失职而产生严重后果的，除出版单位负责人和直接责任人要给予党纪政纪处分外，还要追究其主管主办单位的领导责任。

七、本通知所指的出版单位是指《出版管理条例》第八条所列范围，包括报社、期刊社、图书出版社、音像出版社和电子出版社等。

八、出版单位凡违反本通知规定的，由新闻出版行政管理机关视情节轻重，按照有关规定给予行政处罚。同时，还可建议其主管部门和主办单位对有关负责人给予相应的行政处分。

后　记

■ 探寻科学传播之道

探寻科学传播之道

有人问：没有科学传播，世界将会怎样？我回答：没有牛顿，世界将会怎样？

世上没有光，上帝说，让牛顿去。可只有光是不够的，还要有传播光明的使者。同理，只有科学是不够的，还要有科学传播。

自科学诞生之日起，科学传播就与科学研究一起，成为科学发展的两翼。科学传播不可或缺，无数先贤前辈已有精辟论述，无需多言。

中国科学报社成立 50 多年来，一直以科学传播为主业，践行自己的职责。进入网络时代之后，尤其是近几年来，我们不断探寻科学传播之“道”，不断有新的实践与思考。

一

科学传播，内容为何？

很多学者认为，科学传播经历了三个阶段：科学普及、公众理解科学、科学传播。在科学传播阶段，更注重公众立场，尊重公众的自主性和选择性。这些特点，都与互联网精神不谋而合。

这提醒我们，如果不能获得公众的自主选择，科学传播将难以成功。因此，我们比以往任何时候都强调“内容为王”，拓展内容的深度和广度，提升其吸引力。

科学传播要普及科学知识、倡导科学方法、传播科学思想、弘扬科学精神。但在实践中，科学知识多，科学方法、思想和精神少；结果呈现多，过程呈现少。比如，关于勾股定理，一家媒体只告诉你结果，另一家媒体还告诉你勾股定理蕴含的结构之美、中国人和美国总统不同的证明方法，再给你举几个当下流行的拓展训练中利用它的案例，你会选择哪家媒体？答案是显而易见的。

我们努力做第二家媒体。我们鼓励记者深挖成果背后的故事，讲清科学家如何确定选题、遭遇了哪些失败和争议、成果的前景和局限等，以此增加可读性，润物细无声地倡导科学方法、传播科学思想。

我们还强调“大科学”。这里的“大科学”，不是指那些投资巨大、多学科交叉、目标宏大的科学项目，而是指将科学置于整个社会的大系统下，考察其与教育、健康、生态、能源、资源、工程等领域的深度融合。这些领域就在公众身边，非常受关注。比如，我们2012年推出“该死的奥数”系列报道和“抵制烟奖”系列报道，就在全社会引起强烈反响。

二

科学传播，谁来操作？

自进入Web2.0时代，尤其是随着论坛、博客、微博等的兴起，传统媒体的中心传播模式受到冲击，自媒体日渐进入公众视野，很多人将现状描述为“人人都有麦克风”。

给科学家递上麦克风——由中国科学报社主办的科学网开通博客频道，吸引了一大批包括“两院”院士在内的海内外科学家。在博客上，科学家可以根据自己的兴趣和意愿，谈论科研教学、撰写科普文章、表达观点感受……科学家由此成为一线科学传播者，受到社会广泛欢迎。

在科学家走上传播前台的时代，编辑记者被边缘化了？显然不是。事实上，科学网的编辑充分发挥编辑的选择权，通过“精选博文”等栏目，推荐优秀博文。得到推荐的博文，反馈效果要明显好于未被推荐的博文。

网络初兴时，人人都有麦克风令人兴奋。实践证明，虽然人人都有麦克风，但发言的质量和受关注度却明显不同。有人仔细研究过科学网博文的受关注度，发现越是知名科学家，其文章点击率越高。这说明，在科学传播领域，对权威传播者的强调没有过时。

《中国科学报》在实际操作中也注重权威。比如，我们在头版开设“院士之声”栏目，刊发两院院士对科技政策、学科发展、人才培养等方面的意见建议，备受关注。

同理，机构的权威度也直接影响科学传播的效果。虽然中国科学报社已经是国内最具权威的科学传播机构之一，但我们仍然将打造名副其实的中国第一科学传媒作为目标，力争成为了解中国科学的第一窗口。

三

科学传播，媒体何变？

目前，新闻传播环境已经发生翻天覆地的变化，我们进入了一个崭新的全媒体时代。以智能手机为代表的移动终端，深刻地改造了信息生产加工手段、信息接收习惯和信息处理方式。坚定不移地走全媒体道路，是我们的主动选择。

我们清楚，全媒体不是报纸、杂志、网络、影视等不同形态的简单拼合，而是充分发挥它们特点后的高度融合，是操作策略甚至是体制机制的一场变革，最终生成的必须是一支真正有战斗力的“航母舰队”。

我们清楚，全媒体必须是个开放的系统，需要紧紧追随甚至引领技术和时代潮流，在最流行的媒介形态上找到科学传播的身影。如果科学传播者落后于技术发展，那将尴尬莫名。

在中国科学报社历史上，对新媒介新技术的应用从来没有落后：20 世纪 90 年代中期，电子报就已上线；科学网上线后，在同类网站中一直最具影响力；报社很早就开通了官方微博；为适应移动互联时代，科学网 APP 也早已上线……

目前，我们的全媒体战略正在收到实效。芦山地震发生后，我们迅速打通报纸、网络、官方微博等不同平台，针对不同平台的特点发稿，打了一场漂亮的传播战。对科学网博客，我们也早就实现了立体化传播——优秀博文上线后，科学网即时重点推荐，科学网官微和报社官微凝练发布其核心内容，《中国科学报》博客版随后转载摘编，每个平台都受到读者热议热捧。

四

事实证明，我们几年来的实践收到了比较好的成效，报社的影响力、知名度、权威性等正在大幅提升。这些好成绩，给了我们将最近的实践及其背后的思考公之于众的信心。当然，这只是一些阶段性的成果，难以涵盖所有，不成熟之处在所难免，请读者批评指正。

在实践中我们也无奈地体会到，科学传播仍未得到应有的重视。在科学界，很大一部分人仍然只重视科学研究，轻视科学传播。不少人甚至有着根深蒂固的偏见：做科学研究不行的才去做科学传播。就社会而言，虽然科学传播不彰带来的教训深刻，但GDP至上的现实又让难见短期经济效益的科学传播举步维艰。数以千亿计的科研经费中，我们在牙缝中找点食都很难。

不过我们相信，这些问题都是发展中的阶段性问题，随着观念的改变，政府、公众必然会将科学传播摆到重要位置。从现在开始，科学传播界需要思考的，是自己的能力能否承担起政府和公众未来的希望；科学传播界需要马上去做的，是进一步提升自己的传播能力。其实，在新媒体环境下，很多实践和理论课题需要应对和研究。可以说，对科学传播之道的探寻没有尽头。

真心希望这本书能够抛砖引玉，真心期待更高水平的成果能够不断涌现。

五

为了探寻科学传播之“道”，我们四处寻找答案。

本书作者皆为与科学传播领域相关的教授、专家、博士生、硕士生及媒体工作者，有大学的、研究机构的，也有本报的同事。大家努力在很短的时间内潜心钻研，对相关问题做了深入研究，力争给出相应的准确的解答。

本书先后成过三稿，但是又被我推翻，来回推敲。一方面是世界变化快，另一方面是总觉得没有找到根本点。

本书大致分工如下：我首先确定框架。金梦玉执笔第一章、第二章、第六章第一节，王海燕执笔第三章第一节、第四章第一节和第二节，吴雷执笔第三章第二节，王欢执笔第三章第三节，刘星河执笔第五章第一节、第六章第二节和第三节，郭晶执笔第五章第二节至第五节，碧筝执笔第六章第四节和第六节，卢晓华执笔第六章第五节，李凡执笔第七章，第八章由徐雁龙、孙宁、张其瑶参与执笔。完成后，由金梦玉统稿。最后，我负责全书的统稿工作。

因为来回反复几次，章节有所变动，上述的分工已经不是很准，只是个大概。参与写作的编者很辛苦，翻阅了大量的文献资料，再结合自己的所思所想，写得很好。由于种种原因，我做了一些调整和修改。由于时间关系，中间大量的文字我直接进行了修改，来不及和执笔的同事商量。如果有什么不妥之处，我承担责任。

为了经得起考验，成书后，我们又放了一年。最后请我的同事倪伟波博士帮我进行了审读，提出了很好的修改意见。我的同事段歆涔又对英文注释进行了核对，进一步保证了本书的质量。

在成书的过程中，科学出版社邹聪编辑，我的同事李路、李芸、许桂钧等都在不同方面给了我无私的帮助。

还要感谢我的同学、中国书法家协会副主席王家新先生在生病时还为我题写书名。

本书成稿时间长，在研究与撰写过程中，参考了近年来国内科学传播领域和新媒体传播研究的很多成果，其中在各章中做了注明。但个别资料和文献由于种种原因没有特别注明，在这里一并表示感谢和歉意。

近年来，灾难多，怪事多：地震、毒大米、大火、校长案……天灾人祸。真心祈福人类能更加科学地生活、劳作。健康的生存方式，才是人类能薪火相传的根本所在。

面对苦难，我们还在孜孜不倦地探讨科学传播之道，多少有点崇高的感觉，无论水平高低，仅此聊以自慰吧。

诚祝各位翻书到此的同道者、热心人心安！

陈 鹏

2014 年 7 月于北京中关村